THE
GOLDEN
AGE OF
TANG
DYNASTY

何以大唐

唐帝国与
突厥斗争史

杨霄 著

浙江人民出版社

图书在版编目（CIP）数据

何以大唐：唐帝国与突厥斗争史 / 杨霄著. -- 杭州：浙江人民出版社，2025.1

ISBN 978-7-213-11473-1

Ⅰ. ①何… Ⅱ. ①杨… Ⅲ. ①中国历史-研究-唐代②突厥-民族历史-研究 Ⅳ. ①K242.07②K289

中国国家版本馆 CIP 数据核字（2024）第 096683 号

何以大唐：唐帝国与突厥斗争史

杨霄 著

出版发行	浙江人民出版社（杭州市环城北路 177 号　邮编　310006）
	市场部电话：(0571)85061682　85176516
责任编辑	潘海林
策划编辑	潘海林
责任校对	陈　春
责任印务	幸天骄
封面设计	杭州敬恒文化传媒有限公司
电脑制版	杭州敬恒文化传媒有限公司
印　　刷	杭州丰源印刷有限公司

开　本	880 毫米×1230 毫米　1/32	印　张	11.375
字　数	215 千字	插　页	4
版　次	2025 年 1 月第 1 版	印　次	2025 年 1 月第 1 次印刷
书　号	ISBN 978-7-213-11473-1		
定　价	78.00 元		

目录

CONTENTS

1

图表目录

The Golden Age of Tang Dynasty

绪论

为时代读史

世道必进，后胜于今。

——严复《天演论》

贞观八年(634年),唐太宗李世民在回顾自己的辉煌成就时,无法掩饰日益滋长的骄傲情绪:

> 朕年十八便为经纶王业,北剪刘武周,西平薛举,东擒窦建德、王世充,二十四而天下定,二十九而居大位,四夷降伏,海内乂安,自谓古来英雄拨乱之主无见及者。(《贞观政要·灾祥》)

然而正是这样一位 18 岁就经略天下、24 岁一扫宇内、29 岁登基大宝的"雄主",却在 8 年前,城下受辱。

武德九年(626 年),在长安城外渭水便桥边,鲜衣怒马、纵横宇内的天策上将、刚刚即位登基的大唐皇帝李世民,与兵临城下的突厥人达成了"渭水之盟"。自起兵以来就称臣于突厥的屈辱,再一次涌上李世民的心头,激发了他更强烈的雄心。

短短 4 年之后,贞观四年(630 年),太宗在听闻李靖一举"破定襄,报渭水之侮"后,是这样表达自己"雪耻未有此乐也"

3

的情绪的：

> 太宗初闻靖破颉利，大悦，谓侍臣曰：
>
> "朕闻主忧臣辱，主辱臣死。往者国家草创，太上皇以百姓之故，称臣于突厥，朕未尝不痛心疾首，志灭匈奴，坐不安席，食不甘味。今者暂动偏师，无往不捷，单于款塞，耻其雪乎。"
>
> 于是大赦天下，酺五日。（《旧唐书·李靖列传》）

"坐不安席，食不甘味。"这就是一代"雄主"渭水受辱数年来的真实写照。而这种在国际霸权下受的屈辱，还来得更久，因为"称臣于突厥，朕未尝不痛心疾首，志灭匈奴"。

这已不是新生帝国第一次遭受重大的挫败，两年前，唐高祖李渊就已经无法承受突厥入侵的巨大压力，动议从长安迁都。在东亚的霸主突厥的碾压下，新生的唐帝国战战兢兢。当时的突厥：

> 中国人归之者甚众，又更强盛，势陵中夏。
>
> 迎萧皇后，置于定襄。薛举、窦建德、王世充、刘武周、梁师都、李轨、高开道之徒虽僭尊号，俱北面称臣，受其可汗之号。
>
> 东自契丹，西尽吐谷浑、高昌诸国皆臣之，控弦百万，戎狄之盛，近代未有也。（《通典·突厥上》）

　　然而,历史在长期黯然消沉后突然高调转折。山重水复疑
无路,柳暗花明又一村。就在渭水边的京都城下受辱的短短四
年之后,贞观四年(630年),无往不胜的大将军李靖深入大漠,
将"天下共主"突厥颉利可汗打到狼狈逃窜,最终生擒回都。从
这天起,太宗李世民被东亚各民族、部落和地区共推为"天可
汗",成为华夏历史上从未有过的"天下共主"。

　　短短四年,当时的国际权力格局出现了颠覆性的逆转。从
隋大业十三年(617年)李渊起事算起,也只短短数十年间,初
唐成就了中原王朝从未有过的辉煌,一跃成为当时的亚洲体系
主导者。

　　原因,没有写在史书中。只有解读出史书文字里暗藏的
"真正的历史",才能解密唐朝称雄天下的关键十年——从武德
四年(621年)到贞观四年(630年)。在这十年里,唐王朝作为
一个崛起的帝国,经历了深刻的路线决战,最终一举终结霸权。

　　尤其是在武德九年(626年)之后,在太宗的主导下开展了
大战略的深入讨论研究,建立并运行了先进的决策体制,采取
了稳健的经济社会政策,执行了战略坚忍和重大决断稳妥结合
的成功策略。最终短短数年间,实现了成功崛起,完成了复兴
的决胜。

　　让我们再来看看,那段可歌可泣的国际反霸权斗争成功
后,朝野上下的荣光与欢愉。一起来回味一下1400年前,我们
成功摧垮霸权、重建国际体系后带来的震撼。

贞观八年三月甲戌，高祖宴西突厥使者于两仪殿，顾谓长孙无忌曰："当今蛮夷率服，古未尝有。"无忌上千万岁寿。高祖大悦，以酒赐太宗。

太宗又奉觞上寿，流涕而言曰："百姓获安，四夷咸附，皆奉遵圣旨，岂臣之力！"于是太宗与文德皇后互进御膳，并上服御衣物，一同家人常礼。（《旧唐书·高祖本纪》）

贞观八年（634年），在宴请西突厥使者的宴会上，已经是太上皇的李渊感慨道，如当今这般天下来归，建立起如此鼎盛的国际体系，这真是自古以来所未有。

太宗李世民闻言也颇为感慨，以致慨然流涕。于是父亲李渊赐酒，世民举杯祝寿，并与长孙皇后一起进膳、上御衣物，一家人其乐融融。

是岁，阅武于城西，高祖亲自临视，劳将士而还。置酒于未央宫，三品已上咸侍。

高祖命突厥颉利可汗起舞，又遣南越酋长冯智戴咏诗，既而笑曰："胡、越一家，自古未之有也。"

太宗奉觞上寿曰："臣早蒙慈训，教以文道；爰从义旗，平定京邑。重以薛举、武周、世充、建德，皆上禀睿算，幸而克定。三数年间，混一区宇。天慈崇宠，遂蒙重任。今上天垂祐，时和岁阜，被发左衽，并为臣妄。此岂臣智力,皆由上禀圣算。"

高祖大悦,群臣皆呼万岁,极夜方罢。(《旧唐书·
高祖本纪》)

这一年,在长安城西还举行了盛大的阅兵式。太上皇李渊
亲自前往。高祖再次感慨,胡越一家,真是自古以来所未有啊。
太宗也再次回顾了起事以来的历次重大成就,朝堂群臣一片欢
呼,群情激昂,竟夜方休。

这些字字句句,都流露着历史的荣耀。每一段历史,都映
照着现实。初唐的成功崛起,刚好映照着我们今天的现实。曾
经我们看初唐,多是些群雄争霸、夺嫡权谋。本书就是要提供
一个全新的视角来看待,初唐如何在崛起中应对列强打压,并
成功地在较短时间内赢得了国际竞争的胜利。

这个话题的起点,是陈寅恪先生所观察到的初唐时代强盛
的突厥霸权体系,以及此后提出的"外族盛衰的连环性"这样一
种"运气论"。

这个研究的背景,是我们重新审视那个时代的大背景、大
格局,以及用我们当今的时代去观照曾经的历史。用大趋势、
大线索,来理解历史,而不只是考据历史。

西方国际关系学科的奠基人之一、英国大历史学家卡尔没
有历史学学位,终其一生通过外交实践探究历史与时代的关
系。他在《历史是什么?》中介绍了这样一些观点。

我们只有以当下的眼光看待过去，才能理解过去。

历史不是对这一时期事件详尽记录的叙述，而是分析那些形成发展主要线索的事件。

历史学家需要一种富于想象的理解力，以透视正在其研究视野中人物的内心世界，把握其行为之后的思想状态。

历史学家与历史事实之间相互作用的进程，或称之为现在与过去之间的对话，不是一场抽象的、孤立的个人之间的对话，而是今日社会与昨日社会之间的对话。

历史是今时与往昔的对话者，必须有更多的现实关切，也必须做更艰难的取舍。在时光的交错辉映中，我们走在一个大时代的风云里。在历史的波涛中，我们总能看到那对熟悉的双眸。在变与不变之间，我们总能收获曾经的点滴启发。因为映照在关山万重的，永远是那一轮明月。窗棂下的青苔寒阶，千百年来只是变换了往来人。今年花胜去年红，似曾相识燕归来。

当我们带着时代的使命再去读史，就有了完全不同的体会。流光溢彩之中，满满都是前人留下的窸窣线索。在茂林蒿草之间，今时直通往昔的时代印记斑驳陆离。

决胜与复兴，就是这个时代最重要的现实关切。今天读史，就是这样一种今时与往昔的对话。这场对话的些许目的，是为了与有同感的贤达共一丝灵犀之通。因为实际上，答案已经都在，往往只需要一个确认。而"唐帝国崛起之路"就是这样一个触发机关。

为时代读史，是为了走得更远，走得更快，走得更好。我们饱含拳拳赤胆，对时代爱得太深，对顺遂与达至的渴望无以言表。拔剑四顾，前路熹微。我们似乎清楚地听到，古人在纸背上的殷殷嘱托。前人曾经踏遍荆棘寻出的路，无论后人穿什么样的鞋子，历史都将指引着我们到达。深深浅浅之间，唯愿今昔更胜往昔。

于是，就用史书的边栏侧记，留下我们对时代命题的微末注解。

寒月悲笳，万里西风瀚海沙。

The Golden Age of Tang Dynasty

第一章 敌盛

突厥在当时实
为东亚之霸主

戎狄之盛，近代未有也。

——《通典·突厥上》

隋唐之际的国际体系

初唐之际的世界是怎样的世界？陈寅恪先生对此给出了极为准确的认识：

> 隋末唐初之际，亚洲大部民族之主人是突厥，而非华夏也。
>
> 隋末中国北方群雄几皆称臣于突厥，为其附庸。
>
> 故突厥在当时实为东亚之霸主，史谓"戎狄之盛，近代未有"。（《论唐高祖称臣于突厥事》）

所谓"主人"，用今天的话说，就是霸主——霸权体系的主导者。隋末唐初，突厥就是亚洲大陆上的霸主。中国北方的一些割据政权都称臣于突厥，作为霸权的附庸。于是才有史书所谓的"戎狄之盛，近代未有"。短短八个字，无一字是虚言。

这种"主人"的地位，体现在三个方面：绝对的单方实力优势，对国际体系的有效控制能力，以及称霸天下的战略意图。也就是，实力、联盟与意图。

用我们今天的思路，对照今天的世界，很容易理解。用更简单的话来说，就是国力足够强，盟友足够多，而且有足够强的愿望"持续领导世界"。

权力来自绝对的实力。这是国际政治的最根本特征。在永远没有人类理想中的"国际公权力"主持正义的时候，正义也就永远都在"大炮的射程之内"。而这个时候，亚洲的主人——突厥，领土三面抵海，军力"控弦百万"，各国纷纷依附，而且建立起了一整套国际秩序，培植大量的附庸政权。这种霸权的强盛程度，自古以来都没有出现过。

> 其地三垂薄海，南抵大漠。
>
> 隋大业之乱，始毕可汗咄吉嗣立，华人多往依之，契丹、室韦、吐谷浑、高昌皆役属，窦建德、薛举、刘武周、梁师都、李轨、王世充等崛起虎视，悉臣尊之。
>
> 控弦且百万，戎狄炽强，古未有也。（《新唐书·突厥列传》）

突厥的这种强盛，体现在多个方面。

首先是中国人归附突厥的非常多，也就是突厥具备突出的"移民"和人才优势。中原陆沉 300 年之后，又遭遇隋末天下大乱，中原人口锐减。据文献记载，隋文帝开皇九年（589 年）时，全国有 891 万户，而到唐高祖武德年间只剩下了不超过 200 万户。造成这种现象的原因有多方面，除了战争死亡之外，还因为"中国人归之者甚众"，大量中原人口迁徙归附于突厥。

依靠移民和人口优势，突厥既具备了丰沛劳动力资源，也掌握了大量的拥有先进技术的工匠和具备治理经验的社会管理人才。这种突厥与中原人口的一"进"一"出"之间，就造成了当时人口流动的巨大"逆差"，于是，突厥"又更强盛，势陵中夏"。

其次是"迎萧皇后，置于定襄"，也就是将隋炀帝的皇后及子嗣收入麾下，建立"伪政权"。也可以说，有"挟天子以令诸侯"之意。在这种政治攻势下，突厥迅速建立起了一种区域政治秩序，或者说地区霸权体系——"薛举、窦建德、王世充、刘武周、梁师都、李轨、高开道之徒虽僭尊号，俱北面称臣。"

一系列军阀和割据政权，都奉突厥为正朔，依附于其权力体系，成为傀儡政权。这样的"群盗"外附，进一步对中原"敲骨吸髓"，加剧了财富和人口的外流趋势。

> 俄属群盗并兴，于此浸以雄盛，豪杰虽建名号，莫不请好息民。于是分置官司，总统中国，子女玉帛，相继于道，使者之车，往来结辙。自古蕃夷骄僭，未有若斯之甚也。（《隋书·北狄列传》）

这些一时"豪杰"，虽然建立起政权，但为了获得合法性和外部支持，难免向突厥"请好"，输送"子女玉帛"，以至于"相继于道，往来结辙"。这样的后果就是突厥不止"总统中国"，而且

15

"分置官司",建立起了有相当规模和规范性的治理结构和体系,以至于"自古蕃夷骄僭,未有若斯之甚也"。也就是自古以来华夏周边,从未出现过这样有序统治中原的情况。在广大的统治区域和附属国之下,就是支撑这种帝国体系的实力基础——"控弦百万"。

更重要的是,这种态势不断增强突厥的实力优势,正如今天的霸权体系所拥有的一系列金融、战争和文化等工具,造成其各方面实力优势不断增强。

最后也是最重要的,突厥建立起了真正的国际霸权体系。"东自契丹,西尽吐谷浑、高昌诸国皆臣之。"与此同时,自东突厥的第一任可汗始毕开始,这一盘建立国际霸权体系的大棋就在稳步推进。这个体系是什么时候建立的呢,远远早于我们的预想。

> (裴矩)从炀帝巡于塞北,幸启民可汗帐。时高丽遣使先通于突厥,启民不敢隐,引之见帝。矩因奏曰:"请面诏其使,还本国,遣语其王,令速朝觐。不然者,当率突厥即日诛之。"
>
> 帝纳焉。(《旧唐书·裴矩列传》)

隋炀帝登基三年(607年)之后,北巡塞外,亲自造访启民可汗大帐。然而这次本应该其乐融融的外交活动,却意外发生了严重的外交事故。就在启民可汗的大帐中,隋炀帝撞到了高丽派往突厥的使臣。

发现突厥勾连高丽，而且是最高首领出访过程中，可以想见，当时的中央王朝是崩溃的，而且是无力的。隋炀帝不得不问随行的裴矩，怎么办？裴矩的回答是，既然撞到了，就不得不见；虽然撞破了，也不得不忍。狠话说到，放还即可。

以今天的视角来理解，似乎突厥与高丽互派使臣不是多大的事情。然而在隋末唐初的时代，此事件严重程度类似于造反。因为启民可汗本就是隋文帝杨坚所扶持的突厥势力。隋开皇十七年（597年），杨坚以宗女安义公主和亲启民可汗，并全力扶持，陆续为其在定襄郡修建了大利城等，助其招揽部众，逐渐成为东突厥的主导力量。安义公主过世后，隋又以义成公主妻之。突厥可汗中，一人妻二公主者，唯启民可汗一人。也正因蒙受隋王朝的巨大恩惠，启民可汗一直表现出对中央王朝的高度臣服。大业二年（606年），启民可汗觐见隋炀帝，请求"依大国服饰法用，一同华夏"。

然而就在一年之后隋炀帝的回访中，撞破了启民可汗勾连高丽。这也恰恰说明，就是这个时候，突厥的联盟体系已经开始建立，而隋中央王朝尚且不知。天下已经易主，而国人尚不知情。这与百年前的中国，又何其相似。

总而言之，隋唐之际，"戎狄之盛，近代未有也"。这短短几个字，却饱含了深刻的含义。所谓"近代未有"，实际上饱含了一种"数百年未有之大变局"之意。因为就当时而言，自东晋灭亡、"五胡乱华"以来的"近代"300余年，一直是戎狄势盛，中原

17

陆沉。而此时的戎狄之盛，不只盛在兵力丰沛，还有"分置官司，总统中国"，建立起了统御中原的制度体系。

而这种反差直到隋末，达到了新的顶峰。突厥不只是一般的五胡十六国之辈，烧杀抢掠之伦，而是一个十足的国际霸主。以至于一代雄主隋炀帝，也被围困在雁门受辱。

一代雄主隋炀帝的眼泪

大业十一年（615年），就在李渊起兵前不久，突厥数十万骑把修造大运河、三次亲征高丽的一代雄主隋炀帝围困于山西代县的雁门。隋炀帝虽然骄横异常，睥睨天下，但面对突厥实力的突然展示，窘态尽出。

这年八月，隋炀帝到北部边疆巡视。那时候，突厥形式上还是臣服的属国。突厥启民可汗过世之后，他的儿子始毕可汗即位，继续迎娶义成公主，也就是隋炀帝的堂妹。所以，巡视北疆并没有在战时状态。而这次巡视，又确实带有特殊含义。因为隋高层已经察觉到，突厥势大，必须要有所动作了。不然日久生变，恐会危及中原。

于是，这次北巡，就带有了更强的目的性，那就是离间突厥高层，收编和扶持突厥的地方部落势力。其中的一个典型，就是要扶植始毕的一位兄弟——叱吉。

秋，八月，乙丑，帝巡北塞。

初，裴矩以突厥始毕可汗部众渐盛，献策分其势，欲以宗女嫁弟叱吉设，拜为南面可汗。

叱吉不敢受，始毕闻而渐怨。

突厥之臣史蜀胡悉多谋略，为始毕所宠任，矩诈与为互市，诱至马邑下，杀之。

遣使诏始毕曰："史蜀胡悉叛可汗来降，我已相为斩之。"

始毕知其状，由是不朝。（《资治通鉴·隋纪六》）

突厥的"别部典兵者曰设"，也就是在其他部落掌握军事权力的人，叫做"设"，事实上就是地方的封疆大吏。隋要扶植的这位核心人物"叱吉"，显然是一方军事将领。从态势上看，他具备与突厥中央分庭抗礼的条件。

然而，这种谋略工作却没有铺垫到位，仓促上马，招致祸患。叱吉对"南面可汗"的"不敢受"，反过来也印证了突厥的权力组织体系足够强大，对地方当权者具有相当的监督和制衡机制。而压倒始毕的最后一根稻草，在形式上来看，史书把它归结为，对始毕的一位宠臣史蜀胡悉的诱杀。从此以后，始毕就彻底抛弃了对隋的臣服。

我们仔细梳理一下上述事件发展的时间线，却发现了更多的线索。

戊辰，始毕帅骑数十万谋袭乘舆，义成公主先遣使者告变。壬申，车驾驰入雁门，齐王暕以后军保崞县。

癸酉，突厥围雁门，上下惶怖，撤民屋为守御之具，城中兵民十五万口，食仅可支二旬，雁门四十一城，突厥克其三十九，唯雁门、崞不下。

突厥急攻雁门，矢及御前；上大惧，抱赵王杲而泣，目尽肿。（《资治通鉴·隋纪六》）

八月乙丑（初五），隋炀帝北巡。到了戊辰（初八），始毕就率领数十万铁骑偷袭隋炀帝的车驾。这时候，突厥势力大到什么程度呢？不可一世的隋炀帝在有突厥高层内应，他的堂妹、始毕的夫人义成公主提前通风报信的前提下，还是被围困在雁门，而且周围的 41 个据点，仅存了 2 个。

直到突厥集中攻击雁门之时，出现了一个颇具场景感的画面。弓矢如雨，射到隋炀帝身旁的时候，他像个孩子一样，抱着他年仅 8 岁的儿子赵王杨杲失声痛哭，一直到把眼睛哭肿。

国力相当强盛的隋朝尚不能解决突厥问题，对于仓促起事的李渊来说，当然更是难题。这里，我们只讲一个故事，就足以说明李唐初期面对突厥时候的窘境。

突厥势盛，不止在兵锋，那种制度优越性、发展水平的优势都对后发国家造成了敲骨吸髓般的严重威胁。

唐高祖武德初，以丰州绝远，先属突厥，交相往来,吏不能禁。

隐太子建成议废丰州,绝其城郭,权徙百姓寄居于灵州,割并五原、榆平之地。

于是突厥遣处罗之子都射设率所部万余家入处河南之地,以灵州为境。(《册府元龟·备御第三》)

武德初年,李唐王朝初起,那时候本属于李唐境域的丰州,现在的内蒙古自治区巴彦淖尔到包头的广大区域,后世所谓"河套",由于无法掌控,按照太子李建成的建议,主动后撤,不只废弃丰州,而且放弃黄河天险,让突厥人占领灵州,今天的宁夏银川、吴忠、灵武地带。

如果这段话说得不够清楚,其实可以更具体一点,那就是放弃汉人长期占据的塞上江南——河套地区。这一地带,是一片广袤的沃野。我们熟悉的"天苍苍野茫茫,风吹草低见牛羊",就是描述这一片区域。

对于这样一片好地方,由于"交相往来,吏不能禁"而主动放弃。这是一种很委婉的说法。我们今天看到的现象,就是类似墨西哥与美国边境的"交相往来,吏不能禁"。于是,美国为了阻止墨西哥人偷渡入境,而修筑边境墙。而我们所说的突厥势盛之时,显然是南方的汉人政权无法控制人口向北方外流,而不得不主动放弃这片地带。

突厥不战而屈人之兵,足以见得隋唐之际突厥霸权达到鼎盛之势,以及中原政权在对突厥政策上的艰难困境。

霸权优势何来:对"戎狄之盛"的再思考

虽然我们还不掌握隋末唐初之时突厥人如何记录自己当时的各种情况,但根据现有文献,我们已经能够非常明确,突厥人的政治组织形式在持续进化。很可能的情况是,这个"亚洲的主人",称雄东西的国际体系霸主,必然和我们所臆想的放马喂羊、茹毛饮血、喝酒吃肉的草原松散民族形态完全不同。

突厥,已经建立起了组织化的政权体系,实现了一定水平的统治和决策优势。这也是我们必须了解的。一位有实力、有野心的对手已经足以令人生畏,一个有组织的政治集团,那就更可怕了。

这是我们在看待隋末唐初时代突厥政权时,必须要扭转的一个观点。用我们现在的观点看,古人的政治组织形态必然很原始,但在同时代平行比较,突厥可能已经拥有了那个时代治理体系和治理能力的巨大优势。如若不然,从结果的反推来看,不会远人来归,不会群雄来附,也不会打得一手如此的好牌。

这种统治体系和能力,我们从正反两方面来观察一下。正面观察,就是文献中怎么记述这种统治的进步。我们无法准确查到突厥人自己的文字记载,而中原正史中的记载可能是一个旁观者的三言两语,之间不免有所疏漏、充满偏颇,但是我们管中窥豹,也能够一定程度上体会出这种全貌的时代先进性。

而从反面观察,就是从决策的效果来推断这种政权组织的可靠性。这也是为了弥补我们难以从正面准确描摹这种全貌的一种折中之策。不过这种从结果来看过程，反而是对政权组织效能的一种客观考察。如果空有制度、虚有其表，反而会被粉饰的历史所蒙蔽。而治理得怎么样，效果最能说话，也最能说实话。

首先看政权组织。隋末唐初，突厥已经建立起完善的政权组织体系，设立了层级分明的官僚制度。

> 官有叶护，次设特勤，次俟利发，次吐屯发，下至小官，凡二十八等，皆世为之。（《隋书·北狄列传》）
>
> 其别部典兵者曰设，子弟曰特勤，大臣曰叶护、曰屈律啜、曰阿波、曰俟利发、曰吐屯、曰俟斤、曰阎洪达、曰颉利发、曰达干，凡二十八等，皆世其官而无员限。卫士曰附离。（《新唐书·突厥列传》）

可以说，从"特勤（勒）"①"叶护"，到"俟利发""吐屯发"，直到最基层的小官，二十八等的官僚等级体系，已经是在整个亚洲地区的政权组织形态中，居于时代的领先地位，足以形成相当突出的统治和治理效能。

不仅于政体，在法制方面，突厥也走得相当远。仅从汉人的史料中来看，突厥已经有了相当的法律制度体系。

---

① "特勤"即"特勒"，对此历代多有研究，因不涉本书主题，不展开。

> 谋反叛杀人者皆死，淫者割势而腰斩之。斗伤人
> 目者偿之以女，无女则输妇财，折肢体者输马，盗者则
> 偿赃十倍。（《隋书·北狄列传》）

我们看到，不论是反叛杀人这种严重犯罪，还是淫乱、伤人、偷盗，都明确规定了处罚方式。这些方式也很具体，有执行死刑的不同方式，也有财物赔偿的方式。而且处罚和赔偿的额度，控制得很精细，证明在社会治理方面是有相当准确的经济形态来支撑的。

于是，更进一步地，我们在隋末唐初看到了突厥开始出现了赋税的雏形。这种有计划、有组织、有标准的税收制度，对于政权组织的稳定性和政策执行的持续性有重要意义。突厥已经摆脱了原始的保护费式的上贡，不再是以物易物、纳贡献宝式的原始松散社会形态，而是有序组织的社会经济生产状态。

所有这些治理体系，初生的李唐王朝都还完全不具备。虽然李唐起事后就一直全盘突厥化，向突厥学习各方面制度和风俗习惯，甚至于照搬和完全移植，但真正建立起自己的完善治理体系，还要在贞观年前后。

这种反差反映了在隋末唐初的时代，突厥代表着当时一种先进的制度形态。这种先进性，不能用我们今天对草原游牧民族的思维定式来看待。而是必须放在当时的 300 年华夏陆沉的大时代背景中，同时参考今天的国际体系和国际秩序来思考。

中原混乱已经数百年，突厥在吸纳中原流亡者的过程中，借助文化交融，建立起了一套有效的治理体系。正是在这种具有时代领先性的政权与治理的加持下，突厥一时盛极，成为了那个时代的"亚洲主人"，以至于"控弦百万""势陵华夏""戎狄之盛，近代未有"。

此外，我们从反面，看一看这种政权、治理与决策的效能。首先的一个反面案例，是颉利可汗在前人和现有体系的基础上，试图进一步加强中央集权，而引发的负面反弹。

> 突厥俗素质略，颉利得华士赵德言，才其人，委信之，稍专国。又委政诸胡，斥远宗族不用，兴师岁入边，下不堪苦。（《新唐书·突厥列传》）

这段话，对我们反向观察突厥的政权发展趋势，有很多有趣的看点。颉利可汗为了"专国"，高度信任一位华人——赵德言，赞赏他的才华，听信他的建议。也就是在加强政权组织强度的过程中，突厥进一步加大了对中原文化和制度的吸纳。

这印证了我们之前所讲，突厥一时势盛的一个根本原因，是在华夏陆沉之时，大量中原人才流亡突厥，显著提升了突厥的文明程度，也客观上提高了政权组织性和治理水平。颉利在进一步推动这个趋势的过程中，加大了对中原人的采信力度。

而采信的具体政策，就是"委政诸胡，斥远宗族不用"。这就更有意思了，非常像我们今天看到的一个家族企业做大之后，将"七大姑、八大姨"排除到治理体系之外，而专门聘请职业经理人来提高企业的治理和决策水平。可以说，这个过程用我们今天的视角来看，已经非常熟悉，就是专业化管理，或者说当时的"现代化治理"。

于是，我们在隋唐史书中，看到了大量的突厥委任官员到某个部落就职的记录。同时，我们也观察到不少非突厥族人在突厥的高层或地方任职。也就是说，突厥已经脱离了原始的部落政权的松散组织形态，而是可以用近于流官的方式任命合适的官吏去没有血缘关系的部落担任首脑。可见突厥当时的这种政体形态，已经向更加高效的政权组织迈进。

这是政权高质量运转的一个关键问题，用我们今天的话说，就是解决"中央与地方"的关系。这也是毛泽东《论十大关系》中的关键问题之一。能够异地、异族委任官员，证明这种政权组织已经具备相当的规范化水平。

这种政权组织，我们在实践中观察到，它的政治运行秩序已经非常有序高效。这种高效的一个表现，就是最高层权力交替的稳妥和高效开展。今天我们能够观察到，突厥在短短几年内，进行了多次最高层权力更迭。这种更迭不仅没有造成严重的混乱，而且还在更迭完成后，进行了有序的对外宣布。这种现象，不得不说已经非常现代。

（武德二年）是月，始毕卒，其子什钵苾以年幼不堪嗣位，立为泥步设，使居东偏，直幽州之北，立其弟

26

俟利弗设，是为处罗可汗。(《旧唐书·突厥列传》)

从前任可汗始毕死亡，到后任可汗处罗完全接掌权力，突厥用了四个月，解决换代问题。而且这次换代，也很有意思，因为这是一次经过酝酿、改进的政权更迭。

始毕的儿子太小，他的弟弟接管了政权。我们不说宫斗戏份，只说政权组织。从这次短短四个月就进行外交的行动来看，可以说，政权的组织效率已经很高。而到了这一年九月，突厥即恢复了战斗力，秋高马肥之时对外大举扩张，大破了李唐集团的高层裴寂所率领的部队。

公元 620 年十一月，处罗卒。十一月二十六日，即报丧。处罗死后，权力交接异常。但我们先不谈这里面的故事细节，只说这里的政权稳定性。我们知道越是在权力不稳的时候，越有秘不发丧的做法。况且是向有冲突的境外国家遣使报丧。这种迅速实现的权力更替，有序开展报丧的行动，必然是政治高度稳定的一种表现。

这反映出，当时的突厥，一直处在一种中央政权的高度稳定有序状态。而它的运行效率着实可怖。

最后，突厥是怎样如此"开风气之先"，获得如此优势，并持续保持这种优势扩大的局面呢？这是另外一个更深刻的问题，也是国家崛起的关键因素。

突厥崛起，与技术优势有着密不可分的关系。掌握了技术换代的优势，就具备了降维打击的能力。在当时，突厥除了具有我们通常认识的北方民族的兵马优势之外，还掌握着具有绝对优势的先进技术——铁作，也就是冶铁和制造铁器。

> 突厥之先，平凉杂胡也，姓阿史那氏。后魏太武灭沮渠氏，阿史那以五百家奔茹茹，世居金山，工于铁作。金山状如兜鍪，俗呼兜鍪为"突厥"，因以为号。
>
> （《隋书·突厥列传》）

突厥祖上，就是给柔然人冶炼钢铁，制造钢铁兵器的。这是一种民族特性，而这种特性在另外一个时代变局要素的加持下，让一个民族迅速崛起。

这个重要的因素，就是气候变化。隋末以及唐朝时期恰逢全球变暖周期，气候比之前以及之后的时代温暖，少数民族地区变得比其他时期适宜耕种，能养活更多的人口。隋末突厥的庞大疆域包括河套地区。河套地区在当时的温暖气候中适于耕种，农业与手工业随之兴盛起来。而且隋末突厥把河西、陇右、陕西北部、河北等地纳入势力范围，获取中原物资与人力、物力的能力极大增强。

于是，在中原动荡、人口北迁的过程中，出现了上面两个因素的交融互促局面。突厥从隋朝获得大量人力、物力与工匠。这种核心技术的扩散，用今天的话说——"出口管制"的缺失，迅速推升了突厥手工业水平迅猛提高，不仅经济社会快速发展，还能够大量装备铁质武器及护具，所以出现了"控弦百万"

的前所未见的盛况。

而反过来，这种技术优势在突厥成为一种管制重点。以至于各地"豪杰"起事，都不得不向突厥称臣纳贡，以换取先进装备的支持。

直到突厥霸权颠覆后，李唐终其一朝，一直对北部和西部边境的铁器贸易严格禁止。相关文献清楚记载了这种1000多年前的中国"出口管制"规定。即使是和唐朝多次和亲的回鹘也不能随意购买铁器。

> 依关市令：锦、绫、罗、縠、绸、绢、绵、丝、布、牦牛尾、真珠、金、银、铁，并不得度西边、北边诸关及至缘边诸州兴易。
>
> 私与禁兵器者，绞。（《唐律疏议·卫禁》）

千百年前的这种国际霸权的形成与运行机理，与今天几无二致。真是让人慨叹。

崛起只能靠运气吗？

陈寅恪先生深刻认识到初唐颠覆霸权体系的突出困境，认为这是一个很值得思考的课题。陈先生主要从初唐政权的民族特性、家族源流等方面进行了深入探讨。特别是集中在对"关陇集团"这一概念的延展上。包括他的弟子汪篯先生，也在

29

此基础上对关陇世家与山东庶族之间的平衡问题、李唐集团战马资源优势对作战取胜的影响等进行深入权威的研究。

当把视角放在初唐崛起与对突厥霸权的斗争之上时，这些因素，还不能直接影响双方互动博弈的发展趋势。至于为何能够成功击垮突厥，陈先生给出的解释是唐室发奋自强，突厥自身腐败，以及回纥兴起这三个原因。

> 隋末中国北部群雄并起，悉奉突厥为大君。然则隋末唐初之际，亚洲大部民族之主人是突厥，而非华夏也。但唐太宗仅十年之后，能以屈辱破残之中国一举而覆灭突厥者，固由唐室君臣之发奋自强，遂得臻此，盖亦突厥本身之腐败及回纥之兴起二端有以致之也。（《唐代政治史述论稿》）

陈先生指出，唐太宗仅仅用了十年，就以"屈辱破残之中国一举而覆灭突厥"，显然这是一个极其反常、非常值得深思的问题。对于这样一个极其反常的现象，在他所述的这三个原因中，陈先生认为虽然"唐室君臣之发奋自强，遂得臻此"，但这种主动作为并不是决定性因素。

通过研究全唐一代外族的盛衰轮替，陈先生提出了"外族盛衰的连环性"。在通观突厥、吐蕃、回鹘、云南四个在唐王朝期间陆续兴盛而后灭亡的政权的基础上，陈先生将这种盛衰的根源和规律归结为外族本身腐朽,以及相互间的攻伐。

> 又唐代武功可称为吾民族空前盛业,然详究其所
> 以与某甲外族竞争,卒致胜利之原因,实不仅由于吾
> 民族自具之精神及物力,亦某甲外族本身之腐朽衰弱
> 有以招致中国武力攻取之道,而为之先导者也。
>
> 北突厥或东突厥之败亡除与唐为敌外,其主因一
> 为境内之天灾及乱政,二为其他邻接部族回纥、薛延
> 陀之兴起两端,故授中国以可乘之隙。否则虽以唐太
> 宗之英武,亦未必能致如是之奇迹。斯外族盛衰连环
> 性之一例证也。(《唐代政治史述论稿》)

很显然,陈先生做了非常有建设性的研究。因为在此之前,国人都将这种摧垮霸权的丰功伟绩归因于领导人的英明与神武。陈先生往前迈了一大步。通过历史比较和文献梳理研究,他在唐王朝的主动作为之外,找到了更加具有客观性和规律性的因素。那就是把霸权的覆亡更多地归因于被动因素。比如,突厥遭遇天灾,出现了内乱,外部又有回鹘和薛延陀两相攻伐,最终才"授中国以可乘之隙"。于是,太宗的英武,并不是主要的原因,而仅仅是外族盛衰连环性的例证之一。

这种观点,客观来说,有一点矫枉过正,因为它否认了对历史驱动力评估中的全部主动性,认为颠覆一个外部霸权及其体

系,完全是靠了气候、敌人内乱和敌人外部强敌等各方面机缘,而与自主战略谋划、主动作为没有太大的关系。这些主动谋划、主动作为只能是证明外族盛衰规律的一种例证。这样的观点,也不太符合我们今天正常的逻辑。放弃主观作用,只考虑客观原因,显然忽视了很重要的一部分主动性。

更进一步的问题实际上更具有颠覆性。隋末唐初,有诸多军阀称雄一方,为何唐室君臣的"发奋自强"就能实现如此壮举?而且是迅速制胜?前前后后很多团队,很难说他们都不"发奋自强",为什么没能实现"以屈辱破残之中国一举而覆灭突厥"。

再进一步说,这种十年之功、覆灭霸权,可以说自华夏以来,前无古人后尚无来者。如果连这样的所谓"武功",都是时来运转、机缘巧合,那确实是相当的"小概率事件"了。那么,基本上这样相当小概率事件,不会再发生了。

这种忽视,还可以再进一步说,对于陈先生当时以及今天中国和更远的将来我们开展战略谋划的指导是无益的。如果结论就是这样,那还要"英武"何用?只要坐等"奇迹"出现就好了。或者说,如果不出现各种"奇迹"的凑巧,再杰出的战略谋划也得不到决胜与复兴的结果,我们的战略目标的达成,必须坐等时机。毫无疑问,这是一种非常被动、消极和悲观的战略指导。

显然,这是不符合现实逻辑的。而且这种论断与我们前面所述的很多情况发生了矛盾。从专业的国际政治和国家战略视角来看,战略博弈的成功,从来都不是靠天吃饭的。战略对抗的成败往往取决于谁的战略决策更具优势,在复杂的博弈互动中,谁更少犯错误。

于是,更加主动的问题就是,为了实现摧垮霸权,如何"发奋自强"? 初唐的成功,给了我们怎样的启示? 对于这样一个出离反常的霸权迅速灭亡的现象,我们必须从更加主动的视角,进行更加全面的审视。

这种更加全面的审视的目的,也非常明确,不为其他,就是为了指导今天与未来的实践,也就是"为时代读史"。

The Golden Age of Tang Dynasty

第二章 事大

晋阳起兵幕后
的突厥

事大在共其时命，字小在恤其所无。

——《春秋左传·昭公三十年》

崛起的原动力：饮食舍止一如突厥

李唐崛起的原点是哪呢？为什么天下英豪群雄并起，李唐集团能够脱颖而出，一个关键因素就是在蓄势之时，就采取了融入当时国际体系、向敌人学习的策略。

"时突厥方强"，当时还在任晋阳留守的李渊和马邑太守王仁恭的兵马合起来才不满五千人。然而，就在这样的实力差距下，在尚且没有匡定宇内的宏图之下，李渊就已经启动了对突厥的"追随"战略。这也成为李唐集团崛起的原始"基因"。

既至马邑，帝与仁恭两军兵马不越五千余人，仁恭以兵少，甚惧。

帝知其意，因谓之曰："突厥所长，惟恃骑射。见利即前，知难便走，风驰电卷，不恒其陈。以弓矢为爪牙，以甲胄为常服。队不列行，营无定所。逐水草为居室，以羊马为军粮，胜止求财，败无惭色。无警夜巡昼之劳，无构垒馈粮之费。中国兵行，皆反于是。与之角战，罕能立功。今若同其所为，习其所好，彼知无

利，自然不来。当今圣主在远，孤城绝援，若不决战，
难以图存。"

仁恭以帝隋室之近亲，言而谐理，听帝所为，不敢
违异。

乃简使能骑射者二千人，使之饮食舍止一如突
厥。（《大唐创业起居注》）

这是很有趣的策略。也就是说，李渊基本上把全部家当拿
出来进行"全盘突厥化"。如果李渊加上王仁恭有不满五千人，
除去老弱病残、骑不了马、拉不开弓的"不善骑射者"，李渊满打
满算也就是两千能用之人。

乃简使能骑射者二千余人，饮食居止，一同突厥。
随逐水草，远置斥堠。每逢突厥候骑，旁若无人，驰骋
射猎，以曜威武。帝尤善射，每见走兽飞禽，发无不
中。尝卒与突厥相遇，骁锐者为别队，皆令持满，以伺
其便。

突厥每见帝兵，咸谓以其所为，疑其部落。有司
帝而战者，常不敢当，辟易而去。如此再三，众心乃
安，咸思奋击。帝知众欲决战，突厥畏威，后与相逢，
纵兵击而大破之，获其特勤所乘骏马，斩首数百千级。
（《大唐创业起居注》）

　　李渊赌上全部家当，采取了"学习突厥"的战略。用今天的话说，向强者学习，向敌人学习。包括战术战法，全部学习突厥。"有的时候与敌人相遇，等待合适的时机突袭。"这段话还不够直白，然而如果放到今天的语境下，就很有意思了。

　　要知道，应对来去如风的突厥最好的办法，一直都是高城坚守，绝对不是主动出击、野外作战。那样是以己之短、攻人之长。而李渊这支部队，是在野外设伏的！"当遇到敌人的时候，就采取埋伏突袭的战术。以至于，敌人很恐惧"。

　　而取得这样效果的根源，在于"饮食舍止一如突厥"，也就是衣食住行，全都学习突厥。这就是"全面的突厥化"，而且是全员的全面突厥化。在政策层面，这肯定是有很大阻力的。全盘学习敌人，既有风险，也有成本，还有丧失自我的可能。

　　然而结果胜于雄辩，"前后屡捷，突厥颇惮之"。

　　　　或与突厥遇，伺便击之，前后屡捷，突厥颇惮之。

（《资治通鉴·隋纪七》）

　　　　自尔厥后，突厥丧胆，深服帝之能兵，收其所部，

不敢南入。（《大唐创业起居注》）

　　正因如此，李唐集团在起事之前，就具备了突厥的"基因"。这种"基因"并不只如学术界长期研究的家族背景、民族特质、关陇属性等，而是在组织形态、作战理念等方面，都全面突厥化。这成为李唐集团崛起真正的原始资本与原动力。这样的

优势还不止于获取战马资源和铁器技术等方面的战术性优势，而是在"饮食舍止"方方面面都渗透着当时时代最先进的霸权国的"基因"。

决策的根源在文化。研究敌人，弄通敌人，并向敌人学习，用敌人的方式战胜敌人，正是李唐集团不同寻常的过人之处。

更进一步说，这种异于其他政治势力的原始基因优势，在后期的发展中集中体现在两个方面。一方面是战马等军事方面的独特优势。这已经被学界所广泛认可。李唐之所以能在诸多势力中异军突起，迅速西进占领长安，数年之内一扫天下，很大程度上依靠兵马优势。这一优势，也很大程度上决定了李唐集团在突厥政策上的严重依赖性。离开了突厥，丧失了兵马的供应，相对其他势力的军事优势就无法维持，快速决胜的作战策略就无法推行。这也是原始基因所带来的必然结果，并为后来的李唐集团内部路线分歧埋下了最初的伏笔。

而更重要的一方面，就是这一原始基因，集中体现在了李渊的次子李世民身上。这不仅成为他在李唐集团内部战功显赫、迅速崛起的军事特长和政治优势来源，也成为他主导对突厥政策的关键决定因素。在起事以后的征战中，很轻易地可以发现，世民一派的作战风格具有极强的突厥特质。他们具有超乎寻常的战略机动能力。远距离长途奔袭作战在当时具有不可想象的军事优势，往往能抓住让所有人都无法想象的关键战机。这也影响到李世民和李渊父子对绝大多数战役发展趋势的判断，较为典型的就是洛阳战役，我们在后文中陆续展开。

李世民所掌握的这一优势，显然和早期李渊采取全盘突厥化策略有直接关系。相对于其他子嗣，李世民似乎在早期较为系统地执行了突厥化策略。而李建成等人在起事之前都不在晋阳，很有可能在突厥化方面并未有所见长。以至于此后军事作战方面并未取得如世民一般的成就。

同时，因为长期深度参与突厥化策略，李世民也积累了大量的突厥人脉，为他日后处理突厥关系，形成独特的对突厥战略思想等方面，都起到了决定性作用。而李世民在这方面的早期布局，在后来的形势发展中越来越发挥出重要作用，最终也成为他被各民族共尊为"天可汗"的重要政治基础。原始基因的这一系列重要影响，甚至决定了整个李唐集团的命运。

不幸的是，我们虽然看到李渊主导了全盘突厥化策略，但从实际效果来看，李渊本人并没有受到突厥化策略的影响。反而是他的次子李世民全面执行了突厥化策略，并在成长过程中深受其影响。也恰从这个崛起的原点开始，二人就已经给未来几乎所有的重要战略决策埋下了深刻的路线分歧。

历史很可能从第一刻开始，就已经写就。

第一封信的尴尬：起事之初的战略误判

战略判断的失误，是要命的。对于敌人意图的判断，是决定命运的战略原点。唐史最原始的文献《大唐创业起居注》记载了唐高祖李渊对突厥的认识："只是为财。"

帝知其意,因谓之曰:"突厥所长,惟恃骑射。见利即前,知难便走,风驰电卷,不恒其陈。"(《大唐创业起居注》)

李渊对突厥的判断是,只是擅长骑马射箭,看到利益就扑上去,遇到困难转身就走,绝对不会打阵地战、长期对垒。事实证明,高祖的这种认识是严重错误的。对于突厥这样当时的国际霸权,高祖的认识太过简单。而这种认识极大地影响了他此后若干年在对突厥问题上所采取的策略。他依然把突厥作为一种游牧民族的松散部落来认识,只从他接触到的小规模突厥力量进行了归纳推理。作为地方的一个首领,以当时的条件,确实无法从更宏大的空间和实践视野来认识突厥。这样的经验判断,自然也就出现了严重的战略误判。

与李渊判断不同的是,在隋大业十三年(617年)李唐举事前后,霸权国突厥采取了新的战略,打造"盟友体系"。这一时期,隋炀帝的政权已经岌岌可危,各地义军风起云涌。突厥开始扶植一大批傀儡,或者说"盟友小弟"。自己动手,确实手忙脚乱。要是有一群打手,那就轻松多了。这种打群架的结构,就叫盟友体系。这里面的傀儡,有刘武周、梁师都、郭子和,当然也包括将要起事的李渊。

刘武周随父亲迁居马邑,曾经追随隋炀帝东征高丽,因为军功被授予建节校尉。回到马邑后,授鹰扬府校尉。隋大业十三年(617年),刘武周斩杀马邑太守王仁恭,自称太守,建立起一方割据势力，并迅速依附于突厥。这位马邑太守，就是与李渊一起"饮食舍止一如突厥"的厉兵秣马之人。

鹰扬府相当于地方防卫建制里的卫戍部队，原来称为骠骑将军府，隶属于分布全国的12个卫府。大业年间，骠骑将军府改为鹰扬府后，骠骑将军就改为鹰扬郎将，车骑将军改为鹰扬副郎将或鹰击郎将。

梁师都是夏州朔方郡（今陕西靖边）豪族之后，隋末任鹰扬郎将。公元617年，起兵杀郡丞，占据夏州，称大丞相，也依附于突厥。

郭子和曾在隋任左翊卫，因罪流放榆林。适逢郡中大饥，郭率人斩杀郡丞，自立为王，也依附于突厥。

> 于是开仓以赈饥民，驰檄境内属域，皆下之，收兵得万余人，武周自称太守，遣使附于突厥。
>
> 三月丁卯，武周袭破楼烦郡，进取汾阳宫，获隋宫人，以赂突厥始毕可汗；始毕以马报之，兵势益振，又攻陷定襄。突厥立武周为定杨可汗，遗以狼头纛。
>
> 梁师都略定雕阴、弘化、延安等郡，遂即皇帝位，国号梁，改元永隆。始毕遗以狼头纛，号为大度毗伽可汗。师都乃引突厥居河南之地，攻破盐川郡。
>
> 左翊卫蒲城郭子和坐事徙榆林。会郡中大饥，子和潜结敢死士十八人攻郡门，执郡丞王才，数以不恤百姓，斩之，开仓赈施。自称永乐王，改元丑平。有二

> 千余骑,南连梁师都,北附突厥,各遣子为质以自固。
> 始毕以刘武周为定杨天子,梁师都为解事天子,子和
> 为平杨天子。(《资治通鉴·隋纪七》)

始毕可汗,这是何等的威武!这位东突厥的第二位可汗
(609 年到 619 年在位),启民可汗的儿子,他封了一堆"天子"。
没错,是一堆"天子"!而这些"天子"的命名,显然更加暴露其
野心。杨,就是隋朝的国姓。平杨、定杨,当然就是平定杨隋
之意。

狼头纛,一种用狼头作标志的大旗,就是突厥分封的"印
信",也就是一种权力体系的象征和标志物。陈寅恪先生指出,

> 综合前引史料观之,则受突厥之可汗封号者,亦受
> 其狼头纛,其有记受突厥封号,而未及狼头纛,盖史臣略
> 而不载耳。故突厥之狼头纛犹中国之印绶,乃爵位之标
> 识,受封号者,必亦受此物,所以表示其属于突厥之系
> 统,服从称臣之义也。(《论唐高祖称臣于突厥事》)

通过这种标志,建立起一套国际体系,也就是陈寅恪先生
所说的"突厥之系统"。而这一系统,占据了中国北方的关键要
地,对长安到太原一线形成巨大的地缘压迫。这就是上面三个
政权所在的马邑、定襄、榆林三郡。

马邑、定襄、榆林,这是隋末唐初极端重要的战略要地。马

邑，就是今天的山西朔州。定襄，今天的内蒙古和林格尔，在呼和浩特的南部不远。榆林郡，今天的陕西以北，内蒙古准格尔县附近。始毕可汗一通滥发"天子"头衔，刘武周、梁师都和郭子和，在山西和陕西北部，与内蒙古中部这片黄河两岸的广袤区域，建立起了一系列突厥的傀儡政权。

在这方面，正经的公卿世家李渊是不敢这样冒失的。也正是这时候，李渊的战略判断出现了明显的偏差。他认为，起事后，只要给始毕可汗"宝货"，就能够得到认可和支持。

> 刘文静劝李渊与突厥相结，资其士马以益兵势。渊从之，自为手启，卑辞厚礼，遗始毕可汗云："欲大举义兵，远迎主上，复与突厥和亲，如开皇之时。若能与我俱南，愿勿侵暴百姓；若但和亲，坐受宝货，亦唯可汗所择。"（《资治通鉴·隋纪八》）

当时的晋阳县令刘文静劝太原留守李渊与突厥"相结"，也就是建立平等的合作关系，目的是引进突厥的人马来壮大本方的"兵势"。这时候，李唐集团还没有做好起事的准备。这封信只是试探性的，能不能从突厥借些兵马，以助长己方的势力。以待万一有事，也好有所依靠。

李渊也认同这一策略，于是亲自给始毕可汗写了一封"卑辞"的信，同时送上厚礼。然而这封信，却暴露了李渊在起事之初对形势所作战略判断的重大偏差和失误。

李渊的信提出要举义兵，目的是迎隋炀帝，并与先帝开皇之时一样，与突厥和亲。在"和亲"这一总体合作倡议之下，李渊开出了两种选择。一是如果"与我俱南"，也就是出动兵马助我南攻的话，只求不要侵暴百姓。这句话的隐含之意就是，其他的予取予夺，悉听尊便。二是如果只是和亲，那就"坐受宝货"，好好接受利益输送，保持战略上的协作即可，而不需要派遣兵马。

显然，这短短几句话，是经过深思熟虑的"出价"。然而因为对大形势的重大误判，这个要价从出发点上就已经偏离了实际。后面开出的两个选择，自然更暴露出己方战略考量和主要底线。始毕可汗必然看得懂，李渊只想让我在兵马上支持他，不希望我出兵南掠，还要与我平起平坐，恢复"开皇之时"的和亲状态。

始毕可汗读了李渊的来信，内心的活动可想而知：我要的是天下，你却和我谈钱。你不仅以为我贪图钱财，还要远迎隋炀帝到我身边来，要像隋文帝时期一样修好。简直太天真了，时过境迁，今天的始毕可汗已经不是当年的启民可汗，已经大厦将倾、失去天下的一个政治符号人隋炀帝，也不可能再是当时草创王朝、一统天下的隋文帝。今天的突厥"三垂薄海，南抵大漠""控弦百万，古所未有"。同时我还以亚洲"主人"的身份，分封了若干个"天子"。在这种态势下，李渊一个如此弱小的势力，竟然妄想"挟天子以令诸侯"，和我平起平坐，两家修好，这让我怎么坐拥天下？

说到底,这是双方战略意图的一次试探。李渊认为突厥只为财,而突厥非常明确,我要的是天下,要的是霸权,要的是绝对的权力。

于是,不出所料,始毕可汗封李渊为另一个"天子"。显然,这个头衔对于始毕可汗来说,并不值钱。因为他已经随手封了三个。

不过对李渊来说,简直惊掉了下巴。他完全没有想到,这样一封"卑辞厚礼"的信,居然换来了这么"丰厚"的回报——封"天子"! 简直吓破胆。

> 始毕得启,谓其大臣曰:"隋主为人,我所知也。若迎以来,必害唐公而击我无疑矣。苟唐公自为天子,我当不避盛暑,以兵马助之。"即命以此意为复书。
>
> (《资治通鉴·隋纪八》)

始毕看了信,马上作出决策:封李渊为"天子",而且必须不辞劳苦,也要"以兵马助之"。这话说得真是杀人诛心。你的策略我读懂了,"和亲"是绝无可能的。我的策略是更加明确的,无论如何我都要派兵前去,你必须成为我军事体系下的一个傀儡政权。

史书非常隐晦地记载了遭遇如此重大战略失误时,李渊决策集团出现的内部混乱。听说了突厥资助兵马,"将佐"都大喜过望。说明起事之初,在军事实力方面李渊集团并没有多少信心。更说明在当时,李渊集团在战略形势判断方面,缺乏出色的人才。甚至在对于突厥战略诉求的判断上,表现出了惊人的"幼稚"。

> 使者七日而返,将佐皆喜,请从突厥之言,渊不可。裴寂、刘文静等皆曰:"今义兵虽集而戎马殊乏,胡兵非所须,而马不可失;若复稽回,恐其有悔。"(《资治通鉴·隋纪八》)

辅助李渊起事最重要的两个人,裴寂和刘文静的基本态度是,我们起事,人够了,但缺马。突厥兵我们不要,突厥的马不可或缺。请赶快回信,万一耽误时日,对方反悔不资助我们就坏了。

在他们的观点看来,似乎霸主突厥只是一个予取予求、任人宰割的宝库。突厥提供的"套餐",还可以分开点兵或者点马。这种政治上的"幼稚病",时至今日已并不陌生。

这种政治上的"幼稚病",就是缺乏战略视野和战略研判能力的弊病。如果满心只有己方的需求,并不具备抬眼看看对手、举目评估通盘的意识,这样的战略评估,往往就陷在一种"战略妄想"之中。

遭遇到如此巨大的"出价"和"要价"反差,李渊此刻瞬间清醒。更关键的是,拿到这封回信,李渊马上陷入了两难——前不敢受突厥封的所谓"天子",后不敢不"改易旗帜"。

渊曰:"诸君宜更思其次。"

寂等乃请尊天子为太上皇,立代王为帝,以安隋室;移檄郡县;改易旗帜,杂用绛白,以示突厥。

渊曰:"此可谓'掩耳盗钟',然逼于时事,不得不尔。"

乃许之,遣使以此议告突厥。(《资治通鉴·隋纪八》)

事已至此,不得不发。于是只好选了折中之策,尊隋炀帝为太上皇,立代王为帝。但李渊颇为无奈,"此可谓'掩耳盗钟',然逼于时事,不得不尔"。

这一封书信往来,我们看得非常清楚。这是初唐与突厥的第一次"交锋",虽然还算不上真正的"交锋"。因为突厥已经几乎坐拥天下,而初唐还尚未起事。但这次互动中,双方态势已经非常明显。没有人是为钱而来,要的都是权力。李唐集团的战略误判也在这一刻为未来的路线争论和决策集团裂痕埋下了种子。

称臣于突厥

在"近代未有"的"大变局"下,李唐初起,称臣于突厥,以借重突厥的力量,壮大自身实力,在群雄并起的乱局中逐步成长。这种崛起初期所选择的策略,必然是"示弱以结"。

49

> 往者国家草创,太上皇(高祖,作者注)以百姓之
> 故,称臣于突厥,朕未尝不痛心疾首。(《旧唐书·李
> 靖列传》)

这也就是陈寅恪先生念兹在兹的,"唐高祖起兵太原时,实称臣于突厥"。这种称臣,是极端示弱的,最突出的就是起事之时刘文静出使突厥时,开出的条件"愿与可汗兵马同入京师,人众土地入唐公,财帛金宝入突厥"。

> 高祖开大将军府,以文静为军司马。文静劝改旗
> 帜以彰义举,又请连突厥以益兵威,高祖并从之。因
> 遣文静使于始毕可汗。
> 始毕曰:"唐公起事,今欲何为?"文静曰:"皇帝废
> 冢嫡,传位后主,致斯祸乱。唐公国之懿戚,不忍坐观
> 成败,故起义军,欲黜不当立者。愿与可汗兵马同入
> 京师,人众土地入唐公,财帛金宝入突厥。"
> 始毕大喜,即遣将康鞘利领骑二千,随文静而至,
> 又献马千匹。高祖大悦,谓文静曰:"非公善辞,何以
> 致此?"(《旧唐书·刘文静列传》)

当时的晋阳令、李唐起事的最初推动者之一刘文静在举义之初,身负重大使命出使突厥。刘文静见到始毕可汗之后,和盘托出了李唐集团的"出价"。用通俗的话说,我们一起攻入长

安,掠夺财富,人和土地归我,财富归你。这场"举义",实际上是一个大交易。

这场大交易的指导思想,也是李唐出现应对霸权的路线斗争的起点,就是高祖的大战略判断——突厥只为财。因此,刘文静访突厥所带去的谈判筹码,就是天下归我,财富归你。

然而,在突厥始毕可汗看来,李唐只是手中众多傀儡之一。霸权国足够强大,扶植了许多傀儡。李唐只是"棋子"之一。始毕在静观其变。

> 高祖起义太原,遣大将军府司马刘文静聘于始毕,引以为援。始毕遣其特勒康鞘利等献马千匹,会于绛郡。又遣二千骑助军,从平京城。
>
> 及高祖即位,前后赏赐,不可胜纪。
>
> 始毕自恃其功,益骄踞;每遣使者至长安,颇多横恣,高祖以中原未定,每优容之。(《旧唐书·突厥列传》)

于是始毕可汗派遣了特勒康鞘利带兵马而来。康鞘利这个康字,说明他是西域康国的粟特人,主要从事商业活动。康姓是初唐时期的西域九大胡人部族之一,《新唐书》称为"昭武九姓",唐代也称"九姓胡"。康国就是今天乌兹别克斯坦的第二大城市撒马尔罕。

因为始毕可汗的特殊信任,康鞘利获得了"特勒"这样一个本来授予"子弟"的官职,也就是类似于王爷的身份。《大唐创业起居注》将他称为柱国康鞘利,也就是始毕的大将军。

始毕派康鞘利带着兵马而来,实际上,既是助阵,也是一种权力的宣示。康鞘利此来,显然是受命"督军"而来。于是,史书记载中对此多有怨怼。

即便如此,高祖对于得到这种首肯,已经非常满意。不仅丝毫没有感觉到政治上的不独立,更别说心态上的屈辱,而是对于能够获得霸主的支持而"大悦",并夸奖刘文静如果不是你,怎么能达到如此完美的结果。

可见,这个时候,高祖有多么渴望得到霸权国的认可,也足以见得起事之时,是何等势弱。只有得到霸主的认可,才有可能在列强的夹缝中寻求生存。

唐初最原始的文献,李唐核心圈的温大雅所记述的《大唐创业起居注》可以说是所有记录这段历史的文献共同的最初来源。而在这份"自己人"所写的"纪实文学"中,对这种难以启齿的称臣之事,进行了一番颇具想象力的描摹。用心之深,令人玩味。

（大业十三年）六月己卯,太子与齐王至自河东,帝欢甚。

裴寂等乃因太子、秦王等入启,请依伊尹放太甲,霍光废昌邑故事,废皇帝而立代王,兴义兵以檄郡县,改旗帜以示突厥,师出有名,以辑夷夏。

帝曰:"如此所作,可谓'掩耳盗钟'。事机相迫,不得不尔。虽失意于后主,幸未负于先帝。众议既同,孤何能易。所恨元首丛脞,股肱堕哉!"欷歔不得已。

裴寂等曰:"文皇传嗣后主,假权杨素,亡国丧家,其来渐矣。民怨神怒,降兹祸乱。致天之罚,理亦其宜。"

于是遣使以众议驰报突厥。始毕依旨,即遣其柱国康鞘利、级失、热寒、特勤、达官等,送马千匹来太原交市,仍许遣兵送帝往西京,多少惟命。(《大唐创业起居注》)

太子和齐王都从长安附近返回黄河以东后,高祖起事最后的牵挂也消除了。于是,核心团队——太子、秦王,以及裴寂等与高祖一起商议了起兵之事。这是一次决定命运的小集团决策。其中核心的一条,就是"改旗帜以示突厥"。

这非常隐晦,实际上就是最终决定是不是称臣受封,接受狼纛大旗。此所谓"改旗易帜"是也。我们非常熟悉的,20世纪初中国出现中原大战之时,东北易帜,就是这样一种宣示。这种"示"可不是展示,而是臣服与归顺。然后才能"师出有名,以辑夷夏",也就是有了立场,才能够分清敌我,攻伐有道。

后面这段故事,真是春秋笔法。高祖唏嘘一番,既是惺惺作态,也反映出臣服霸权的一种不甘。而突厥倒是一拍即合,

"送帝往西京,多少惟命"。

这话说得太委婉。试想抗日战争时期,武汉"伪政府"要攻伐重庆国民政府,日本军国政权能不乐开怀?于是,要多少给多少,一直送你去西京。因为我们不缺兵马,缺的就是你这个具有合法性的"带路党"。到时候,西京一破,面上来说,人和土地是你的,金银财宝是我的,实际上,一切都是我的,因为连你都是我的刀俎之肉。

这个局面,是不言而喻的。李唐决策团队,不会不懂。不过,世事往往就是明知不可为而为之,打脱牙和血吞。

本来,不情不愿的事,还可以做做样子。结果突厥的"特派员"康鞘利突然驾临,这事突然就不好办了。

> 康鞘利将至,军司以兵起甲子之日,又符谶尚白,请建武王所执白旗,以示突厥。
>
> 帝曰:"诛纣之旗,牧野临时所仗,未入西郊,无容预执,宜兼以绛,杂半续之。"诸军稍幡皆放此。营壁城垒,幡旗四合,赤白相映若花园。
>
> 开皇初,太原童谣云:"法律存,道德在,白旗天子出东海。"常亦云:"白衣天子。"故隋主恒服白衣,每向江都,拟于东海。常修律令,笔削不停,并以彩画五级木坛自随以事道。又有《桃李子歌》曰:"桃李子,莫浪语,黄鹄绕山飞,宛转花园里。"
>
> 李为国姓,桃当作陶,若言陶唐也;配李而言,故

云桃花园，宛转属旌幡。汾晋老幼，讴歌在耳。忽睹
灵验，不胜欢跃。帝每顾旌幡，笑而言曰："花园可尔，
不知黄鹄如何。吾当一举千里，以符冥谶。"（《大唐创
业起居注》）

于是，当时的聪明人们硬是搞出了一些自欺欺人的新说
法：因为算了不少卦、请了很多高人，说只有把旗帜都改成白
色——那就是突厥的标志，才能符合民间的传说，才能顺利夺
取天下。

因此，不得不改了一部分白色，一部分还保留原来的旗帜。
就这样半推半就、犹抱琵琶半遮面地走上了"不归路"。而为了
让麾下都能在意识形态上不出现迷茫，只能对"特派员"说一套
臣服，对手下人说一套"谶言"。可谓用心良苦。

温大雅，为了写好这一段，不辱没了高祖，挖空心思讳言其
实，真是煞费苦心。最后，温大雅还不忘收笔之时，再描摹一下
领袖的伟岸，"笑而言"鸿鹄之志，道"一举千里"之雄风。把政
治正确，发挥到了极致。

每读至此，不胜慨叹。

而这种委婉，这种曲折，恰恰反映出当时战略抉择的困难。
一种蓄谋颠覆霸权，而又不得不先臣服于霸权的战略忍耐之
策。读到这里，我们其实更加清楚，摧垮突厥国际霸权，绝对不
只是太宗个人"英武"，或者机缘巧合、外部条件偶然造成的，而
是有一种"初心"所在。从起事的那一天，这项摧垮霸权的战略

就在。

而这种称臣于霸主、妥协谋生的策略,就是唐初所选择的"示弱以结"的大战略。这种大战略,突出反映了"字小事大"的中国国际政治哲学,正是中华文明长期发展过程中形成的一套行之有效的国际秩序规范。这也是初唐成功崛起、摧垮霸权的根源所在。这种大战略能够取得优胜地位,自然也经历了复杂而严酷的路线斗争。

屈辱还是策略

"示弱以结"是一种饱含中国古代国际战略智慧的大战略。"字小事大"的国际战略思想,最初成型于春秋争霸之时。

春秋是中国国际关系思想发展成型的一段黄金时期。在那个天子式微、诸侯争霸、弱小苟活的时代,国际政治思想在大量的生死由命、予取予夺的残酷实践中得到了长足发展。其中,非常重要的一套政治哲学理念就是"小事大、大字小",用这种大国和小国之间的特殊关系,构建国际政治的稳定秩序,也就是国家间的"礼"。

夏六月,晋顷公卒。秋八月,葬。郑游吉吊,且送葬。魏献子使士景伯诘之,曰:"悼公之丧,子西吊,子蟜送葬,今吾子无贰,何故?"

对曰:"诸侯所以归晋君,礼也。礼也者,小事大,

大字小之谓。事大在共其时命,字小在恤其所无。以
敝邑居大国之间,共其职贡,与其备御不虞之患,岂忘
共命?"(《春秋左传·昭公三十年》)

在鲁昭公三十年(前512年)的夏天,大国晋国的国君顷公
死了。到秋天下葬时,晋国的邻居小国郑国派遣游吉一人前去
吊唁并送葬。因为一人前去,没有像此前晋悼公过世之时那么
隆重,而受到了主家质疑。游吉作了一番非常高级的回答,他
指出诸侯之所以归服于晋国国君,是依照"礼",也就是一种稳
定的共同遵守的政治秩序。

那么这种国家间共同遵守的政治秩序——"礼",具体是什
么呢?很简单,就是两条:小国听命大国,大国庇护小国。"事
小""字大"怎么理解呢?清代段玉裁的解释就非常清楚。

字,乳也。从子,在宀下,会意。子亦声。人及鸟
生子曰乳,兽曰㹀,引申之为抚字,亦引申之为文字。
叙云,字者,言孳乳而浸多也。
事,职也。从史,之省声。叠韵。职,记微也,古
假借为士字。郑风曰:子不我思,岂无他事。毛曰:
事,士也。今本依传改经,又依经改传,而此传不可通
矣。(《说文解字注》)

这个比喻就非常形象了,回归到了理解大国与小国关系的

一种本义。大国对小国,就像是家里养育一个孩子,要给予足够的营养。换句话说,要"喂奶",这也就是"字小"的本意。

今天我们看到的国际关系中的霸权国,拥有大量"小弟"的大国,就是这样不断在经济上输血、发展上援助、军事上撑腰,甚至在战略威慑方面,还要给予它的盟友小弟"核保护伞"。从而让这些小国家,可以在大树下孳生。

小国呢,也就是听从大国的话,供职也好,从事也罢,无非就是听话二字。于是,《左传》借一位小国使者之口,把这个道理讲得无比透彻。小国听命于大国,在于"有召必至""有命必行",换句更通俗浅显的话,就是"听话、出活、不闹事"。用今天的话说,就是依附于大国的这些小国,是一种不完全主权的国家,因为它们并不能完全独立自主。与此同时,大国庇护小国,也在于体恤小国的匮乏和所需,及时提供帮助和支持。

最后,这位郑国的使者说了一句很无奈的话,郑国处在大国之间的夹缝之中,长期以来恪尽职守、低调做人,该进贡进贡、让出力出力,怎么可能忘了"共命"呢?

什么是"共命"? 也就是"命运共同体",一种国际体系的"命运共同体"。小国的生存,当然依附于大国之下,必然是命运与共。于是,这种"字小事大"的"共命"秩序,就形成了一种国家间稳定的共同遵守的规范——"礼"。

孟子对此进行了进一步阐释,将"事大"思想丰富完善。

齐宣王问曰:"交邻国,有道乎?"

　　孟子对曰："有。惟仁者为能以大事小。是故，汤
事葛，文王事昆夷。惟智者为能以小事大。故大王事
獯鬻，句践事吴。以大事小者，乐天者也。以小事大
者，畏天者也。乐天者保天下，畏天者保其国。《诗》
云：'畏天之威，于时保之。'"（《孟子·梁惠王》）

　　齐宣王问了一个非常深刻的问题，究竟应该怎样处理国家
间关系？孟子给了一整套解决方案，也就是天下秩序观——
"仁者乐天，事小以保天下；智者畏天，事大以保其国"的国际
规范。

　　这种国际秩序，实际上在东亚一直延续数千年。直到近代
以来西方秩序一统天下之前，东方都建立在这种"字小事大"的
国家间政治秩序之下。比较著名的，就是朝鲜半岛王朝确立为
长期坚持的国家基本战略的"事大主义"。近代以前，朝鲜长期
奉中国为大国及自己的宗主国，称自己为小中华，而忠效中国
的政策即为事大主义。直到 19 世纪末朝鲜王朝覆亡前夕，主
张效忠清王朝、反对日本干预的人们，仍然被称为"事大党"。

　　初唐，显然全盘走在了这样一种"事大"的大战略之上。在
实力不够的时候，为了争取发展的契机和战略窗口，采取示弱
以结、事大共命的大战略，无疑是非常明智的。在这种弱势的
阶段，不仅要能够弯下腰，豁出去脸面，甚至还要出得了血，舍
得了肉。只要命还在，就是成功的。

　　于是，我们就看到了这样一幅画面。隋大业十三年（617

年），李唐集团对突厥卑辞厚礼，全盘接受一切"屈辱"条件，改旗易帜，称臣引援。而这种史书记载的卑辞厚礼，还是在摧垮突厥以后，最高领导集团对史书进行了审改之后的表述。

可以想见，在没有往回找补之前，这种卑辞厚礼，要来得更夸张一些，甚至更多。同时，这样的卑辞厚礼，从起事的第一天起，就在李唐集团内部造成了严重的战略分歧。"杂用绛白"就是这种战略分歧在最初就已经标识化的一个重要信号。

起事：历史讳言的一出"双簧"

与霸权国相处，示弱之时，一切都好。就像情侣处在你侬我侬的蜜月期，一切都那么美好。似乎一场戏，可以唱得天衣无缝。

617年，李唐集团开启了属于自己的时代。

> 渊阳若不得已而从之者，曰："然则先当集兵。"乃命世民与刘文静、长孙顺德、刘弘基等各募兵，远近赴集，旬日间近万人，仍密遣使召建成、元吉于河东，柴绍于长安。（《资治通鉴·隋纪七》）

高祖选择了以剿匪为名，开始战争动员。但召集范围之广、人数之众、其成之迅，必然惹人生疑。这种借口，显然不可能瞒过两位南面派来的"特派员"。为了应对王威、高君雅这两位隋王朝派驻的"监军"，需要更多的勇气和决心。

> 王威、高君雅见兵大集，疑渊有异志，谓武士彟
> 曰："顺德、弘基皆背征三侍，所犯当死，安得将兵！"欲
> 收按之。
>
> 士彟曰："二人皆唐公客，若尔，必大致纷纭。"威
> 等乃止。留守司兵田德平欲劝威等按募人之状，士彟
> 曰："讨捕之兵，悉隶唐公，威、君雅但寄坐耳，彼何能
> 为！"德平亦止。
>
> 晋阳乡长刘世龙密告渊云："威、君雅欲因晋祠祈
> 雨，为不利。"（《资治通鉴·隋纪七》）

王威、高君雅两人发现了大规模的招募和兵力集结，已经看懂了李渊父子的野心。这时候一个关键人物武士彟登场。他的贡献不止于在此时稳住了两位监军，预警了这场危机，给李唐集团足够的时间演一出好戏。同时作为一位大木材商，给予了李唐集团起事最原始的财力支持，可以说是创业的主要注资方。为此，武士彟官至工部尚书，加封应国公。更重要的是，在更远的将来，他的女儿彻底改造了李唐王朝。她就是武则天。

在武士彟的策应拖延下，这出双簧戏，最终在五月十五日这天上演。

五月，癸亥夜，渊使世民伏兵于晋阳宫城之外。

甲子旦，渊与威、君雅共坐视事，使刘文静引开阳府司马胙城刘政会入立庭中，称有密状。

渊目威等取状视之，政会不与，曰："所告乃副留守事，唯唐公得视之。"

渊阳惊曰："岂有是邪！"视其状，乃云："威、君雅潜引突厥入寇。"

君雅攘袂大诟曰："此乃反者欲杀我耳！"时世民已布兵塞衢路，文静因与刘弘基、长孙顺德等共执威、君雅系狱。（《资治通鉴·隋纪七》）

解决王威和高君雅是能否起事的第一步。于是，李唐的决策集团核心成员悉数登场。五月十四日夜里，世民带兵在晋阳宫城之外布场。一切稳妥之后，十五日一早，李渊与王威、高君雅一同处理公务。刘文静做了一个局，引入刘政会来告密状，当着高祖和王威、高君雅的面，引爆了一个"震爆弹"——王、高二人通突，立刻逮捕下狱。显然，这太脱离正常剧情了。

而这出戏的精彩之处还要两日之后上演。

五月，丙寅，突厥数万众寇晋阳，轻骑入外郭北门，出其东门。

渊命裴寂等勒兵为备，而悉开诸城门，突厥不能测，莫敢进。

众以为威、君雅实召之也，渊于是斩威、君雅以
徇。渊部将王康达将千余人出战，皆死，城中凶惧。

渊夜遣军潜出城，旦则张旗鸣鼓自他道来，如援
军者；突厥终疑之，留城外二日，大掠而去。（《资治通
鉴·隋纪七》）

两日之后，更离奇的剧情接踵而至。突厥真的来了，就在
王、高二人因为通突下狱之后，可谓如期而至。悠悠众口找到
了堵塞的办法：这就是两人通突的铁证。这时候，又是开城门，
又是皆战死，又是布疑兵，最后突厥大掠一番，潇洒离开。怎么
看，这都是一出双簧。

这出戏演完，真正的大幕徐徐拉开。

（义宁元年）六月，己卯，李建成等至晋阳。

甲申，渊使建成、世民将兵击河西。（《资治通鉴·
隋纪八》）

一进入六月，起事正式开始了，李唐集团举兵向长安的方
向进发。

这出戏的精彩之处就在于，在此之前，李唐集团已经和突
厥始毕可汗谈好价钱。我们在前面讲到那样一封信，始毕要天
下，李唐却只给钱，虽然文献记录在起事之后。但如果我们盯
住时间细读，它很可能出现在起事之前。

权威的编年体史书《资治通鉴》为我们留下整个故事的隐

藏线索。

> 渊从之,自为手启,卑辞厚礼,遗始毕可汗。
>
> 始毕得启,即命以此意为复书。使者七日而返。
>
> 渊曰:"此可谓'掩耳盗钟',然逼于时事,不得不尔。"乃许之,遣使以此议告突厥。(《资治通鉴·隋纪八》)

我们注意到,高祖亲自给始毕写了一封信,始毕得到后看了这封信,提出了"合同"的另一个方案。使者拿上这封信,用了七天返回。在对这个修改后的方案进行了充分的决策研讨之后,李唐集团形成了一个新的方案。

我们介绍了,就是"改易旗帜,杂用绛白"的一种妥协方案。然后派了使者,将这个方案告诉突厥。而这一段工作,完全没有日期。如果我们考虑到双方收信后,进行翻译、研究,开展决策研讨,再撰写回信,用印签封之类的周期,那么十日为一个单程应该不为过。

李唐集团首先提议,十日。突厥始毕提出替代性方案,十日。李唐集团选择折中方案,十日。那么这件事很显然应该出现在大概一个月前,也就是不应该放在上述六月初一至初五之间。这仅仅的四天,是用来迎接李建成从长安返回,并开展建成与世民带兵渡河西进的团队组建和战争准备,而不是用来给突厥写信。

那么，勾连突厥这件事，更合理的也就出现在五月，甚至更早。我们注意到，三月丁卯（十七日），刘武周袭取楼烦郡，攻下汾阳宫，将宫人献于突厥，获得"定杨可汗"称号和狼头大纛之后，李唐集团受到冲击，开始筹备起事。

此后，语焉不详，时间就直接来到了五月癸亥（十四日），李渊派李世民率兵埋伏在晋阳宫城外。甲子（十五日），就出现了抓捕王威、高君雅事件。丙寅（十七日），突厥来犯晋阳。

从这个周期来讲，刚好符合我们前面所说的最保守估计的李唐与突厥达成合作协议的时间。因为三月下旬的事态持续发展，经过观察、酝酿、研究，到四月初李唐集团开始与突厥联络，提出了他们的方案。到四月中旬，突厥反馈了替代方案。四月底，李唐给出了最终的协议，得到突厥的首肯。行动计划开始启动实施。

于是，经过准备和行军，在约定日期，突厥出现在了晋阳城。

The Golden Age of Tang Dynasty

第三章 蓄势

崛起与打压的
艰苦抗争

亲疏因其强弱，服叛在其盛衰。

　　　　　　——《北史·突厥传论》

第一步就迈入战略分歧

路线是由思想认识决定的，这种认识渗透在对形势的判断中。最关键的是怎样面对突厥。在起事的关键决策中，关于突厥的战略目标的判断，显然是决定未来大方针、大路线的关键。而两种判断的严重分歧，从公元 617 年起事起，就已经暴露无遗。战略分歧，永远无法调和。

在这个时期，李渊认为突厥只是隋文帝留下的一个合作伙伴，只要迎接隋炀帝或者他的继承人，再给一些财货，就能够获得突厥的支持。显然，此后的事实反复证明，这是错误的，而且是严重的战略判断失误。

突厥要的不是子女玉帛，而是天下，包括中原、西域和高丽等在内的整个天下。也就是，突厥要做的是国际体系的霸主，而你以为他只是一群谋财害命的盗匪。你小看了他，他自然会要你的命。

这种路线之争，也就是立国之基，就出现在了刚起事之时。温大雅所著《大唐创业起居注》用极其巧妙的手法讳言了初唐起事时臣服于突厥的半就之态。而这种半就之态本身，就反映出核心决策圈的大战略摇摆。最终形成了一种"改易旗帜，杂用绛白"的大妥协、大混合战略。

陈寅恪先生非常敏锐地发现了这种战略分歧。

> 唐高祖之起兵太原，即叛隋自立，别树一不同之旗帜以表示独立，其本不足怪。但太宗等必欲改白旗以示突厥，则殊有可疑。（《论唐高祖称臣于突厥事》）

这时候，李世民代表了一条比较客观清晰的战略路线，那就是必须向突厥称臣，必须示弱以结，在"称臣"的幌子下，先壮大自己。

这种路线之争，在日常运行的方方面面都在反复积累和不停酝酿。因为大战略并不是束之高阁的云中之物，而是渗透在日常的点点滴滴。

起事之后，李唐集团时刻都面临重大的战略目标设定问题，是要成为一个类似刘武周、梁师道之伦的地方性诸侯，还是要成为与王世充、李密、窦建德争锋的全国性势力，更或是进一步要替代隋王朝，成为天下的共主？

刚出门第一步，就出现了战略分歧。出发不久的队伍，自然遇到了缺粮等各类出师不利，出使突厥的刘文静又迟迟没有消息。在困难中自然出现了后方不保的各类传言。军心不稳正是需要主心骨的时刻。

雨久不止,渊军中粮乏。刘文静未返,或传突厥与刘武周乘虚袭晋阳,渊召将佐谋北还。

裴寂等皆曰:"宋老生、屈突通连兵据险,未易猝下。李密虽云连和,奸谋难测。突厥贪而无信,唯利是视。武周,事胡者也。太原一方都会,且义兵家属在焉,不如还救根本,更图后举。"(《资治通鉴·隋纪八》)

李渊马上召集了将领会议,主题是研究撤军之事。于是史书就记载下了裴寂等人的话,用来反映当时李渊一派的意见。

裴寂是李渊起事的三位主要推动者之一。相比另外两位"元谋"(最初谋划起事的人)李世民和刘文静,裴寂与李渊的关系更为紧密,一直是李渊战略决策的主要谋划者和代言人。

隋炀帝时期,李渊任太原留守之时,裴寂是晋阳宫副监。可以说两人在李唐起事之前是同僚关系,且相处十分融洽、格外密切。

李世民和晋阳县令刘文静密谋起兵的时候,是让裴寂去劝说李渊。二人关系可见一斑,最初起事的四人之间的亲疏关系也便明朗。

李渊起兵后,裴寂马上进献宫女、粮草铠甲等,是关键的起事"出资方"。李渊建大将军府,裴寂为长史,封闻喜县公。攻下长安后,赐裴寂良田千顷,转为大丞相府长史,封魏国公,食邑三千户。

隋炀帝在江都被杀后，裴寂带头推动李渊受禅称帝。当然，这一步迈得有些早了，我们后面会展开分析。李渊即位后，对裴寂说："使我至此者，公也。"第一时间拜裴寂为尚书右仆射，赐御膳。也就是所谓的"一人之下"。

可以说，在武德年间，裴寂就是李渊最核心的幕僚、伙伴和助手。史书所载的裴寂的表态，基本可以认定为李渊的意图。而且往往都由裴寂先表态，李渊随之做决断。

对于裴寂的角色，史书也给了我们明确的信号。贞观二年（628 年），太宗去南郊祭祀，命裴寂与长孙无忌同升金辂，也就是同乘一车，以示表彰。裴寂作为前朝领袖的近臣代表，自然无比惶恐，几番辞让。这时候，太宗把话说得很明白："以公有佐命之勋，无忌亦宣力于朕，同载参乘，非公而谁？"你是起事的主要功勋，长孙无忌与我勠力同心。

这句话可谓杀人诛心。起事的三位"元谋"这时候只剩下两位，裴寂占其一，李世民已登大宝。另一位李世民的亲信刘文静被裴寂诬杀，再到第二年（629 年）李世民即将为刘文静平反。

太宗明确说了两句看起来政治完全正确的话，却留下了半句反话。与我同乘此车的两位中，长孙无忌是毫无保留与我同心同德的。而裴寂，我尊重你只是政治宣示，代表着对前朝臣子的抚慰。而且今后我也将持续高高捧起你，这样的做法是政治性的，请你明了自重。

回到十余年前，在这一次刚出门就出现的战略争论中，裴寂就率先扮演了这样的李渊代言人角色。裴寂的表态代表了李渊的意图,无论是讲前面的路途艰难,周边的威胁凶险,背后的敌人凶残,还是根据地的关键,士兵们的思乡,这一切的因素全部指向了一种保守的大战略思路,也就是守住老家,就此得过。所谓"更图后举",我们都清楚,往往只是一种官话和说辞。

可以说,起事后的每一步,都在大战略的路线分歧中挣扎。归根到底,是李渊的战略构想与李世民完全不同。

> 李世民曰:"今禾菽被野,何忧乏粮?老生轻躁,一战可擒。李密顾恋仓粟,未遑远略。武周与突厥外虽相附,内实相猜。武周虽远利太原,岂可近忘马邑?本兴大义,奋不顾身以救苍生,当先入咸阳号令天下。今遇小敌,遽已班师,恐从义之徒一朝解体,还守太原一城之地为贼耳,何以自全!"李建成亦以为然。(《资治通鉴·隋纪八》)

李世民说得斩钉截铁,你们说的这些全都不叫事,我们的战略目标是"兴大义""救苍生""入咸阳""号令天下"。在这个大战略指导下,那些问题都不是问题。

如果说,起事只是开端,"杂用绛白"也只能算是权宜之计,那么走在路上的第一次将佐会议,才是李唐集团对起事战略的第一次大讨论。在这次讨论中,很明确地出现了两条路线。这两条路线也一直伴随着李唐集团与突厥霸权的持续抗争而不断激化,直至 626 年玄武门之变。

> 渊不听,促令引发。世民将复入谏,会日暮,渊已寝;世民不得入,号哭于外,声闻帐中。渊召问之,世民曰:"今兵以义动,进战则克,退还则散;众散于前,敌乘于后,死亡无日,何得不悲!"渊乃悟,曰:"军已发,奈何?"
>
> 世民曰:"右军严而未发;左军虽去,计亦未远,请自追之。"渊笑曰:"吾之成败皆在尔,知复何言,唯尔所为。"世民乃与建成分道夜追左军复还。丙子,太原运粮亦至。(《资治通鉴·隋纪八》)

最终世民是如何说服李渊的呢? 我们看到了"号哭"这样的故事化场景,因为真正的密谋是无法写进史书的。仅从李世民的陈述中,我们看得出,打动李渊的是:如果退军,并不能达成先前所说的保有根据地、徐图后举的目的,而很可能是作鸟兽散的悲剧。

这是很中肯的分析,也有相当的理论和历史经验做支撑。保守派往往是更严重的风险厌恶型决策者,也就是更怕失去,更担心一无所有。

正是拿准了父亲这样的决策心理,李世民舍弃了在将领会议上的高谈阔论,而是抓住"退亦无可退"的基本判断,最终说服李渊连夜追回已经撤退的部分军队,继续向长安进发。

第一步迈出去了,第二步仍然陷在战略分歧中。没走多远,再次开始新的战略争论,是一路向西,还是留在山西?

> 时河东未下,三辅豪杰至者日以千数。渊欲引兵西趣长安,犹豫未决。裴寂曰:"屈突通拥大众,凭坚城,吾舍之而去,若进攻长安不克,退为河东所蹑,腹背受敌,此危道也。不若先克河东,然后西上。长安恃通为援,通败,长安必破矣。"(《资治通鉴·隋纪八》)

上一场讨论,是继续走,还是保有晋阳一地发展;这一次向前迈了一步,是跨过黄河西取长安,还是居留河东、保有山西。

理越辩越明。可以说李唐集团的行军途中的争论都是非常有战略价值的研讨。裴寂只是史官用来发言的一个代表,在这些记录中,与"子虚"和"乌有"并没有多大差异。他代表的是李唐集团中的一派占据主流意见的势力。而这一派,将很快发动更加惨烈的内部斗争。

但至少在当时的具体情况下,我们很难说谁对谁错。在经过历史检验之后,我们或许可以轻松地调侃当时的某些意见,然而当下的每一刻,他们都面临着向左还是向右的选择。放弃山西孤军向西,很有可能全军覆没。

> 李世民曰:"不然。兵贵神速,吾席累胜之威,抚

归顺之众，鼓行而西，长安之人望风震骇，智不及谋，勇不及断，取之若振槁叶耳。若淹留自弊于坚城之下，彼得成谋修备以待我，坐费日月，众心离沮，则大事去矣。且关中蜂起之将，未有所属，不可不早招怀也。屈突通自守虏耳，不足为虑。"

渊两从之，留诸将围河东，自引军而西。（《资治通鉴·隋纪八》）

李世民的争论更加果决，你们说的都不对！

每一个选择的根源，都在于对战略形势的判断和战略目标的设定。仅从史书的记载来看，李唐集团内部两个派系争论的根源，就在于对威胁的认识和对目标的设定这两方面。

在威胁方面，李世民认为困守坚城的屈突通不足为虑，而大军被困在坚城之下以致军心溃散才是更大的威胁。屈突通的这次登场只是序幕，他在未来还将扮演极其重要的角色，我们留待后禀。此时此刻，在战略目标的设定上，李世民认为最核心的目标是迅速拿下长安，收拢关中势力，而且时不我待。

最终，虽然我们看到了李渊两次听从李世民这样的记载，但实际上是采取了相对稳妥的折中方案。也就是一部分将领围困河东坚城，既是经略河东，也是留以为退兵之援。而主力则引军而西，进趋长安。

实际上，从这个时候起，我们就已经可以清晰分辨李渊与李世民两派战略路线的差异。李世民的战略路线，已经比较清晰,那就是从"示弱以结"到"号令天下"的路径。全面向突厥称臣,获取突厥的支持,快速西进占领长安,然后扫清天下、再图突厥。

尽管我们很难说,李世民以起事时的年纪,在最初就有如此清晰的研判和全盘谋划。但包括刘文静等人在内的李世民团队,在起事之初是基本明确这样的策略与目标的,并在后续实践中得到了持续完善和加强。

李渊一派的战略相对模糊,是一种走一步看一步的常规套路,这也是我们在战略决策中经常看到的"主流做法"。毛泽东1936年在《中国革命战争的战略问题》一文中就明确提出:"尽管往后变化难测,愈远看愈渺茫,然而大体的计算是可能的,估计前途的远景是必要的。那种走一步看一步的指导方式,对于政治是不利的。"[1]

李渊一派的主要决策都是被形势推着走的,而并不做更长远的研判和战略规划。最初因为地处边境一线,孤立无援,为了自保,向突厥学习,提升生存能力;继而天下群雄并起,也应分一杯羹,于是半推半就联系突厥;与突厥勾连已经不得不起事,于是"杂用绛白",两端游离;大军已经兵发西行,遇到阻碍,可以撤军回营,只做一个地方势力;跨河西进困难更大,于是不如保有山西,足以自立。

可以看出,这种深刻的路线斗争,渗透在了日常战略执行

---

[1] 《毛泽东选集》第一卷,人民出版社1991年版,第221页。

的方方面面。对形势的判断,对战略目标的设定,以及对己方能力的认识,这种"三观"决定了其基本的战略行为。显然,在这三方面,李渊与李世民,都太不一样了。仅就刚出门这个时候而言,我们还很难说谁对谁错,因为必须经过实践的检验才能够做出判断。

因此,我们可以把两派的战略思路做简单的归纳,一方是有中长期战略设计的,既有清晰的形势和对手研判,也有明确的斗争策略和分步走战略,更有适当的谋略布局和崇高的"初心"精神凝聚;另一方是非常典型的"走一步看一步"决策,是在形势的波涛中随波逐流、忽进忽退、反复摇摆的。而这样的两种战略思路,在决策中,就会产生深刻的利益冲突。"战略设计"一派,是可以让渡眼下利益,经营长远态势的。而"走着看"一派,则更为眼前的利益所动、被当下的困难所困、为形势发展所左右。

正因如此,李唐起事的第一步,就迈进了不可调和的战略分歧。而这样的战略分歧前人并没有从战略研究的视角来分析。当我们把这条线索从李唐起事之初就剥离出来时,我们发现战略分歧和路线斗争在后面的十余年中,特别是在处理李唐与突厥关系中持续发挥了重大决定性作用,对整个形势的发展造成了深刻的影响,也是诸多关键历史节点和危机事件的核心触发要素。甚至可以说,这条线索,就是从 617 年晋阳起事到630 年摧垮突厥这段历史的主线。所有的故事,都在这条主线下开展。无论史书以何种方式和技巧记述下这段历史。

历史可以证明一切，历史也终将检验一切。

崛起太快：与霸权迎头相撞

和霸权相处，李唐与突厥的"蜜月期"很快就会过去。因为霸权国，从来都不会讲什么"道义"。在利益和生意面前，哪有什么道义和正义。

隋大业十三年（617年）李唐起事、突厥的助战，是建立在李唐称臣事大和委曲求全的基础上。而这种霸权国渴望的追随还会更夸张，实际上来得也可能并不那么一帆风顺。因为我们知道，在同时期，在李唐的周边，还有其他一系列傀儡政权。为什么要扶植李唐，而抛弃既有的刘武周、梁师都、郭子和等政权？这就要求李唐作出更大的让步、更彻底的妥协，给突厥更大的期许。

而这对于一个有正统前朝贵族背景的集团来说，显然是更难的。因为其他一些势力不是犯人就是流寇，他们可以毫无底线。而李唐作为杨隋的血亲贵族，封疆一方，投靠突厥反隋，本身就伤害到了它的合法性，更难得到支持。而要比落草为寇的势力更加苟且突厥，那更是伤及"国本"，难上加难。于是我们看到了一些更多的"讳言"。这些端倪，就需要我们来思考了。

起事之初，李渊遣使与始毕可汗约定"民众土地入唐公，金玉缯帛归突厥"，还提出"勿侵暴百姓"。在之后的实际执行中，李唐显然没有忠实履约。同时，我们看到，刘武周以隋朝汾阳宫女贿赂突厥,而李渊却把征战得到的大量女性放回家去让她们与亲属团聚。

> (大业十三年)三月,于是袭破楼烦郡,进取汾阳宫,获隋宫人以赂突厥,始毕可汗以马报之,兵威益振。及攻陷定襄,复归于马邑。突厥立武周为定杨可汗,遗以狼头纛。因僭称皇帝。(《旧唐书·刘武周列传》)
>
> 丙子,渊引军西行,所过离宫园苑皆罢之,出宫女还其亲属。冬,十月,辛巳,渊至长安,营于春明门之西北,诸军皆集,合二十余万。渊命各依垒壁,毋得入村落侵暴。屡遣使至城下谕卫文升等以欲尊隋之意,不报。(《资治通鉴·隋纪七》)

包括这些在内,我们可以想见,很多举动,是流寇可以做,而李唐集团无法做的。我们可以合理地理解这样的历史记述是李唐获得天下之后为了提高政权合法性所粉饰的,但也有足够的理由肯定,因为李唐集团起事的原点与其他势力不同,由于政治根基和合法性来源的差异,必然在崛起中采取具有更强规范性政权的行为方式。

但是,这样就会在李唐与突厥之间平生嫌隙。对于霸权国来说,恣意妄为是它渴望的权力。而一旦不听话,甚至还出现不践诺的情况,那就完全无法容忍了。何事秋风悲画扇,夏天一过,再美的扇子,都会被弃置一旁。与霸权的相处,永远都是这样。莫道人心等闲变却,只因秋风紧,悲笳寒月。

更何况,李唐崛起,实在太迅猛了。

一旦弱国崛起,打压就会迅速跟进,而且愈演愈烈,根本容不得商量。崛起愈快,打压愈猛;打压愈猛,正反映崛起愈快。这就是客观规律,不以人的意志为转移。

对初生的李唐来说,他们发展得太快,崛起得太猛,进展得太过迅速。于是,霸权的打压,也就来得更加突然。

隋大业十三年(617 年)五月起事之后,李唐倾全力西取长安,打算毕其功于一役,先入长安者得天下。于是李唐集团当时核心决策团队全都投入了跨过黄河、一路向西的征程。这个精英团队,确实能力极其突出,各种手段都用起来。在李世民的坚持下,李唐集团迅速西进,不在乎任何坚城与后顾,长驱直入,很快就来到长安城下。

隋大业十三年(617 年)八月庚申(十二日),李渊大军渡过黄河,进入陕西境内。甲子(十六日),到达朝邑,入住长春宫。"关中士民归之者如市"。

到了十月辛巳(初四),李渊大军已经完成了对长安的合围,"诸军皆集,合二十余万"。经过了 20 余天的准备,十月甲辰(二十七日),李渊命令各军攻城。

仅仅十余日后,到十一月丙辰(初九),遂克长安。再过六日,壬戌(十五日),迎立当时在长安的代王杨侑为皇帝,遥尊远在江都的隋炀帝为太上皇。

两日后,甲子(十七日),授李渊假黄钺、使持节、大都督内外诸军事、尚书令、大丞相,进封唐王。以武德殿为丞相府,改"教"称"令",军国机务、事无大小,文武设官、位无贵贱,宪章赏罚、一切事务,"咸归相府"。李建成为唐国世子,李世民为京兆尹、秦国公,李元吉为齐国公。乙丑(十八日),榆林、灵武、平凉、安定诸郡皆遣使请命。

也就是说,至此,李唐集团仅仅用了六个月,就完全控制了关中局势,建立起了新的政权,而且掌握了包括陕西北部、甘肃东部和宁夏的大部分区域。

燎原之势,令人错愕。恐怕,这是当时格局下谁也没有想到的。因为短短半年之前,李唐集团还是山西的一个小小势力。而天下尚且有李密、王世充等更强的军阀势力。谁都没想到,借由突厥支持而起事的李唐,并没有认真经略山西本地,却一路向西,拿下长安,建立起了能够统一天下的政权。始毕随手赌下的一张牌,搅翻了全场。甚至连李唐集团内部,恐怕都没有想到。这样的快速崛起,必然要引发复杂的连锁反应。

随后,李唐的崛起势头更加出乎所有人预料。618年五月,瞅准隋炀帝江都之变身亡后,李渊称帝。八月,西部的重大威胁薛举突然亡故。李唐与西部势力李轨结成联盟。武德二年(619年)五月,联合吐谷浑,并充分利用对手的内部矛盾,击溃了称帝的李轨。七月,西突厥、高昌王均表态归附。至此,短短两年,整个西部中国都已平定。

这时候,东线的弱点却凸显出来。在李氏父子一路向西的过程中,后方只留下了李渊的小儿子李元吉坐镇。整个后方所承受的压力，正是伴随着西线不断壮大，对当时地区格局造成严重冲击下出现的。

始毕可汗开始坐不住了。

> （武德二年）己巳，突厥始毕可汗将其众渡河至夏州，梁师都发兵会之，以五百骑授刘武周，欲自句注入寇太原。（《资治通鉴·唐纪三》）

在突厥的大力支持下，刘武周趁机南侵，寇犯并州，攻占晋阳。武德二年（619年）五月，刘武周围陷了李元吉镇守的并州。六月，高祖派裴寂讨伐刘武周。九月，裴寂全军覆没。至此，东线全线溃败，根据地完全沦丧。李世民也不得不在十一月从西线紧急来到东线，刘武周才开始频频败退。

当时的政治态势，已经变得非常复杂。盟友之间的关系，出现了重大变动。刘武周，成为了一个搅局者。南侵失败，反而被太宗收复故土。而突厥的态度，也完全逆转。直接杀掉了失势来归的刘武周。原因很简单，当代理人已经无法解决两强相争之时，霸权国就会自己走上前台。

于是，我们就看到了武德三年（620年）的这一幕。

> 四月丙申，刘武周数攻浩州，为李仲文所败。甲寅，刘武周闻金刚败，大惧，弃并州走突厥。金刚收其余众，欲复战，众莫肯从，亦与百余骑走突厥。世民至

晋阳,武周所署仆射杨伏念以城降。唐俭封府库以待世民,武周所得州县皆入于唐。

未几,金刚谋走上谷,突厥追获,腰斩之。久之,武周谋亡归马邑,事泄,突厥杀之。突厥又以君璋为大行台,统其余众,仍令郁射设督兵助镇。(《资治通鉴·唐纪四》)

随着霸权国抛弃代理人,亲自上场之后,各方势力的博弈迅速焦灼化。最突出的变化在于政治态势。因为随着李唐势力的快速扩大,以及政治优势的不断增长,突厥的态度发生了重大战略性转变——从扶植,迅速转为打压。

路线能杀人:刘文静之死

那么,在突厥霸权调整战略、加大打压力度的同时,李唐集团高层出现了什么变化呢?外部压力迅速转化为内部裂痕的加剧,你死我活的路线斗争开始浮出水面。

武德二年(619年)这一年,李唐集团率先发生了三件大事。这三件事,无论史书是否经过修订粉饰,基本的事实应该不会有过多的差池,那就是刘文静之死、杀西突厥曷娑那可汗与放弃河东故土。我们从这三件事中,就可以端详出路线斗争的严重激化。

五月,李元吉与李仲文共同守御龙兴之地山西。因为元吉

84

的背叛逃亡，败失故土。

> 　　上遣殿内监窦诞、右卫将军宇文歆助并州总管齐
> 王元吉守晋阳。常与诞游猎，蹂践人禾稼。又纵左右
> 夺民物，当衢射人，观其避箭。夜，开府门，宣淫他室。
> 百姓愤怨，歆屡谏不纳，乃表言其状。元吉坐免官。
> 　　三月庚辰，齐王元吉讽并州父老诣阙留己；甲申，
> 复以元吉为并州总管。
> 　　四月，刘武周引突厥之众军于黄蛇岭，兵锋甚盛。
> 齐王元吉使车骑将军张达以步卒百人尝寇；达辞以兵
> 少不可往，元吉强遣之，至则俱没。达忿恨，庚子，引
> 武周袭榆次，陷之。
> 　　丙辰，刘武周围并州，齐王元吉拒却之。戊午，诏
> 太常卿李仲文将兵救并州。
> 　　九月，刘武周进逼并州，齐王元吉绐其司马刘德
> 威曰："卿以老弱守城，吾以强兵出战。"辛巳，元吉夜
> 出兵，携其妻妾弃州奔还长安。元吉始去，武周兵已
> 至城下，晋阳土豪薛深以城纳武周。（《资治通鉴·唐
> 纪三》）

　　李元吉，就是这样一位阔少，弃奔长安，又有何所谓。小儿
子的骄纵，就是这样。这样的性格，怎么可能有精致的战略设
计，必然是随波逐流的派别。而且，御外侮如果不行，搞内斗肯

定在行。

晋阳之地的丢失，让高祖很痛苦。"强兵数万，食支十年，兴王之基"，这样的战略要地，居然"一旦弃之"，一日之间就丢掉了。真是不杀人不足以平愤。

> 上闻之，大怒，谓礼部尚书李纲曰："元吉幼弱，未习时事，故遣窦诞、宇文歆辅之。晋阳强兵数万，食支十年，兴王之基，一旦弃之。闻宇文歆首画此策，我当斩之！"
>
> 纲曰："王年少骄逸，窦诞曾无规谏，又掩覆之，使士民愤怨，今日之败，诞之罪也。歆谏，王不悛，寻皆闻奏，乃忠臣也，岂可杀哉！"
>
> 明日，上召纲入，升御座曰："我得公，遂无滥刑。元吉自为不善，非二人所能禁也。"并诞赦之。（《资治通鉴·唐纪三》）

在这一波的战略性失败之后，李唐失去了全部的龙兴故土，并州、晋阳、太原、龙门，全都陷入刘武周势力范围。

这时候，太子的老师李纲，也就是在元吉丢失山西故土之后力保元吉的那位老者，因为政见不同，煎熬到这一年的九月，也被迫去职。

> 礼部尚书李纲领太子詹事，太子建成始甚礼之。

久之，太子渐昵近小人，疾秦王世民功高，颇相猜忌；纲屡谏不听，乃乞骸骨。

上骂之曰："卿为何潘仁长史，乃耻为朕尚书邪！且方使卿辅导建成，而固求去，何也？"纲顿首曰："潘仁，贼也，每欲妄杀人，臣谏之即止。为其长史，可以无愧。陛下创业明主，臣不才，所言如水投石，言于太子亦然，臣何敢久污天台，辱东朝乎！"

上曰："知公直士，勉留辅吾儿。"戊子，以纲为太子少保，尚书、詹事如故。纲复上书谏太子饮酒无节，及信谗慝，疏骨肉。太子不怿，而所为如故。

纲郁郁不得志，是岁，固称老病辞职，诏解尚书，仍为少保。(《资治通鉴·唐纪三》)

李纲系出名门、历经三朝。在这个风雨前夜，最先感知到了剧变的危局即将到来。于是"官因老病休"，主动要求退出李唐高层。这也是路线斗争激化的最初信号，智者的离去。

李纲是北周车骑大将军李制的儿子。隋文帝即位后，出任太子洗马、尚书右丞等高级职务。归附李唐后，被任命为礼部尚书兼太子詹事，主要的职责就是教导太子李建成。可以说，李纲因为在隋朝就享有刚直不阿、忠君敢谏的美誉，而被李渊寄予培养下一代接班人的厚望。

李纲一直是李唐集团高层两个战略派别的中立者，也是一位难得的客观清醒者。"所言如水投石"，李纲深深痛楚于清醒的诤言无法被高位者所纳，"屡谏不听"，故而"郁郁不得志"。同时，李纲也以一双智者的慧眼预见到路线之争已起杀心。于是无论如何，"乃乞骸骨""固称老病"，辞职而去。

直到太宗践祚之后，依然对他感怀有加。贞观四年（630年），再次任命李纲为太子少师，教导太子李承乾。太宗每次临朝听政，必令李纲同坐在旁。李纲患病后，太宗专门让房玄龄到他家中慰问。贞观五年（631年），李纲逝世，享年八十五岁。太宗追赠他开府仪同三司，谥"贞"，命太子李承乾亲自为他立碑。

就在"直士"李纲辞职而去的同时，九月爆发了杀刘文静事件。这是李唐崛起过程中的一次重大斗争，是具有分水岭意义的标志性事件。如果说此前都在情绪酝酿，那么这一刻，就迎来了激烈的大爆发。

> 民部尚书鲁公刘文静，自以才略功勋在裴寂之右，而位居其下，意甚不平。每廷议，寂有所是，文静必非之，数侵侮寂，由是有隙。文静与弟通直散骑常侍文起饮，酒酣怨望，拔刀击柱曰："会当斩裴寂首！"家数有妖，文起召巫于星下被发衔刀为厌胜。文静有妾无宠，使其兄上变告之。
>
> 上以文静属吏，遣裴寂、萧瑀问状。文静曰："建义之初，忝为司马，计与长史位望略同。今寂为仆射，据甲第；臣官赏不异众人，东西征讨，老母留京师，风

雨无所庇,实有觖望之心,因醉怨言,不能自保。"

上谓群臣曰:"观文静此言,反明白矣。"(《资治通鉴·唐纪三》)

路线冲突给刘文静带来了杀身灭族之祸。虽然他是创业的"原始持股人",可以说是少数几个"联合创始人"之一,而且有"免两死"的荣耀与功勋记录,以及毋庸置疑的刑事豁免权。

在晋阳起事后,李渊很快明确了最初起事的功勋,并分为两个级别进行了褒奖。第一级三人,李世民封为尚书令、秦王,裴寂封为尚书左仆射、魏国公,刘文静封为纳言(侍中)、鲁国公。同时,这三人"特恕二死"。第二级的十四人,"约免一死"。

文静初为纳言时,有诏以太原元谋立功,尚书令、秦王某,尚书左仆射裴寂及文静,特恕二死。

左骁卫大将军长孙顺德、左翊卫大将军柴绍、内史侍郎唐俭等十四人,约免一死。(《旧唐书·刘文静列传》)

即使获得如此殊荣和"免两死"金牌,刘文静还是完全无法免除两年之后以莫须有的罪名被诛。证据非常确凿,不是谋反、不是贪污、不是通突,而是最初的路线之争,引起的忌恨与仇视。这比利益的冲突,来得要猛烈得多。路线,永远都是"不是你死就是我活"的残酷斗争。

陈寅恪先生就敏锐地意识到,在入主长安后,杀刘文静,是路线之争,为的是去称臣突厥之史,是一种高祖受辱的报复。而这显然是一种史观视角,报复过去的仇恨,更重要的就是为了未来走得更符合自己的需要。

为什么这样讲,因为史书为我们留下了更多蛛丝马迹。我们看到刘文静之死的表面原因,是他对于裴寂的怨怼,以及裴寂最终说服李渊杀掉刘文静。史官只记载了两个人的私人恩怨,似乎是为了一较高下、瑜亮情节而已。

然而当我们再往前回顾一些,就可以轻易发现,在起事之初,刘文静主导了与突厥的大交易,并作为使者往来两处。而裴寂则随军而行,成为了战略决策的主要谋划者。在起事出发遇雨之后的撤军倡议,和放弃进取长安、退而经营山西的建议,两次主导者都是裴寂。而反对者,都是李世民。

同时,武德二年(619年),裴寂也经历了人生中最重大的挫折,他主动请缨、率军回师山西,却全军覆没。从此告别了指挥作战的舞台。

在此情况下,我们就能更好理解刘文静之死的故事情节中,刘文静与裴寂的私人矛盾,只是史官笔下的表面细节。二人的根本分歧,在于战略思路方面。路线分歧,不仅反映了过去的恩怨,而且更重要的,将决定未来的走向。于是,在外部环境的剧烈撕扯之下,裴寂所代表的一派迅速转为内部斗争。因此,杀掉刘文静,就是执行这一路线的最重要一步。

对此,李世民是强烈反对的。因为刘文静是在晋阳起兵之时的首要推动者之一，在起事之前，就与李世民交往密切。在起事后，刘文静与李世民在采取全面亲突策略、迅速募集军队、处决王威和高君雅等问题上一直保持高度的战略协同。

> 及高祖镇太原，文静察高祖有四方之志，深自结托。又窃观太宗，谓寂曰："非常人也。大度类于汉高，神武同于魏祖，其年虽少，乃天纵矣。"寂初未然之。（《旧唐书·刘文静列传》）

从起事之前的谋划开始，直到起事后两年内的重要征伐，刘文静都在李世民帐下发挥关键作用。

> 高祖践祚，拜纳言。时制度草创，命文静与当朝通识之士更刊隋开皇律令而损益之，以为通法。
>
> 会薛举寇泾州，命太宗讨之，以文静为元帅府长史。遇太宗不豫，委于文静及司马殷开山，诫之曰："举粮少兵疲，悬军深入，意在决战，不利持久，即欲挑战，慎无与决。待吾差，当为君等取之。"文静用开山计，出军争利，王师败绩。文静奔还京师，坐除名。
>
> 俄又从太宗讨举，平之，以功复其爵邑，拜民部尚书，领陕东道行台左仆射。武德二年，从太宗镇长春宫。（《旧唐书·刘文静列传》）

同时,刘文静一直是联系突厥的主要使者。在李世民剿灭刘武周的过程中,突厥高层再次派兵助阵。

> 秦王世民之讨刘武周也,突厥处罗可汗遣其弟步利设帅二千骑助唐。(《资治通鉴·唐纪四》)

我们从这些蛛丝马迹中,观察到李世民处在李唐集团内部保守势力与突厥霸权的中间位置。我们注意到,很多学者都认识到李世民与突厥的特殊关系。大部分观点认为这一阶段高祖采取的一系列决策是应急防变之策,主要目的是防范突厥势力在李唐集团中的蔓延,提前处置可能发生的谋反事件。这样的认识是在上述史书记述的历史事件串联下形成的一种逻辑判断。在此串联下,也可以有其他合理的逻辑判断。比如,在我们前面所述的战略分歧的主线索下,也对此有一种合理的清晰判断。

"示弱以结"是突厥支持李唐集团的根基所在,于是财货金帛的输送必然长期存在。对于"战略设计"派来说,为了长远的战略目标,这样的短期"赤字"是可以承受的,况且这些账面的"赤字"实际上带来了李唐集团相对于其他势力更突出的军马等战略优势。从"算大账"的战略视角来看,是合理且可持续的,必须继续坚持下去。

与此同时,"财货"的更大价值是战略信号的传递。从博弈论的角度来说,在战略对手之间释放信号是影响对手决策、塑造博弈进程的关键手段。"贿和"这件事的本身价值之外,向对手释放"示弱"的信号,缓解对手的战略焦虑,延缓战略摊牌的时机,赢得宝贵的发展窗口,这样的战略价值远不止于财货本身,更不止于贿和止战这一次的止损,而是具有更重要、更长期战略价值的大账。从这个角度讲,"战略设计"派在把握博弈信号方面,具有更突出的策略优势。

而从"走着看"这一派来说,眼下的账就是总账。在这一派的视角中,"战略设计"派就是"仔卖爷田心不疼"。用公司的资金,买通竞争对手,为个人经营长期关系。这样的行为显然无法被容忍,也自然被理解为"通敌"。

在这样的视角下,我们就可以理解两派的矛盾为什么在619年严重激化,以至于出现了杀戮功臣元老之举。刘文静在死前不得不感慨"飞鸟尽、良弓藏"此言不虚。而实际上身处大时代洪流中的人们,可能到死,都不明白究竟是哪里出了错。甚至千百年后,也没有多少人搞清楚,矛盾突然升级激化,问题出在哪里。

从当时的历史时刻来看,往往两派都自认为是对的。两派都无法理解对方的逻辑、策略、行为以及决策。两派在螺旋下滑的趋势中都无可避免地走向你死我活的局面。这就是战略路线分歧的基本规律,不因为历史的发展、时代的变迁、主角的更替而发生多大的改变。

在这一时刻李渊所主导的"走着看"一派极其担心突厥背后的动作,却无力应对。李世民却可以动用突厥的力量,达成作战任务,挽救战略危局。于是他所代表的"战略设计"派在处理更宏大的战略问题时,更有信心。可谓"战略设计"派胸有成竹、举重若轻,在对外事务中越发熟稔自如、游刃有余。而"走着看"一派则在处理对外事务的时候毫无底气、左支右绌,于是满心狐疑、周身皆敌,最终进退失据、每况愈下。

也正因为这样,李世民虽然可以屡屡成功化解危机,却不以为功、反以为通敌,且建树愈多、疑虑愈重,以至于每况愈下。这样的局面,一直延续到两派的彻底决裂。而这个激化的起点,就是作为执行联系突厥战略的主要领导人刘文静,在这一年突然因为谋反伏诛。

此时,在杀与不杀刘文静、改与不改路线之争的两派中间,实际上还有更多的清醒者。史书为我们留下了蛛丝马迹。

> 李纲、萧瑀皆明其不反。
>
> 秦王世民为之固请曰:"昔在晋阳,文静先定非常之策,始告寂知;及克京城,任遇悬隔,令文静觖望则有之,非敢谋反。"
>
> 裴寂言于上曰:"文静才略实冠时人,性复粗险,今天下未定,留之必贻后患。"
>
> 上素亲寂,低回久之,卒用寂言。
>
> 辛未,文静及文起坐死,籍没其家。(《资治通鉴·唐纪三》)

以"智者与直士"著称的李纲和"疾风劲草、板荡诚臣"的萧瑀为代表的客观中立派，非常清楚地知道，刘文静并没有谋反。然而下半句却没有说出来。

在剧烈的战略调整和路线斗争中，客观中立派往往表现出更明确的观望态度。而这种态度实际上并没有消解战略分歧和路线撕裂，反而纵容了这种恶果的不断升级。同时，也逐步助长了更多明白人"不说话"的政治气氛向更加负面方面发展。也就是从这个时候起，以刘文静之死为原点，李唐高层的政治气氛开始恶化，战略分歧和路线斗争日趋激化，整个集团的决策质量不断下滑，逐步进入了螺旋下滑的恶性循环。

这种大战略的调整，在整个政治集团内部，进一步造成了严重的思想和行为混乱。以前，在追随战略的指引下，与突厥怎么交往都不为过，甚至刘文静说一些所谓"丧权辱国"的话，回来后还会被高祖赞扬有加。而一旦从蜜月期转入战略竞争，在国家内部也会引发严重的路线斗争。原来的能臣干吏、联突名将，很快就被打倒，成为了罪人。直到贞观三年（629年），太宗为刘文静平反，追加官爵，以其子刘树义袭封鲁国公，许尚公主。

这就是大战略调整的前兆，国家内部出现的路线斗争、意识形态冲突和新的迷茫。难道我们此前都做错了？这种复杂的大战略路线之争，显然会经过相当一段时间的酝酿。

就在这个月，赐死了刘文静的同时，还发生了重要的外部事件。我们很难不把这两件先后发生的大事联系在一起。正是这两件事先后关联在一起，让我们确信就在这几个月，李唐的最高决策层,出现了严重的路线斗争。

> 初,西突厥曷娑那可汗入朝于隋,隋人留之,国人立其叔父,号射匮可汗。射匮者,达头可汗之孙也。既立,拓地东至金山,西至海,遂与北突厥为敌,建庭于龟兹北三弥山。射匮卒,子统叶护立。统叶护勇而有谋,北并铁勒,控弦数十万,据乌孙故地,又移庭于石国北千泉;西域诸国皆臣之,叶护各遣吐屯监之,督其征赋。

> 西突厥曷娑那可汗与北突厥有怨。曷娑那在长安,北突厥遣使请杀之,上不许。群臣皆曰:"保一人而失一国,后必为患!"秦王世民曰:"人穷来归,杀之不义。"

> 上迟回久之,不得已,丙戌,引曷娑那于内殿宴饮,既而送中书省,纵北突厥使者使杀之。(《资治通鉴·唐纪三》)

对于西突厥的曷娑那可汗,这样在隋代就已经归服的具有标志性意义的重要人物,在突厥霸权的压力下,高祖力排众议,让北突厥使者将其亲手杀死。

这还不够,作为采取战略守势、宣誓确立新路线的最重要一步,高祖作出了新的安排——亲手作出"弃大河以东,谨守关西"的战略性安排。

> 十月，时王行本犹据蒲反，未下，亦与武周相应，
> 关中震骇。上出手敕曰："贼势如此，难与争锋，宜弃
> 大河以东，谨守关西而已。"（《资治通鉴·唐纪三》）

可以说，高祖已经在突厥的压力下彻底放弃，把"走一步看一步"的策略发挥得淋漓尽致。很多时候，我们更倾向于认同这样的决策，因为它们看起来更务实、更亲民，更符合大多数人的基本逻辑。然而"那种走一步看一步的指导方式，对于政治是不利的"。

秦王李世民这时候勇敢地站了出来，明确反对放弃故土的战略主张。这时候，虽然有分歧，但还有共同的利益。而高祖对故土也是有情怀的。于是不仅托付于斯，全盘赌上，而且亲自送行。

> 秦王世民上表曰："太原，王业所基，国之根本；河
> 东富实，京邑所资，若举而弃之，臣窃愤恨。愿假臣精
> 兵三万，必冀平殄武周，克复汾、晋。"
> 上于是悉发关中兵以益世民所统，使击武周，乙卯，
> 幸华阴，至长春宫以送之。（《资治通鉴·唐纪三》）

于是，经过武德二年（619 年）的大整顿之后，一切变得明朗起来。

可汗的女人与野心

两国相争,根本在于颠覆对方政权。于是,除了勾连盟友之外,另一个判断突厥不只为钱财的指标,一个更具野心的指标,就是扶立中原"正统",谋求法统。这样做的目的只有一个,入主中原。

突厥大举入寇,只能烧杀掳掠;培植一些军阀势力,只能输送些"子女玉帛"。这些都无法让突厥政权从中原王朝身上获得法统的胜利,从而实现从可汗到皇帝的政治身份转换。1000年以后,有一个成功的例子,就是皇太极。显然,突厥的可汗,在1000年以前,就有此图谋。

这个图谋的关键一招,就是废弃刘武周,迎立杨政道。

> 突厥处罗可汗迎杨政道,立为隋王。
>
> 中国士民在北者,处罗悉以配之,有众万人。
>
> 置百官,皆依隋制,居于定襄。(《资治通鉴·唐纪四》)

李唐实在是崛起太快,又太不听话,总是有自己的想法,不像那些草寇一样言听计从,实在是让霸权领导者甚是烦心。而刘武周占据定襄,是始毕可汗亲封的傀儡政权。始毕可汗过世后,他的弟弟处罗可汗作出了重大战略调整。他决定把定襄作为北方中国的"首都"。为此,亲自剿灭了刘武周势力,做好"拆迁"，为新的战略腾出空间。

那么这位被迎立到定襄的杨政道是谁呢？一名三岁的幼儿。

虽然仍在孩提、不谙世事，但杨政道这个名字在隋末实在是太有政治价值了。他就是隋炀帝杨广之孙，齐王杨𬤇的遗腹子。公元 618 年三月，身在江都行宫的隋炀帝被叛军杀害。当时杨政道的父亲齐王杨𬤇和两个哥哥同遭杀害，只留下了他这样一位遗腹子。这样的人物和角色，如同我们熟悉的三国时代的汉献帝。而这位遗腹子杨政道，在幼儿时期被迎立，就具有更加鲜明的政治符号意味了。

自江都政变后，隋炀帝的皇后萧氏带着皇室诸女和幼孙杨政道，被以宇文化及为首的乱军带到了聊城。推翻隋王朝后，宇文化及自称大丞相，率领乱军一路奔逃。

武德二年（619 年），窦建德兵进聊城，擒杀宇文化及，对萧皇后称臣，安置于武强县。窦建德是隋末农民义军的主要首领之一，618 年改国号为夏，改元五凤。窦建德的势力范围主要分布在河南南部、山东西北部和河北大部分地区。此役之后，宇文化及的弟弟宇文士吉带领封德彝主动投奔李渊。此为后话。

此时，突厥处罗可汗敏锐意识到，杨政道和萧皇后已经成为了存世的前朝皇族代表，具有不可多得的政治价值。于是提出迎立之意。武德三年（620 年）二月，处罗可汗专门派遣使者，要将萧皇后和杨政道迎接到东突厥。依附于东突厥的窦建德不敢不从，于是萧皇后便随突厥使者来到定襄。可以说，处罗真心要下一盘大棋。

不只如此，处罗还有更大的计划。

> 十一月，处罗又欲取并州以居杨政道，其群臣多
> 谏，处罗曰："我父失国，赖隋得立，此恩不可忘。"将出
> 师而卒。（《资治通鉴·唐纪四》）

"欲取并州"，在当时也就是指几乎打算将整个河东（今天的山西）收入囊中了。曹植的《白马篇》就介绍了这样一位英气逼人的"幽并游侠儿"，在幽州、并州这一大片中原的北部屏障区域"捐躯赴国难"。因为这一区域可以"长驱蹈匈奴，左顾凌鲜卑"。

如果说定襄还在塞外，那并州就是"中原"的一部分了。这对于拥立一个中原正统王朝的法统，就更具有了深刻的新含义。用更通俗的话来说，这就像伪满洲国在东北，还只是一个地方性的伪政权，专门收集遗老遗少，统辖一方。而如果迎立其首脑回到关内，自然就具有了不一样的政治意味。

也就是在定襄为这个幼儿杨政道建立朝廷之后，同年的十一月，处罗可汗就打算夺取整个山西，建立以杨政道为首的政权。而这一地区，就是初唐勃兴的基地。

这时候，显然突厥遭遇了严峻的路线斗争。在这个欲取唐代之的关键时刻，处罗离奇死亡。我们按下不表。

这里需要展开的是，这几个人物的复杂关系（见图1）。

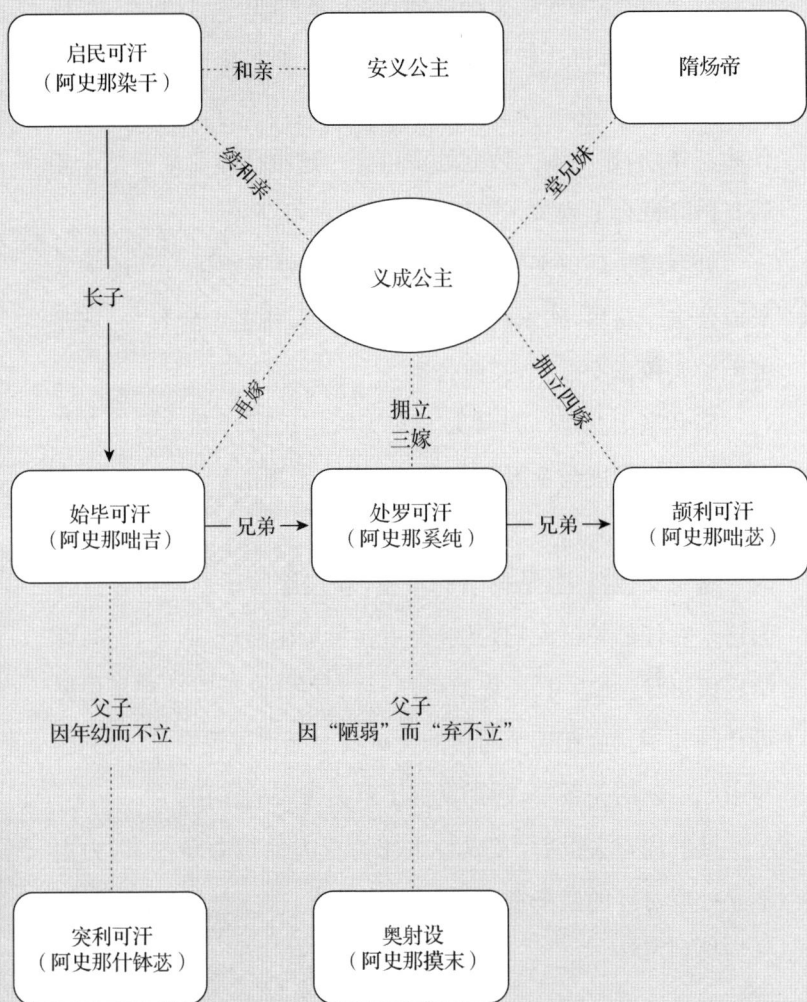

图1　隋唐之际的突厥高层关系图

处罗可汗,名叫阿史那奚纯,是东突厥的第三任可汗,启民可汗次子,前任可汗始毕之弟,在619年至620年间任东突厥可汗,在位时间仅一年多。始毕可汗619年死后,因为其子什钵苾年幼,东突厥人改立处罗可汗。这位什钵苾也就是十年后在国际舞台上发挥了关键作用的突利可汗。

处罗继位后以突厥人的收继婚习俗娶了始毕可汗的夫人义成公主。这里,隋末唐初的一位风云人物走上舞台,那就是突厥的实权派女强人,义成公主。

隋开皇十九年(599年),与东突厥启民可汗和亲的安义公主去世。为发展与突厥和好关系、扶植亲隋的启民可汗,隋文帝将义成公主嫁给启民可汗。

这位义成公主,是杨隋的皇室,和亲嫁给了启民可汗。作为这个时代的关键人物,义成公主在突厥生活近30年,先后嫁给启民可汗、始毕可汗、处罗可汗、颉利可汗。后三个都是启民可汗的儿子。而在这个时代的突厥权力交替过程中,以及突厥与中原王朝的关系中,她都发挥了至关重要的作用。

处罗离奇去世后,义成公主作为权力的核心掌控者,力主不立处罗可汗的嫡子奥射设阿史那摸末,改立处罗之弟咄苾,是为颉利可汗。

如果这个人物是在汉人皇室,由汉人的史官写史立传,应该会留下太多风云故事。因为她在十数年里,实际操控着突厥的政权。直到贞观四年(630年),随着突厥被李唐王朝所灭,义成公主被唐将李靖所杀。

比如，义成曾经借助自己的特殊角色，挽救隋炀帝，发挥过历史性的作用。隋大业十一年（615年），始毕可汗率领数十万骑兵南下，隋炀帝在雁门被突厥军包围。隋炀帝派人向始毕之妻义成公主求救。公主遣使告知始毕可汗"北边有急"，始毕在九月撤围而去。

在迎立杨政道这件事上，显然义成公主再次发挥了至关重要的作用。当时，义成公主是处罗可汗妻子，而她又是隋炀帝的堂妹、萧皇后的小姑。换句话说，义成公主也就是遗腹子杨政道的"姑奶奶"。这位掌握着突厥最高权力的"姑奶奶"，极大地影响着当时的天下格局。

迎立杨政道，建立新朝廷，试图攻占并州，这一系列举措严重冲击着初生的李唐王朝的政治合法性和政权安全，更威胁到了基本的生存底线。

显然，李唐当时的政治合法性在于拥立代王杨侑为正统。杨侑是隋炀帝的太子杨昭的儿子。而突厥迎立杨政道之时，李渊已经走在了无法回头的路上，因为618年五月，就在隋炀帝江都兵变身亡后两个月，李渊称帝。杨侑禅位于李渊，被封为鄎国公。

到了两年之后，政治形势风云突变。这时候，在李渊的北方突然又出现了有隋炀帝正统的一个政权，萧皇后和他的亲孙坐镇，置百官、建朝廷，还吸附战乱流亡的大量中原人。突厥为此抛弃了亲自扶持壮大的刘武周政权，并且企图攻占并州，进一步做大这个伪政权。

显然，武德三年(620年)刚开年就出现的这个局势，简直要命了。因为李渊手里，比杨政道更有血统和政治资本的隋恭帝，后来的酅国公杨侑，已经在上年八月过世，享年15岁。

说杨侑比杨政道更有政治资本，是因为杨侑是隋炀帝的嫡长子、元德太子杨昭的儿子，"性聪敏，有气度"(《隋书·恭帝本纪》)，备受隋炀帝青睐。相比之下，杨政道只是隋炀帝嫡次子齐王杨暕的遗腹子。

从政治资本来看，杨侑的地位远非杨政道可比。隋炀帝东征高丽时，命杨侑留镇京师。隋大业十一年(615年)，隋炀帝被围雁门、泪撒当场的时候，史书只记载了齐王杨暕率领后军进驻崞县(今山西原平北崞阳镇)，作为勤王部队跟随隋炀帝身后。而更重要的，也更说明隋炀帝的政治信赖的是杨侑，他早在隋炀帝巡幸晋阳之时，就被任命为太原郡守。后来隋炀帝南巡时，再次命杨侑留镇都城。

上述种种迹象就可以见得，在隋末这一特殊历史时期，杨侑具有不可比肩的政治地位。或者更直白地说，他的父亲元德太子早亡之后，齐王暕一直没有被任命为太子。反而是杨侑一直被作为储君来培养。在隋炀帝出巡之时，一直都是杨侑坐镇大后方。

> 恭皇帝，讳侑，元德太子之子也。母曰韦妃。性聪敏，有气度。大业三年，立为陈王。后数载，徙为代王，邑万户。及炀帝亲征辽东，令于京师总留事。十

一年，从幸晋阳，拜太原太守。寻镇京师。义兵入长
安，尊炀帝为太上皇，奉帝纂业。(《隋书·恭帝本
纪》)

然而就是这样一张拥有特殊政治资本的王牌，617 年来到
李渊手中后，在 618 年就禅位给了李渊。而禅位一年之后，就
草草"亡故"，个中原委，可以想见。另一位杨侑的兄弟，身在洛
阳的越王杨侗，被王世充拥立为皇泰帝后，又禅位王世充，遭受
囚禁，最终被毒杀。

但就是这样一手原本看起来"志得意满""正当其时"的"禅
位"和"亡故"的组合牌，到了武德二年(619 年)突厥迎立杨政
道的局面下，却让李渊陷入了无比被动的局面。毫无疑问，这
一组王牌，李渊打早了。这是一次极其严峻的形势误判，在裴
寂的推动下，李渊的称帝这一步迈得还是太早了。

"缓称王"事实上并不会影响这个时期李唐的对内治理
与对外扩张。杨侑的存在并不危及李唐的政治合法性。而
江都政变、隋炀帝被杀的消息传到长安后，李唐集团高层第
一时间就策划了废立之事，可以说把"走一步看一步"的策略
发挥到了极致，也把"迎合今上"作为首要政治原则的伎俩耍
出了花样。弃隋自立，并不能让李唐相对于其他"起义军"获
得更高的合法性，因为李唐的起事，就建立在遥尊隋炀帝为
太上皇的基础上。

而就在此时，李唐手中的牌已经打完，敌人却甩出了王炸，

怎么办？牌桌上的这位突厥可汗，明显不是在玩一个做买卖的局，而是起了杀心。于是，李唐的反应也足以证明这件事对政治安全的严重损害。

> （武德四年）正月癸酉，以大恩为代州总管，封定襄郡王，赐姓李氏。（《资治通鉴·唐纪四》）

也就是，政治上不承认！同时针锋相对。

这一招，唐举事起义之时，就在用。

> 世子建成为陇西公，左领军大都督，左三统军隶焉；世民为敦煌公、右领军大都督，右三统军隶焉，各置官属。（《资治通鉴·隋纪八》）

也就是对尚未占有的长安以西土地进行分封。古时谓之"遥领"，今天我们叫作宣示主权。遥领定襄郡王，就是这样一种宣示主权。

同时，代州总管、定襄郡王的治所，"徙镇雁门"。也就是从关内，移往关上。这就是赤裸裸的对抗。

处罗可汗的激进战略与离奇死亡

这时候，我们观察到，两个国家都开始进行深度战略调整。
而这种调整是非常混乱的。因为谁都没意识到，形势变化得这
么快。所有人，都以为形势是随着时间线性发展的。而国家间
博弈往往极其复杂，国家本身往往也并不是一个完整的集合
体。各方力量复杂交织博弈。随着时间发展，不确定性才是最
确定的。

> 武周既败，是月，处罗至晋阳，总管李仲文不能
> 制。又留伦特勒，使将数百人，云助仲文镇守，自石岭
> 以北，皆留兵戍之而去。（《资治通鉴·唐纪四》）

关键的时候，霸权国也必须自己上场。于是，我们看到，处
罗可汗亲至晋阳。当地的官员完全无法管制。此后，他留下了
他的政权"特派员"伦特勒在晋阳。

武德三年（620 年），突厥不仅亲自上场，而且突破了一段
时间以来的地缘政治格局，开始了远交近攻的新布局。

> 五月，突厥遣阿史那揭多献马千匹于王世充，且
> 求婚；世充以宗女妻之，并与之互市。
>
> 秋，七月壬戌，诏秦王世民督诸军击世充。
>
> 癸亥，突厥遣使潜诣王世充，潞州总管李袭誉邀

击,败之,虏牛羊万计。(《资治通鉴·唐纪四》)

突厥开始选择新的外围战略盟友,加入原来只局限在晋西北的战略博弈。这就是占据河南与山东一带的王世充集团。王世充本来是一位西域胡人后裔。隋炀帝大业年间,授江都丞,兼任江都宫监。炀帝雁门被围的时候,王世充"尽发江都人将往赴难"。《旧唐书》记载他在军中"蓬首垢面,悲泣无度,晓夜不解甲,借草而卧"。自此之后,成为炀帝专信的宠臣,在隋末的动荡中逐步权倾朝野,发展为最强大的割据势力。

此时,通过献马、联姻、互市,一通眉来眼去之后,王世充集团作为新的外部势力被引入,以制衡李唐的崛起。新的一轮国家间战略博弈迅速激化,必然导致国际政治生态的严重恶化。其他一些在两国对抗夹缝中的国家,也开始为生存强烈担忧。

选边站,从来都是大国对抗中关系小国命运的关键抉择。原来的郭子和、梁师都在听闻刘武周灭亡后,如惊弓之鸟,开始在一个既有的霸权国和一个快速的崛起国之间寻找生存之策。当然,这个战略选择也非常容易,那就是投靠强者。所谓"亲疏因其强弱,服叛在其盛衰"。

梁师都引突厥、稽胡兵入寇,行军总管段德操击破之,斩首千余级。

云州总管郭子和,先与突厥、梁师都相连结,既而袭师都宁朔城,克之。又诇得突厥衅隙,遣使以闻,为突厥候骑所获。处罗可汗大怒，囚其弟子升。子和自以孤危，请帅其民南徙，诏以延州故城处之。

张举、刘旻之降也，梁师都大惧，遣其尚书陆季览说突厥处罗可汗曰："比者中原丧乱，分为数国，势均力弱，故皆北面归附突厥。今定杨可汗既亡，天下将悉为唐有。师都不辞灰灭，亦恐次及可汗。不若及其未定，南取中原，如魏道武所为，师都请为乡导。"（《资治通鉴·唐纪四》）

梁师都说了一些"感人肺腑"的话：突厥的大汗，现在李唐崛起的趋势太猛了，你再不出手，天下就是他家的了。趁他们将强未强之际，你必须亲自动手了。而我，就是你的"带路党"。

这样的时候，霸权国的领导集体，也是崩溃的。因为崛起国的发展来得太迅速，他们也没有储备足够的经验来遏制这种崛起。一切都超出了他们的想象。因此，很快在他们的集体内部，自然而然地出现了严重的战略分歧。

处罗很快被冲昏头脑。作为一个刚即位一年多的可汗，他显然是数十年来权力最不稳固的一个最高领袖。但是他面对的形势，却是前人所未见的。要想遏制住这个崛起的"准盟友"，或者说"前盟友"，简直太难了。因为，长期以来两国发展了极其密切的各种关系，利益深度交融，要想脱钩是很难的，要想交战，那就更难了。大战略的转向，是需要时间的，需要成本的，是非常困难的。

但是,处罗似乎已经下定决心。他决心担负起历史责任,必须将崛起的势力打压下去。因此,他构想了一整套突厥对唐大战略的重大转型,这也就是处罗政权的新战略——从助唐改为弱唐,甚至,作为所谓战略选项之一,攻唐也必须做好全部计划和准备。因为颠覆对方政权,让对手失能,才是解决问题的终极办法。

> 处罗从之,谋使莫贺咄设入自原州,泥步设与师都入自延州,处罗入自并州,突利可汗与奚、霫、契丹、靺鞨入自幽州,会窦建德之师自滏口西入,会于晋、绛。莫贺咄者,处罗之弟咄苾也;突利者,始毕之子什钵苾也。
>
> 处罗又欲取并州以居杨政道,其群臣多谏,处罗曰:"我父失国,赖隋得立,此恩不可忘!"将出师而卒。
> (《资治通鉴·唐纪四》)

处罗下了一盘大棋,连全面攻唐的方案都已经制订好了。处罗"谋使",也就是他计划要把他的各方兵力和关键盟友都动员起来,五路并发,在李唐腹地会师。

这还不够,他连战后的政权组织都已经安排好了。把杨政道政权从定襄向南移到并州,快速在占领区内建立起一个新的政治核心。

然而,政治往往都不是纸面谈兵,因为利益实在是太过复杂。处罗，太单纯了，以至于尚未出师身先死。

大战略调整，在霸权国内部，也会引发巨大的政治动荡。因为脱钩、对抗和交战，动的都是长期以来与崛起国深度合作，并在此过程中深度受益的政治集团的蛋糕。他们，肯定不会轻易同意。

于是，群臣力谏，不可妄动。而这位自认为很"懂"的"王"，却一意孤行，抛出了冠冕堂皇的理由：我们建立政权，靠的就是隋人的帮助。换句话说，我们家养你们这些人，端的饭碗里有杨隋恩赏的饭。今天我要讨伐李唐，拥立杨隋，你们怎么能反对？

然而，在利益面前，在就要被动的蛋糕面前，谁会讲道义？于是，杀机顿起。

会天雨血三日，国中犬夜群号，求之不见，遂有疾，公主饵以五石，俄疽发死。主以子奥射设陋弱，弃不立，更取其弟咄苾嗣，是为颉利可汗。（《新唐书·突厥列传》）

事情突然复杂起来。突厥政权的最高层，随着崛起国的迅猛"攻势"，突然崩盘。史书关于这一段的故事写得非常隐晦。因此，其中的细节，我们已经无法再深究了。

不过可以确定的几个事实是，处罗突然病了。他的夫人，也是他父亲和哥哥的夫人，隋朝的宗室，义成公主肯定是给他喂药了。然后,他就突然死亡了。

要说离奇,这还不够离奇。谁来接班,出现了更加戏剧性的场面。处罗的儿子奥射,显然是接班人,因为他已经担任了"设",具备了带兵打仗、治理一方的经验,应该是一个合格且有所准备,或许还有所安排的接班人。

但是,结果出乎所有人所料,颉利上位,也就是处罗的弟弟。而奥射被废弃的原因,竟是长相丑陋,身材弱小。奥射的心里也因此播下了仇恨的种子。

这次政权的非正常交接,也是霸权国政治生态恶化的重要表现,为霸权国的衰亡埋下了伏笔。或者也可以说,崛起国的崛起冲击不仅表现为国家间对抗,也出现在对霸权国国内政治生态和权力运行的扰动中。

无论这种扰动是自然发生,还是有意为之,我们在史书中发现了更多伏笔。正是处罗之死无法细说,只好讳言于天象和犬吠,而在他处另设伏笔。

郑元璹的"暗战":历史的无字丰碑

这时候一位初唐的关键人物出场了,一位隐蔽行动的高手——郑元璹。在处罗南侵,要进击李唐的时候,郑元璹受命出使,为的是想方设法阻止处罗攻唐大战略的落地。

显然,这时候的李唐,还完全无法应对突厥五线并发式的大规模正面作战。于是,郑元璹带着初生帝国的一线生机而去,必然更加"卑辞厚礼",甚至可以想象更多的妥协条件。

当然,他也带着更加隐秘而伟大的使命,以及"捐躯赴国难,视死忽如归"的决心和勇气。

> 刘武周将宋金刚与突厥处罗可汗掎角寇汾、晋,诏元璹谕罢可汗兵,不听,乃进为武周援。会暴疾,其下意元璹置毒,囚之。处罗死,颉利立,留帐中数年。帝既许可汗婚,元璹始得还。帝劳曰:"卿不辱于虏,可辈苏武、张骞矣。"拜鸿胪卿,母丧免。(《新唐书·郑元璹列传》)
>
> 初,处罗可汗与刘武周相表里,寇并州。上遣太常卿郑元璹往谕以祸福,处罗不从。未几,处罗遇疾卒,国人疑元璹毒之,留不遣。上又遣汉阳公瓌赂颉利可汗以金帛,颉利欲令瓌拜,瓌不从,亦留之。又留左骁卫大将军长孙顺德。上怒,亦留其使者。瓌,孝恭之弟也。(《资治通鉴·唐纪五》)

很明显,这位外交使者没能达成他的使命,因为处罗已经铁了心要完成他的时代使命,建功立业,灭亡李唐,为突厥赢得更多的战略空间。于是,无论郑元璹如何舌灿莲花,处罗就是"不听"。

在就要辱没使命之时,这位隐蔽行动的高手出手了。而更加显然的是,即使没有破绽,没有马脚,也是瓜田李下,在处罗意外死亡后,郑元璹被怀疑了。但是,高手过招就是这样,即使被怀疑了,对手仍然在数年时间里,没有拿到证据。这也成为无头公案。也或许,审案的最高决策者,就是参与者。

在两国关系进入新的相持阶段,相对稳定之后,"换俘"自然达成了。郑元璹以一位英雄的姿态,回归祖国。他不仅得到了最高领导人的亲自接见和极高赞赏,把他抬高到了苏武、张骞的高度,同时给予了相应的政治和社会待遇。

最厉害的隐蔽行动高手,就是足够隐蔽,英雄无名。而这些无名英雄,在国家崛起,尤其是与霸权国的深度抗争中,发挥的关键作用,绝不是几个使者、几支部队所能实现的。

于是,我们有必要再深入解读郑元璹。他也是名门之后,父亲是隋沛国公郑译。归顺李唐集团后,就开始担负起出使突厥的使命。最终,在这个领域建功无数,成就了一代无名英雄的传奇。

会突厥提精骑数十万,身自将攻太原,诏即苦次起元璹持节往劳。既至,虏以不信咎中国,元璹随语折让,无所屈,徐乃数其背约,突厥愧服。

因好谓颉利曰:"突厥得唐地无所用,唐得突厥不可臣而使,两不为用而相攻伐,何哉?今掠财资,劫人口,皆入所部,可汗一不得,岂若仆旗接好,则金玉重币一归可汗。且唐有天下,约可汗为兄弟,使驲衔棰于道,今坐受其利不肯,乃蔑德胎怨,自取劳苦,若何?"颉利当其言,引还。

太宗赐书曰:"知公口伐,可汗如约,遂使边火息燧,朕何惜金石赐于公哉!"(《新唐书·郑元璹列传》)

这段人物介绍真是太过精彩。突厥数十万来袭,郑元璹只身御敌。太宗夸赞他,简直是无价之宝。而他怎么做到的呢?除了史书没有记载的一些手段之外,我们看到他的离间本领神乎其技。明明是霸权国南袭崛起国,胜券在握。在他的口中,变成了两相平等,你得到我的地没什么用,我得到你的人也用不着。就这样,把颉利带进了思维陷阱之中,然后,还要再埋上土,踩结实。

怎么做到的呢?他把颉利和他的手下的利益进行了分解。你召集各部南下入侵,掠财掳人,都被他们瓜分了。你这个老大什么也得不到,连分配权都没有,还得让他们给你进贡。现在我给你一个更好的解决方案。你也不用受累跑了,更不必辛苦求人听你招呼,我把好处直接送到你的帐下。这样你还能把留好自己的以外,视情分配给你的手下,他们还会感恩戴德,更听你的。你的权力也会更巩固。一举多得,岂不快哉。

颉利当场被一通说辞打动了,因为这一段入情入理的分析,站在对手角度设身处地地考虑,实在是再高明不过。大交易,就此达成。

郑元璹还不止于此,他还要给敌人的最高领导人灌输意识形态,做好更长周期的经营。那就是"唐有天下,约可汗为兄弟"。听听吧,现在天下已经是我们家的了,我们首领把你当成兄弟,你就知足吧。要认清现状,知足常乐。就是在这种意识形态灌输中,颉利的雄心逐步消解。

这样的高手,难怪太宗如此夸赞,"口伐"得以"使边火息燧","何惜金石赐于公"。因为这样的成就,实事求是地说,真是无价的。如果能凭一人之力,改变敌国的大战略,更别说是霸权国的打压之势,那真是无法夸赞更高、奖励更多了。

而郑元璹还能做到更多。到了贞观三年(629年),也就是摧垮突厥的前一年,他再次出使突厥。这次他不再是息兵止战,而是带来了关系大唐最终决心的重大战略情报——突厥人的马和羊就是他们盛衰的指标,我观察到这两项指标都出现了严重问题,牲畜吃不饱不繁衍,人都面有菜色。是时候了,他们就要灭亡了。

> 贞观三年,复使突厥,还言:"夷狄以马羊准盛衰,今突厥六畜不蕃,人色若菜,牙内饭粟化为血,不三年必亡。"无几,突厥果败。(《新唐书·郑元璹列传》)

这样的战略情报,何其关键。唐朝也就在战略犹豫中依靠这份关键战略情报下了决心。很快,摧垮突厥的战役打响,六线并进,一举灭国。

而史书中的最后一段话,才更令人动容。郑元璹干练聪慧,备受赞誉,五次深入敌营,即使遭遇重大的变故,性命堪忧,也从来不解释、不透露,秘密都藏在了心底。

　　后转左武候大将军,坐事免。起为宜州刺史,以
老致仕。卒,赠幽州刺史,谥曰简。
　　元璹干敏,所至常有誉。五聘绝域,危不脱,终不自
为解。然译事后母不谨,隋文帝尝赐《孝经》愧勖之;至
元璹不以孝闻,士丑其行。(《新唐书·郑元璹列传》)

　　忠孝不能两全,从事这个事业,他必然无法尽孝。正因为
这样的遗憾,被时代所不容,被常人所不理解,为人所不齿。我
们把这一段话反过来读,恰能有更清晰的理解。

　　他的一生,以"不孝"闻名,士人们都鄙夷他的品行。但他
致力于对敌斗争,五次深入虎穴,几次身陷绝境。他自始至终,
从来不辩解别人对自己的指责,也不透露自己肩负的特殊使
命,更不吹嘘自己取得的特殊成就。正因为这样,鉴于他的干
达机敏而创造的不可替代的特殊贡献,受到国家的多次褒奖。

　　多么令人感慨,这就是一位典型的隐蔽行动者。周恩来曾
经有一段名言,勉励他的部下:"有苦不说,受气不叫,冒险犯
难,埋头苦干,舍己救人。"这段话,就是对郑元璹这样古今以来
为了民族利益舍生忘死、隐姓埋名的杰出无名英雄的高度评价
和准确概括。

　　我们循着这样的思路,来观察这段历史,会有更多新的理
解。因为,处罗离奇死亡一年前,他的哥哥始毕可汗,就死在南

侵的前线。虽然我们已经无法考据，证明更多。

> （武德二年）闰二月，突厥始毕可汗将其众渡河至
> 夏州，梁师都发兵会之，以五百骑授刘武周，欲自句注
> 入寇太原。会始毕卒……（《资治通鉴·唐纪三》）

就在李唐疲于两线作战，始毕意识到养"李"成患，崛起国
的壮大来得太过突然。于是，在李渊起兵一年半后，始毕撕毁
协议，会同梁师都和刘武周南侵李唐腹地。而这时，他突然
死了。

他的死亡非常明显地给了李唐喘息之机。世民从西线回
到东线之后，刘武周被频频北推，最终被一举剿灭，流亡突厥被
杀。而直到一年多后，突厥的处罗可汗，才又启动了新的对唐
作战计划。这一年多的时间，成为李唐崛起的关键窗口期。

这时候，我们看到了更多的端倪。

> （武德元年）九月，上遣从子襄武公琛、太常卿郑
> 元璹以女妓遗始毕可汗。（《资治通鉴·唐纪二》）

就在李渊称帝之后，他迅速派遣了侄子李琛和我们的主角
郑元璹为始毕送去了女妓。而六个月后，始毕死在了南征的
路上。

在连续两年两位可汗亡故之后，突厥察觉到了异常。郑元

璹被扣后,李唐集团试图进行政治交涉,反而被进一步扣押了李瑰、长孙顺德两位重要的交涉使者。可见,对突厥的这种伤害,是极其严重的。而李唐也不得不扣押了两名突厥使者,以备换俘之用。这与今天的国际政治之相似,简直有一种穿越感。

处罗一死,他构想的五线并进、合围李唐、做大杨隋"伪政权"的宏大战略构想随即落空。李唐,再次迎来了难得的喘息机会。毫无疑问,这次战略机遇期的延长,有着很深刻复杂的背景,有着很多人的运筹、谋划与作为。他们,都已经湮没在了历史的尘埃中。

虽然我们什么都证明不了,只有猜想,但这套玩法,似乎在李唐的征战史上并不是孤例。因为我们还有一个更好的例子。

武德元年(618 年),李唐在长安还不算站稳脚跟之时,长安西北部最强大的薛举势力就严重威胁到李唐的生存。

薛举是当时西部最强大的地方割据势力。隋大业十三年(617 年),薛举起兵,自称西秦霸王,年号秦兴。很快就收伏周边势力、击溃隋军主力,"尽据陇西之地"。同年七月,薛举在兰州称帝。很快攻取秦州(今甘肃天水)之后,迁都秦州。同年十二月,攻取扶风,开始筹划进取长安。

武德元年(618 年)七月,李唐集团遭遇浅水塬大败,长安岌岌可危。

武德元年,丰州总管张长逊进击宗罗睺,举悉众来援,军屯高墌,纵兵虏掠,至于豳、岐之地。太宗又率众击之,军次高墌城,度其粮少,意在速战,乃命深沟坚壁,以老其师。未及与战,会太宗不豫,行军长史刘文静、殷开山请观兵于高墌西南,恃众不设备,为举兵掩乘其后。太宗闻之,知其必败,遽与书责之。未至,两军合战,竟为举所败,死者十五六,大将慕容罗睺、李安远、刘弘基皆陷于阵。

太宗归于京师,举军取高墌,又遣仁杲进围宁州。郝瑗言于举曰:"今唐兵新破,将帅并擒,京师骚动,可乘胜直取长安。"举然之。(《旧唐书·薛举列传》)

唐兵被破,将帅被擒,长安人心惶惶。薛举雄心勃勃,正要乘胜追击,一举拿下李唐之时,临出发突然得病。

临发而举疾,召巫视之,巫言唐兵为祟,举恶之,未几而死。(《旧唐书·薛举列传》)

这时候出现了"胡巫"的身影,很快,薛举死了。长安的威胁,也就解除了。而薛举帐下的胡巫势力,或许正是李世民所安插。史书没有明确记载,但深埋黄土下的凉州安国胡人墓志为我们留下了这段隐秘的历史。再次证明这些"巧合"的非常之处。

然而,正是这些像故事一样编织连贯的"巧合",让一些后世学者误以为战略博弈靠的是不可多得的"运气"。然而真正运筹博弈的人都清楚,除了成功的战略设计,没有其他可能让战略机遇期这样一次次的延长。

王朝的勃兴也就在此间蓬勃孕育。

.

The Golden Age of Tang Dynasty

第四章 剧变

在压力下蔓延
的裂痕

八表文同轨，无劳歌大风！

——李世民

颉利可汗的新战略

在大战略的深刻调整下,李唐集团开始了更激烈的反击。武德四年(621年)正月,代州总管领定襄郡王,从政治上挑战杨政道政权的合法性。同时,把代州总管的治所向前线逼近,"徙镇雁门"。这是一个重要标志,体现了意识形态和法统之争。

这时候,颉利可汗已经能够开始行使他的权力了。而这里面,显然有一股杨隋的势力。

颉利初嗣立,承父兄之资,兵马强盛。有凭陵中国之志。(《旧唐书·突厥列传》)

(突厥颉利可汗)妻隋义成公主,公主从弟善经,避乱在突厥,与王世充使者王文素共说颉利曰:"昔启民为兄弟所逼,脱身奔隋。赖文皇帝之力,有此土宇,子孙享之。今唐天子非文皇帝子孙,可汗宜奉杨政道以伐之,以报文皇帝之德。"颉利然之。(《资治通鉴·唐纪五》)

可见,义成公主身边还是有相当的政治势力,他们对颉利有很强烈的政治影响。其中最重要的影响之一,就是要坚持"凭陵中国"的大战略目标,而实现的路径就是拥立杨政道为正朔,搞政治颠覆。

他们已经无法再忍耐李唐崛起。武德四年(621年)三月,天寒地冻,颉利刚刚即位四个月,就开始频繁入寇,终其全年。

最初,突厥入寇汾阴,导致李唐攻伐窦建德的计划不得不让步,把负责进攻湖北地区的行军总管刘世让召回。李唐的全盘崛起路径被完全打乱。

> (三月)庚申,会突厥将入寇,上召世让还。壬午,突厥寇石州,刺史王集击却之。
>
> (四月)己亥,突厥颉利可汗寇雁门,李大恩击走之。戊申,突厥寇并州。
>
> (五月)己卯,突厥寇边,长平靖王叔良督五将击之,叔良中流矢,师旋。六月戊子,卒于道。
>
> (八月)癸卯,突厥寇代州,总管李大恩遣行军总管王孝基拒之,举军皆没。甲辰,进围崞县。乙巳,王孝基自突厥逃归,李大恩众少,据城自守,突厥不敢逼,月余引去。
>
> 九月乙卯,突厥寇并州,遣左屯卫大将军窦琮等击之。戊午,突厥寇原州,遣行军总管尉迟敬德等击之。甲申,灵州总管杨师道击突厥,破之。师道,恭仁

之弟也。(《资治通鉴·唐纪五》)

终其全年,突厥在不停地入寇,不停地寻找突破李唐防线的机会。到这年底,突厥还找到了新的代理人,作为制衡李唐的盟友伙伴——窦建德的旧部,刘黑闼。窦建德死后,刘黑闼召集窦建德旧部起兵,自称汉东王,定都于洺州(今邯郸永年)。

> 十二月乙卯,(刘)黑闼南取黎、卫二州,半岁之间,尽复建德旧境。又遣使北连突厥,颉利可汗遣俟斤宋邪那帅胡骑从之。右武卫将军秦武通、洺州刺史陈君宾、永宁令程名振皆自河北遁归长安。(《资治通鉴·唐纪五》)

可以说,这是颉利上台后的一种全新战略。虽然不再像他的两位哥哥那样,调整那么剧烈,但他确信已经找到了更稳妥的新办法。

始毕亲自率军渡河南下,与梁师都和刘武周共同袭击李唐。

处罗则规划了五线并进,会师李唐故地,然后拥戴杨政道为正统的整盘大战略。

但颉利,采取了切香肠式的战略。既不完全撕毁协议,也不全面彻底进攻,而是像游牧民族掠财的那种节奏一样,频繁骚扰李唐边境。而这种骚扰,也让李唐损失足够惨重。

我们看到，仅仅这一年，不仅李唐南下攻取湖北地区的战略被完全打乱，还损失了一系列关键力量，比如高祖李渊的堂弟、长平靖王李叔良身亡，代州行军总管王孝基全军皆殁。在有生力量受损的同时，李唐还丧失了黄河下游以北的大片区域，包括今天邯郸地区和洛阳地区在内的广大区域的李唐官员都不战而逃，遁回长安。

这种新的战略高烈度对抗的时代，就是我们所说的"大竞争时代"。赢得崛起的胜利，必须在较长周期的持续竞争中实现，而不可能一蹴而就。总会有波折坎坷，此起彼伏必然是常态。这就是所谓的战略相持阶段。

而这种较大程度的战略调整，具体反映在崛起国，就是出现了一种"以牙还牙、以眼还眼"的报复战略，目的也是以危机升级促冲突降级。这是一种重要的战略信号传递方式。用更通俗的话说，就是示强，以示威。通过威慑对手，获得生存空间。

这种政策转变的根源，是双方对"以实力为地位"的原则交往的一种认识错位。崛起国强烈地呼唤一种与当前现实实力匹配的交往新方式，要平等、要尊重、要空间、要互利。而霸权国则仍停留在自己一家独大的实力地位基础上，要统治、要听话、要屈服、要退让。

这样，自然就会出现不可调和的矛盾。于是，双方都会进行深度的战略调整，在各自内部引发新的动荡。这是一种"准稳态"，必须在大家客观认识实力结构现状，形成一种稳定的基于实力的共识之后，才能够稳定下来。而这种共识很难达到的一个最主要的客观原因，就是崛起国仍然在迅猛地增强自身实力。实力对比都没有稳定，基于对实力认识的战略平衡怎么可能稳定。

于是，我们中国人很重要的观念"势"，就开始发挥重要作用。也就是我们不只是要看到当前的实力结构"形"，更要从未来的动态趋势中，预判一种态势——"势"。在基于这种具有前瞻性的动态调整中，我们作出更符合实际的且具有较长周期适用性的战略决策。

压力，自然会产生效果。战略相持中，如何让对手先自乱阵脚，运用不对称的压力手段，促使对手形成不可控的战略内耗，将成为在长期竞争中获胜的关键。可以说，这一年，突厥在李唐内部制造了非常严重的混乱。而颉利，以一种更稳健的竞争策略，达成了他的战略目标。同时，他也通过这一系列成功的"施政"，稳定了自己的政治地位，没有再像他的两个哥哥一样，短命陨落。

此长彼消之间，突厥缓了过来，难受的就是李唐了。

李仲文案宣告路线决裂

突厥的最高层虽然两年换了三个可汗，但是仍然有很稳固的权力中心在支撑。这个关键人物和背后势力，我们都清楚，前文也已经交代。

颉利上台后,权力交接很平稳。武德四年(621年)十一月,处罗卒,十一月二十六日就按照正常流程遣使报丧。可以说,反映出了权力高水平运行的顺畅度。

在前期处罗作出激烈的大战略转向,准备与李唐进行全面交锋未得好处的情况下,颉利迅速回摆政策,进行了一种混合策略。虽然不全面战争,但也并不和平。比如这个时候,前线并州仍在持续作战。因此,霸权国与崛起国之间,进入了一个新的博弈和互动状态,也就是一种冷冲突,有战、有和、有竞争。

这种对崛起国的打压,将会是相当一段时期霸权国最高决策层的核心使命。因为,没有人愿意做历史的罪人,担负放任崛起国摧垮霸权的罪名。所以,斗争是必然的,不会停止,甚至不会缓解。霸权国之前进行了激烈的无差别式的对抗、摩擦直至策划全面战争的绝大多数手段之后,迅速垮台。但上一轮激烈的大战略调整的教训,显然也会被聪明人所吸取。

后任霸权国政府吸取了前任的教训,但也绝不会彻底媾和。因此,会采取更加灵活的策略来开展对抗。于是,就自然出现了"该竞争的竞争、该对抗的对抗、该合作的合作"的一种混合战略。毫无疑问,这样的斗争形态发展路径,就是历史的规律。

就这样,在大家都很难受的状态下,双方又艰难维持了几年。大战略调整的影响,不只在突厥政权的最高层制造了严重的混乱,李唐王朝内部也很痛苦。处罗亡故,颉利登台之后,唐的跟随战略也发生了深刻转变。双方朝撕破脸、摊牌博弈方向快速演进。在李唐集团内部,显然也出现了更加严重的路线斗争迹象。而主导这种大战略向更加激进方面转向的,就是高祖。

武德四年(621年)十二月,李唐在并州擒伦特勒,也就是处罗南下之时,留在当地的特派员。高祖的态度很有标志性意义,"甚喜"。

> 突厥伦特勒在并州,大为民患,并州总管刘世让设策擒之。上闻之,甚喜。(《资治通鉴·唐纪四》)

从前一年的四月起,我们就观察到了两派的反复较量。这次大战略路线斗争的标志,再次出现在两个核心人物身上。上一次是高祖的亲信裴寂与太宗的亲信刘文静,这一次轮到了高祖的亲信唐俭与太宗的亲信李仲文。

> (四月),上闻并州平,大悦。复唐俭官爵,仍以为并州道安抚大使,所籍独孤怀恩田宅资财,悉之赐之。世民留李仲文镇并州,刘武周数遣兵入寇,仲文辄击破之,下城堡百余所。诏仲文检校并州总管。(《资治通鉴·唐纪四》)

我们注意到,李仲文在平定刘武周、光复山西地区李唐故地的过程中,发挥了关键的作用。在太宗亲身犯险,收复故土之后,留下了李仲文,作为总管。当然,太宗没法任命一个地方大员,于是在李仲文的并州总管头衔之前,还有"检校"二字,也就是代理。然而,远在中央的高祖,显然不同意这种安排。他派遣了丢失阵地的主要责任人唐俭,作为中央的委派官员,回来主导前方军政大权,也就是委任为"并州道安抚大使"。

很快,路线斗争夹杂在人事和权力斗争之中,一发不可收拾。

> (七月)癸亥,骠骑大将军可朱浑定远告并州总管李仲文与突厥通谋,欲俟洛阳兵交,引胡骑直入长安。
>
> 甲戌,命皇太子镇蒲反以备之,又遣礼部尚书唐俭安抚并州,暂废并州总管府,征仲文入朝。
>
> (武德四年二月),并州安抚使唐俭密奏:"真乡公李仲文与妖僧志觉有谋反语,又娶陶氏之女以应桃李之谣。诣事可汗,甚得其意,可汗许立为南面可汗。及在并州,赃贿狼籍。"上命裴寂、陈叔达、萧瑀杂鞫之。乙巳,仲文伏诛。(《资治通鉴·唐纪四》)
>
> 唐俭,武德中为工部尚书,并州道安抚大使。
>
> 先是,并州总管李仲文与突厥通谋,率胡骑直入京师,高祖闻之,遣皇太子建成镇蒲州以备之。又令俭安抚太原,权废并州总管府,追仲文入朝。
>
> 俭密奏太原沙门志觉死经十日而苏,言多妖妄。谓仲文曰:"公五色光,见有金狗自卫。"仲文答

曰:"关中十五以上无事,洛阳亢阳不雨,谷食腾涌,
天意人事,表里可知。若为计,今其时也。"

高祖固疑之。及俭使至,又言于高祖曰:"仲文信
惑妖邪,自应口及言有龙附己,即于汾州置龙游府,又
娶陶氏之女,以应'桃李之歌'。谄事可汗,甚得其意。
可汗谓仲文曰:我当以尔为南面可汗,令据河北之地。
又在州渎货狼藉。"

高祖于是令裴寂、陈叔达、萧瑀等推治之,事皆有
验。(《册府元龟·举劾》)

李仲文因为受到前线将领对他"通突谋反"的指控,被征召
回朝,接受更进一步的调查。这一次,中央作出接管前线权力
的部署更加全面系统,已经是有备而来。太子直接来到前线坐
镇,唐俭以礼部尚书的身份亲自到并州总揽全局。这还不够,
并州的既有政权全部废止,总管府废弃,另起炉灶。

八个月之后,到前线接管李仲文权力的唐俭就谋反案进行
了第二轮"密奏"。继而在裴寂的牵头审理下,"事皆有验",李
仲文谋反被办成了铁案。

这一轮的指控很有意思,也更加绘声绘色,符合了高祖的
需求。唐俭密奏说仲文与妖僧说过谋反的话,娶了一个姓陶的
媳妇,敌人还许诺给他名号。同时,他拥有巨量财富。

可以说,这四条都能立得住,可是也都无法验证。就看最
高权力李渊的政治决断了。妖僧的举证是否可信?娶妻应谣

如何坐实？突厥的许诺如何证实？而保有财富，这就更有趣了。这样的剧情，不得不说史书把它写得非常精彩，留给了我们足够的想象空间。信史，有的时候，就是这样在字面上毫无毛病。

李仲文系出名门，是西魏八大柱国之一赵国公李弼之孙，真乡郡公李衍之子，是瓦岗军首领李密的堂叔。明明可以是一方诸侯的料，有一些财富，算不得过分。而李仲文的核心问题是，可能站错了路线。这种站错，并不是押宝式的政治依附，而是源于对政治理念、战略思路和总体策略的认同，以及对达成最终的共同战略目标的无比渴望。

隋大业十三年（617 年）五月，李渊在晋阳起兵，李渊第三女平阳公主和丈夫柴绍当时在长安。柴绍间道赶赴太原。平阳公主则在鄠县派家童马三宝游说何潘仁、李仲文、向善志、丘师利等长安西面小股义军，抵抗京师留守军队的剿杀，屡挫其锋，逐渐壮大。九月与李世民所领军队会合，进入了李唐的核心圈。

于是，这场路线斗争中更重要的角色就浮出了水面。这个更重要的角色，其实是太宗。对李仲文的指控，显然都指向了通突谋反。而所谓通突的主导者，实际上是太宗。

这场路线斗争，在突厥处罗可汗时期加大对李唐崛起的打压之中，充分暴露出来。从 620 年四月任命不同的并州前线负责人开始，到六月太子亲赴前线坐镇，变得明朗。到 621 年二月，李仲文伏诛结案，宣告结束。太宗没有受到冲击，问题只追到李仲文。但是，路线失势，才是更严重的问题。

李唐集团完全放弃了对霸权国的追随战略，开始了一个新的战略对抗时代。而这种抛弃旧路与全面对抗，显然来得还太早。从武德二年（619年）起，在抗突前线的人事安排上就出现了重大路线斗争。而这种路线斗争不能称之为分歧，因为已经成为了一种你死我活的斗争。必须让李仲文死，才能让唐俭在前线执行高祖的路线。这种路线斗争已经不可调和。

洛阳之役彻底撕裂李唐集团

我们再回过头来，仔细梳理一下在霸权国的集中压迫下，崛起国出现的内部战略混乱。

更早的一直都有，但是如果从对外路线来看，路线斗争出现严重激化，是从武德四年（621年）开始的。这一年刚开年，一切就复杂起来。秦王李世民的势力，已经非常丰满。

> 秦王世民选精锐千余骑，皆皂衣玄甲，分为左右队，使秦叔宝、程知节、尉迟敬德、翟长孙分将之。
>
> 每战，世民亲被玄甲帅之为前锋，乘机进击，所向无不摧破，敌人畏之。（《资治通鉴·唐纪四》）

这一年的核心任务就是拿下洛阳。这是国家崛起过程中的一个关键台阶。拿下洛阳，天下可定，从一个在几方争雄中的地方势力，成长为一个居于主导地位的中央王朝。高祖，对于这样一个大战略，有自己的明确战略指导。

> 世民使宇文士及奏请进围东都，上谓士及曰："归语尔王：今取洛阳，止于息兵。克城之日，乘舆法物，图籍器械，非私家所须者，委汝收之。其余子女玉帛，并以分赐将士。"（《资治通鉴·唐纪四》）

在高祖眼中，拿下洛阳，只是为了"息兵"，再次反映了"走一步看一步"的战略思路。同时，"走着看"一派的本性也暴露得淋漓尽致。高祖考虑的拿下洛阳之后的问题，不在于战略经营，而是如何处理财物。

高祖明确要求，拿下洛阳后，具有政治意义的物品，你们先收缴留存。其他的东西，你们可以动，可以分。这句话，说中了要害。不要以为你拿下了洛阳，你就要得到天下。我虽然让你去围攻洛阳，但政治上和战略上的事，必须由朝廷来决定。与此同时，也说明"走一步看一步"，并没有谋划更远的战略问题。

这时候，突然爆出李仲文通突案，并且迅速被杀。当时，秦王在集中全力围攻洛阳，而抗突前线，却出现了路线变故。对是否要一举拿下洛阳，李世民与高祖，再次爆发了更加严重的战略分歧。

　　秦王世民围洛阳宫城。世民四面攻之,昼夜不息,旬余不克。唐将士皆疲弊思归,总管刘弘基等请班师。世民曰:"今大举而来,当一劳永逸。东方诸州已望风款服,唯洛阳孤城,势不能久,功在垂成,奈何弃之而去!"

　　乃下令军中曰:"洛阳未破,师必不还,敢言班师者斩!"众乃不敢复言。

　　上闻之,亦密敕世民使还,世民表称洛阳必可克,又遣参谋军事封德彝入朝面论形势。德彝言于上曰:"世充得地虽多,率皆羁属,号令所行,唯洛阳一城而已,智尽力穷,克在朝夕。今若旋师,贼势复振,更相连接,后必难图!"

　　上乃从之。(《资治通鉴·唐纪四》)

　　李世民派出了他的特使,说服高祖,收回他的"密敕"。即使有最高统帅的号令,李世民仍然不从。高祖也没有办法。只不过,这时候李世民对老臣封德彝的判断,还存在着幻想。因为直到封德彝死后数年,太宗才重新了解了此前很多事情背后的故事,对封德彝进行了重新评判——一位真正的投机者。

　　封德彝在隋朝就任机要职务,并作为杨隋核心人物之一、尚书令杨素的幕僚。隋炀帝时,封德彝任内史舍人,策划了大修宫殿等一系列耗尽杨隋最后气力的昏招。

　　此后几经辗转、多次投机,归附李唐。高祖任命他为内史舍人、内史侍郎，进入核心决策圈。此后，封德彝围绕废立之事，长期在太子李建成、秦王李世民之间周旋，而李世民对此一直毫不知情。玄武门之变后，太宗还第一时间任命封德彝为尚书右仆射，此后一直恩宠有加。直到封德彝过世之后，太宗才了解到当时他两面下注、阴谋其事的诸般劣迹，恨不可遏，于是将他的谥号改为"缪"。

> 初，伦：数从太宗征讨，特蒙顾遇。以建成、元吉之故，数进忠款，太宗以为至诚，前后赏赐以万计。
>
> 而伦潜持两端，阴附建成。时高祖将行废立，犹豫未决，谋之于伦，伦固谏而止。然所为秘隐，时人莫知，事具《建成传》。
>
> 卒后数年，太宗方知其事。十七年，治书侍御史唐临追劾伦。太宗令百官详议。于是改谥缪，黜其赠官，削所食实封。（《旧唐书·封伦列传》）

而就在此时，整个国际战略格局出现了复杂变动。为了维持一种相对的平衡，各方在突厥的推动下，出现了援救洛阳王世充集团的动向。李唐集团内部的战略分歧也就此更趋激化。

我们看到李世民围洛阳之时，突厥大举入寇汾阳、石州、雁门，旨在牵制李唐、从外围援救洛阳王世充。

而实力强劲的窦建德集团，也远道而来为洛阳解围。这时候，洛阳久攻不下，路线分歧就进一步加剧了。于是，我们就更能理解在这个重大历史节点背后的故事了。

此时,萧瑀、屈突通、封德彝进行了路线讨论。史书写下了这三个人的名字,并非无缘无故。他们实际上代表了三方面的关键势力。封德彝作为中央决策集团的官僚代表,实际上是高祖路线的潜在代表,也是为整个文官集团代言。屈突通则是重要的武将代表,他在李唐起事之时坚守山西西南防线时出场,此时已经功成名就,年近七旬了。他的意见足以代表绝大多数经过长期军事斗争检验的将士。萧瑀则是中央决策的核心人员,而且立场中肯公允,不偏不倚,理性坚定。他的牵头,无疑为这一路线添加了最充分的分量。下面这一段话就充分体现出上下文武代表性、完整的研判合理性和相当的决策合法性。

> 萧瑀、屈突通、封德彝皆曰:"吾兵疲老,世充凭守坚城,未易猝拔。建德席胜而来,锋锐气盛。吾腹背受敌,非完策也。不若退保新安,以承其弊。"(《资治通鉴·唐纪五》)

然而李世民是何等的雄心壮志!决不能走一步看一步,而是要一举两克!

> 世民曰:"世充兵摧食尽,上下离心,不烦力攻,可以坐克。建德新破海公,将骄卒惰,吾据武牢,扼其咽喉。彼若冒险争锋,吾取之甚易。若狐疑不战,旬月

之间,世充自溃。城破兵强,气势自倍,一举两克,在此行矣。若不速进,贼入武牢,诸城新附,必不能守;两贼并力,其势必强,何弊之承?吾计决矣!"

通等又请解围据险以观其变,世民不许。(《资治通鉴·唐纪五》)

鼎定天下,只在今朝。我们打的就是主力,主力不来,我只围打洛阳,还不够过瘾。"吾计决矣",虽千万人吾往矣。即使屈突通等军事将领暂退一步,提出暂时退出包围洛阳,让主力据险观察。"世民不许",依然坚决拒绝,就是这样的决绝。

我们看到,重大战略决策的过程要求民主,要求集思广益,要求充分酝酿。但决断,必须果敢,必须勇毅。这就是李世民的过人之处。正是在这种戎马倥偬的生涯里,练就了一位战略运筹与决策的达人。

在李世民"一举两克",虎牢关之战中全歼窦建德,又回师拿下洛阳后,李世民以嘲笑的口吻说了这样一段话。

建德将士皆溃去,所俘获五万人,世民即日散遣之,使还乡里。

封德彝入贺,世民笑曰:"不用公言,得有今日。智者千虑,不免一失乎!"德彝甚惭。(《资治通鉴·唐纪五》)

不听你们的,才能有今天的"一举两克"。智者千虑,却只是眼前的算计和看似合理的评估判断。然而这样的战略分析既不能着眼宏图伟略、立足长远谋划,也未能落在细微处、察到实情里,所以才有萧瑀、屈突通和封德彝作出"王世充固守坚城、窦建德兵强气盛、我们腹背受敌、应该退避暂保"的错误战略研判和失当决策建议。

与此同时,我们也能从李世民此时的语气中感受到他的负气。虽千万人吾往矣,才有如此超乎绝大多数人意料的巨大胜利。坚决解决王世充,"围洛打援",不只是战术和战役上的考虑,更是战略上的考虑。因为留下了王世充,就像当初西进战略的犹豫一样,一招不慎,可能满盘皆输。事实证明,正是这样,王世充的背后,是突厥,以及突厥颠覆李唐的野心。

> (义成)公主从弟善经,避乱在突厥,与王世充使者王文素共说颉利曰:"昔启民为兄弟所逼,脱身奔隋,赖文皇帝之力,有此土宇,子孙享之。今唐天子非文皇帝子孙,可汗宜奉杨政道以伐之,以报文皇帝之德。"颉利然之。(《资治通鉴·唐纪五》)

当然,李世民的大战略决心让这样的企图落空。让敌人难受了,就证明己方战略正确了。但是,敌人难受,己方内部也一定有人难受。所谓敌中有我,我中有敌,自古皆然。尤其是重大战略对抗中,这种现象会更加明显。

虽然经此一役,李唐集团在隋末割据势力中的独大地位和一统天下之势就此奠定,但正因如此,李唐集团内部的分歧彻底暴露,整个集团就此撕裂。

路线斗争,就从围洛阳开始严重激化起来。因为拿下洛阳,成为李世民最大的资本,也是此后所有路线的底气。这种路线分歧,背后有复杂的利益关系。相信我们都能猜得到。既有人不希望看到王世充灭亡,更有人不希望李世民获得洛阳的不世之功。

武德四年(621年),成为李唐应对国际霸权大战略的分水岭。从这一年开始,摧垮霸权开始十年倒计时。

这一年七月,拿下洛阳后,李世民返回长安,披黄金甲,展现出了一种和年纪并不相符的威武态势。因为这种战略胜利,是在"虽千万人吾往矣"的战略坚定中和所有人都等着看笑话的战略困局中,依靠高超的战略、战役和战术能力实现的。对于这种示威,高祖表达了明确的态度:虽建不世之功,但不出迎。

(七月)甲子,秦王世民至长安。世民被黄金甲,齐王元吉、李世勣等二十五将从其后,铁骑万匹,甲士三万人,前后部鼓吹,俘王世充、窦建德及隋乘舆、御物献于太庙,行饮至之礼以飨之。(《资治通鉴·唐纪五》)

次年三月,太子讨刘黑闼返回长安,高祖却"迎之长乐"。这真是非常有趣,刘黑闼比之王世充加窦建德,只是地方叛乱。其中原因何在?世民攻洛,一举而就。太子抚北,全军覆没。

> (八月)丁亥,命太子安抚北边。
> 癸卯,突厥寇代州,总管李大恩遣行军总管王孝基拒之,举军皆没。甲辰,进围崞县。乙巳,王孝基自突厥逃归,李大恩众少,据城自守,突厥不敢逼,月余引去。(《资治通鉴·唐纪五》)

平洛阳,标志着在战略上荡平整个东部中国。李唐坐拥天下之势,就此鼎定。各种迹象,也足以证明这个态势。因为在这之后,十月,秦王世民成为了古今闻名的"天策上将",位在王公之上。

> 上以秦王世民功大,前代官皆不足以称之,特置天策上将,位在王公上。冬,十月,以世民为天策上将,领司徒、陕东道大行台尚书令,增邑二万户,仍开天策府,置官属。(《资治通鉴·唐纪五》)

虽然被高高举起,却已经爆出了战略上的裂痕。越是高高举起,就越处在决裂的边缘。这就是我们前面所说的恶性螺旋,在危急之中不得不依靠,功成之后却更加疑虑。这就是战略分歧的基本规律。于是从这个时候开始,高祖启动了有计划地剪除世民羽翼的活动,也就是府僚外迁。

> 初,杜如晦为秦王府兵曹参军,俄迁陕州长史。时府僚多补外官,世民患之。(《资治通鉴·唐纪五》)

也就是从这个时候开始,天下已经收入囊中,内部的路线之争正式浮出水面。

首先的表现就是武德五年(622年)政权组织出现了异动,所谓政出多门,"教与上诏并行"。秦王世民平定洛阳后,天下统一之势基本形成。世民之功伟甚,就任陕东行台,统管了长安以东地区的所有事务。实际上,李世民也开始着力经营以洛阳为中心的政治势力,在此后的唐代,洛阳作为第二政治中心,一直发挥特殊作用。而这一传承的起点,就是李世民在洛阳经略的一种备胎式的政权大后方。

显然,中央政权无法容忍这样的事态发展。于是高祖迅速派出宣抚使,作为中央的特派员到地方指导。高祖专门对裴寂说了这样一段话:"世民非往昔者。"

这种往昔,是那个"于万人中拔之",救高祖于突厥围困中的世民,是那个在帐外哭号、指引刚刚起事的李唐集团一路向西拿下长安争雄天下的世民。而今天的世民,在高祖的帐下,已经是一个"召不回"的世民了。

是世民变了吗?不,是路线之争已经明朗化了。这种斗争一直都有，这种态度，从出兵开始就有了。只是今天已经不再沉于水下，而是为人所瞩。皇权，自然受到了冲击，如坐针毡。因为在更早，甚至在出发的起点，这种分歧就已经存在。

这种分歧的根源是世界观、价值观不同造成的。我们已经讨论过，对形势的判断、对战略目标的设计以及对自身实力的认识，这三方面共同构成了一股政治势力的基本立场。显然，从最开始的时候，李世民就表现出了异于常人的战略能力。

关键时刻郑元璹再为王朝续命

武德五年（622 年），经过短暂的冬歇期，颉利再次发动了新年攻势。这一年，颉利显然吸取了前一年的经验和教训，在新的一年里作了一定的战略调整。也就是减少单打独斗，加强与盟友的协同作战。这种调整，我们今天看来，再熟悉不过了。

这时候，早就被观众们忘记的梁师都、苑君璋等被再次架上舞台，强行加戏。

（二月）戊辰，延州道行军总管段德操击梁师都石堡城，师都自将救之；德操与战，大破之，师都以十六骑遁去。上益其兵，使乘胜进攻夏州，克其东城，师都以数百人保西城。会突厥救至，诏德操引还。

（三月），并州总管刘世让屯雁门，颉利与高开道、苑君璋合众攻之，不克，月余乃退。

（四月）壬申，代州总管定襄王李大恩为突厥所杀。先是，大恩奏称突厥饥馑，马邑可取，诏殿内少监独孤晟将兵与大恩共击苑君璋，期以二月会马邑。失期不至，大恩不能独进，屯兵新城。颉利可汗遣数万骑与刘黑闼共围大恩，上遣右骁卫大将军李高迁救之。未至，大恩粮尽，夜遁，突厥邀之，众溃而死，上惜之。独孤晟坐减死徙边。

（五月），突厥寇忻州，李高迁击破之。

六月辛亥，刘黑闼引突厥寇山东，诏燕郡王李艺击之。丁卯，刘黑闼引突厥寇定州。（《资治通鉴·唐纪六》）

我们观察到，在梁师都马上就要被李唐剿灭之时，突厥出手相救，不能让他的小盟友被崛起的李唐吞没。这与刘武周的结局已经有了天壤之别。可以说时也命也，若不是这一两年的大变局使然，刘武周怎么也不会想到梁师都能够与他有如此迥异的命运结局。

同时，突厥还着力用好苑君璋这类小角色，甚至让他们发挥出了关键作用。一个本来寂寂无名的小角色刘黑闼，也摇身一变，成为了突厥的关键协同伙伴。不仅一起围攻了前置在雁门的并州总管刘世让——这是从湖北前线抽调来的核心力量。并且还以苑君璋为诱饵，与刘黑闼合兵一处，一举剿灭了代州总管定襄王李大恩。

显然,这与始毕可汗时期,对梁师都、刘武周的政策已经完全不同了。这就是基于实力和地位的实际情况,进行了实事求是的研判和理性决策。而这种决策,在经过一定的实践和探索之后,开始向更高的水平发展。霸权国的决策集体,开始掌握了更多的权力和信心。这时候,来到了武德五年(622年)的八月。

> (八月)乙卯,突厥颉利可汗寇边,遣左武卫将军段德操、云州总管李子和将兵拒之。丙辰,颉利十五万骑入雁门。己未,寇并州,别遣兵寇原州。
>
> 庚申,命太子出幽州道,秦王世民出秦州道以御之。李子和趋云中,掩击可汗。段德操趋夏州,邀其归路。(《资治通鉴·唐纪六》)

经过一年半的探索和实践,颉利掌握了应对李唐的权力与信心,于是亲自寇边,率十五万骑入雁门,寇并州、原州。为此,李唐也不得不精锐尽出,太子、世民两线出击。可以说,突厥誓要毕其功于一役,而李唐不得不倾全力背水一战。

这时候,对于崛起中的李唐而言,已经是存亡之战了。虽然实力增长非常迅猛,但毕竟根基未稳,周身敌国,危机四伏。此前两次面临这种场景的时候,始毕突亡、处罗猝卒,为国家赢得了难得的战略机遇期。这一次,似乎很难"故伎重演"了。再一再二,不能再三再四,郑元璹刚刚被换俘回来,突厥也自然提高了这方面警惕。再要凭借这种隐蔽行动创造战略机遇，已经非常困难了。

怎么办？这一场霸权国经过试探后开展的全面战略进攻，崛起中的李唐真的不一定能够顶得住。存亡已在一线之间。

可以开启全面战争了吗？这个时候，郑元璹与封德彝对此进行了主战、主和的论战。

（八月）辛酉，上谓群臣曰："突厥入寇而复求和，和与战孰利？"

太常卿郑元璹曰："战则怨深，不如和利。"

中书令封德彝曰："突厥恃犬羊之众，有轻中国之意，若不战而和，示之以弱，明年将复来。臣愚以为不如击之，既胜而后与和，则恩威兼著矣。"（《资治通鉴·唐纪六》）

危亡之际，是战是和？这个问题对于初生的唐集团是根本性问题，也是致命的。根源，是对实力对比的判断，以及更关键的，是否有战略定力。

后来的历史发展，让我们对这一次的国家战略大辩论有了更加深刻的理解。封德彝是一位典型的朝廷官僚，左右逢源。我们看他说的话，似乎滴水不漏，但其实根本不能解近渴。史书记下了这样一段话，似乎无非是找补一些高祖的面子。而实际上我们重新整理之后就发现，这种求和复约的努力，早在突厥大规模战略压迫开始时就已经启动了。

> （三月），上遣使赂突厥颉利可汗，且许结婚。颉
> 利乃遣汉阳公瑰、郑元璹、长孙顺德等还。庚子，复遣
> 使来修好，上亦遣其使者特勒热寒、阿史那德等还。
>
> （八月），上遣郑元璹诣颉利。是时，突厥精骑数
> 十万，自介休至晋州，数百里间，填溢山谷。元璹见颉
> 利，责以负约，与相辩诘，颉利颇惭。
>
> 元璹因说颉利曰:"唐与突厥，风俗不同，突厥虽
> 得唐地，不能居也。今掳掠所得，皆入国人，于可汗何
> 有？不如旋师，复修和亲，可无跋涉之劳，坐受金币，
> 又皆入可汗府库，孰与弃昆弟积年之欢，而结子孙无
> 穷之怨乎！"颉利悦，引兵还。
>
> 元璹自义宁以来，五使突厥，几死者数焉。
>
> （九月），乙未，太子班师。（《资治通鉴·唐纪六》）

郑元璹在其中发挥了关键作用。他三月换俘回来，八月参
加大辩论，九月就冒死在刚刚释放五个月之后又去了突厥，并
且成功说服了颉利退兵。而这场杰出的唇舌之战，我们已经在
介绍郑元璹之时进行了充分的分析和评价。放在这里，我们更
能理解这种隐秘而无名的伟绩对于国家存亡的历史性作用。
郑元璹再赴突厥，太子也就很快班师了。

国有危难可用谁？

郑元璹出使突厥的成功,再次为李唐帝国赢得了崛起的历史契机。从这个时候开始,突厥在唐史中的出现频率迅速下降。大多数都出现在了梁师都、高开道、苑君璋等势力引突厥入寇。实际上,也就成为了区域性的冲突。这对李唐来说,也就是癣疥之疾了。于是,李唐开始了真正的统一天下之役。这些细节,不再是我们要讨论的重点。重要的就是一句话,崛起国再次赢得了战略机遇期。

刘世让冤死与李世民抗命不归

这一次,又是一年多。到了武德六年(623年)七月,突厥卷土重来。显然,郑元璹给颉利下的"猛药",药效也就是一年。药效一过,就必须进入新的疗程。而李唐给这剂"猛药"续命的打算却并不那么充分。因为这剂药,肯定不可能只是唇枪舌剑。谁能空手退敌? 史官记下的,只是我们想听到的。这剂药一边能够续命,一边自然也就是剜肉放血式的催命罢了。

这样的巨大压力,自然引发了崛起国的严重战略分歧。是战是和,是决死一战,还是苟且偷生,成为崛起国家的一个普遍路径选择。时至今日,我们还能够看到大量这样的案例。在霸权国对崛起国的打压中,绝大多数崛起国选择了顺从,签署些协议,让渡些主权,出卖些利益,也就可以乐天过活。可说起来简单,做起来却是送命一般。求饶换来的自然是被阉割的权利,只剩下在没人的角落自舐伤口。

而李唐王朝,显然不是这样一个政治集团。至少在集团内部有一个派别,他们的初心和使命,是复兴民族,摧垮霸权。这时候,我们就不得不来看看形势迅速恶化,在李唐集团内部造成的严重路线分歧。

这一年,在历史的波涛中,也注定成为了李唐王朝的大战略转折的关键节点。从这一年开始,在突厥的霸权威压之下,李唐内部的路线之争再也无法遮掩。十余年之后,在太宗执政刚好满十个年头之时,贞观九年,太宗回顾了这场重大路线斗争的起点。

> 上曰:"武德六年以后,高祖有废立之心而未定,我不为兄弟所容,实有功高不赏之惧。"(《资治通鉴·唐纪十》)

622年和623年这两年可以称之为李唐路线动荡期,所有的牛鬼蛇神都在这场动荡中现出原形。太子李建成两度战时班师,622年八月出兵,九月班师;623年八月出兵,九月班师。这简直成了一种仪式。以623年为例,这年七月颉利可汗就亲自寇边。

这一年六月起,突厥与李唐围绕马邑进行了反复争夺。于是我们再次看到了霸权国的蛮横与骄纵。

（七月）癸未，突厥寇原州。乙酉，寇朔州。李高
迁为虏所败，行军总管尉迟敬德将兵救之。

己亥，遣太子将兵屯北边，秦王世民屯并州，以备
突厥。

八月，甲辰，突厥寇真州，又寇马邑。

己未，突厥寇原州。

辛未，突厥陷原州之善和镇。癸酉，又寇渭州。

（九月）庚寅，突厥寇幽州。（《资治通鉴·唐纪六》）

这时候，不得不让太子和秦王世民再次前出。所有的战略
力量，再次被牵制到了突厥一线。毫无疑问，一心一意谋发展
是做不到了，必须先应对好霸权国突厥的巨大压力。

然而到了九月，形势突然发生转折。太子班师，高祖同步
采取将世民调离北方突厥一线的策略，任命他为江州道行军元
帅。而就在一个月前，高祖已经从四个方向调集了李孝恭、李
靖、黄君汉、李世勣等李唐集团最杰出的将领们前去江南平乱。

（八月）乙丑，诏襄州道行台仆射赵郡王孝恭以舟师
趣江州，岭南道大使李靖以交、广、泉、桂之众趣宣州，怀
州总管黄君汉出谯、亳，齐州总管李世勣出淮、泗，以讨辅
公祏。孝恭将发，与诸将宴集，命取水，忽变为血，在坐
皆失色，孝恭举止自若，曰："此乃公祏授首之征也！"饮而
尽之，众皆悦服。（《资治通鉴·唐纪六》）

一个月之后,再从山西调动世民前去,无论如何也超乎常理。然而反观世民,却有诏不走,在行动上已经明显表现出反制。就在这期间,爆发了刘世让通敌案。

(九月)乙未,太子班师。

壬辰,诏以秦王世民为江州道行军元帅。

突厥恶弘农公刘世让为己患,遣其臣曹般陁来,言世让与可汗通谋,欲为乱,上信之。

冬,十月,丙午,杀世让,籍其家。

秦王世民犹在并州,己未,诏世民引军还。(《资治通鉴·唐纪六》)

从太子班师那一刻起,我们就开始嗅到不一样的味道。在山西前线的世民被任命为"江州道行军元帅",让他离开御突前线,赶赴长江下游指挥作战。很快,剧情急转直下。杀了刘世让,世民"犹"在并州。

于是,"诏"世民"引军还"。其实,史官已经把这个话说得再明白不过了。这几个字,已经交代得足够清楚,戏份已经讲透,再无须多说一个字。个中斗争、个中无奈、个中愤懑,就在这几个字中,铺陈展述、淋漓尽致。"十二道金牌",也无非是这样的故事。太阳底下,实在是没有太多新鲜事。如幻如电,亦梦亦真。

这时候,我们再次看到了突厥隐蔽行动的力量,不仅当时的李仲文冤死,现在的刘世让,也再次被抄家。实际上,这一次看起来更加有趣。我们读清末的一系列丧权辱国条约,都能看到类似的条款。那就是,大交易的第一条,就是必须把那些能臣干吏,足以壮国威、御外侮的贤达,先逮捕下狱,抄家惩戒,"以儆效尤"、以绝来者。

刘世让,刚好扮演了这样一种大妥协中的牺牲品角色。而他,就是李唐最杰出的抗突前线指挥官,也是一位出色的战略家。我们来看看他的抗突思路。

武德六年(623 年)六月,刘世让刚提出困扰马邑的战略方案。

> 先是,前并州总管刘世让除广州总管,将之官,上问以备边之策。世让对曰:"突厥比数为寇,良以马邑为之中顿故也。请以勇将戍崞城,多贮金帛,募有降者厚赏之,数出骑兵掠其城下,蹂其禾稼,败其生业,不出岁余,彼无所食,必降矣。"
>
> 上然其计,曰:"非公,谁为勇将!"
>
> 即命世让戍崞城,马邑病之。(《资治通鉴·唐纪六》)

刘世让提出了御突的整套方案。对战略枢纽马邑,进行反复袭扰。用好资金,在一线瓦解敌人。力求不战而屈人之兵,悄然逆转实力对比。这套战略管不管用? 我们无法评估,但有一个非常好的指标来说明它是无比有效、无比及时、无比正确的。那就是显然让敌人非常疼,"病之"。

这样的事,其实已经发生了不止一次,刘世让并不是第一人。因为我们在前文所述的李仲文案中,也看到了同样的剧情——一位举报人,通突谋反,前线抗突的主官下狱被杀。

于是,大交易的第一条,就是杀掉刘世让。最终形成马邑大交易:许婚,杀刘世让,解马邑围,太子班师,诏还世民。我们看到了一些,但肯定还有更多,是我们不会掌握的秘密协议。

这样就出现了一系列有趣的现象。九月,太子班师回朝。十九日,高祖下诏将世民调离前线。十月初四,杀刘世让,十七日,诏还秦王世民,二十日,马邑城陷,二十五日,还马邑,请和亲。这给人一种错觉,突厥只是劫掠。而事实上,突厥不仅扶植傀儡政权,而且还培育了一系列小伙伴。送还马邑,很显然是大交易的一项。

武德六年(623 年),战略家刘世让在前线被杀,随后世民抗命不归,违命滞留并州。可以看到,两条路线的斗争已经完全暴露出来,而且极其激烈。这种矛盾已经彻底激化,也就是在应对突厥的策略方面发生的矛盾,而不是宫斗。这件事在抗突前线,一直在发生。

世民拒不执行班师的诏命,为什么?

　　突厥数为边患,并州大总管府长史窦静表请于太
原置屯田,以省馈运。议者以为烦扰,不许。静切论

不已,敕征静入朝,使与裴寂、萧瑀、封德彝相论难于上前,寂等不能屈,乃从静议,岁收谷数千斛。上善之,命检校并州大总管。静,抗之子也。

十一月辛巳,秦王世民复请增置屯田于并州之境,从之。

丁亥,上校猎于华阴。己丑,迎劳秦王世民于忠武顿。(《资治通鉴·唐纪六》)

秦王世民滞留并州不归,是坚持要在东部抵抗突厥的前线实施屯田。屯田之策,就是耕战结合,让士兵就地耕种,亦军亦民。平时则务农自给,战时则闻令即来。这与刘世让的策略显然是一脉相承的。

人、土地以及财富,李世民都不准备再给突厥了。这是作出了要与突厥长期对抗,打持久战的架势。妥协与交易,在屯田政策下,将无法再推进。于是,一旦屯田,国家的对突大战略就不得不随之调整。杀李仲文、刘世让以款待突厥的行为,就再难出现了。

为此,世民笃定意志,为了长期战略,他不惜违命不归、有诏不回。中央政府的主要决策集团认为,屯田"烦扰",必须坚决拒绝。他们对屯田的意见是,突厥的频频寇边不算是"烦扰",而对抗突厥的屯田之策却算是"烦扰"。

这岂不是滑天下之大稽?实在有趣,当利益绑架了人的大脑时,一切都变得不可理喻,一切历史的黑色幽默都会粉墨登场。

为此,文件往来完全失去了作用。文来文往,不如人来人往。并州一线政权的秘书长窦静亲自到中央跑政策。为此,专门召开了御前会议,全部顶层决策者都参会了,我们看到了熟悉的裴寂、萧瑀、封德彝的身影。显而易见,反对的意见是无法自圆其说的。"(裴)寂等不能屈(窦静),乃从(窦)静议。"但是即使如此,还是没能解决问题。

御前会议的结论就是"上善之"。这个称许,很显然不是对窦静要求的屯田政策,而是称许窦静在御前居然还敢如此坚持,在顶级大佬们的面前,真是初生牛犊不怕虎。于是,"上善之",这里面饱含了深意。高祖是个有手段的人,他再次拿出了应付李仲文的策略,给了窦静一个"检校"并州大总管,让你临时牵头负责起来。而给点甜头的目的,显然是为了堵住嘴。尤其是让你临时负责,你更要好好表现不是?位置不稳,说话不硬。

小小的窦静,怎敢如此坚持,因为更硬的人还在窦静身后,那就是秦王世民。十一月初九,已经奉诏不归的李世民,再次提出了屯田的要求。没办法,"从之",也是不得不"从之"。政策拿到了,世民也就启程返回了,这是一种态度,一种明确的宣示与示威。这时候距离任命他为江州道行军元帅已经过去了接近两个月,距离再次下诏催他回朝,也已经过去一个月。最终,到了十一月十七日,高祖亲自"迎劳"世民。这个"迎劳"里

157

面,两人都已经满是"呵呵"了。牌,已经摊了。

整整十年之后,那时候已经赢得路线之争并且享受着彻底摧垮突厥荣光、已经被尊为"天可汗"的太宗再次回到山西故地,在名为《过旧宅》的诗作中,他抒发了此刻回顾过往的复杂情感。

> 昔地一蕃内,今宅九围中。
> 架海波澄镜,韬戈器反农。
> 八表文同轨,无劳歌大风。

短短十余年过去,当年住在这一隅之地,而今已经宅于天下了。短短十余年过去,混乱之世如今已经海晏河清、波澜不惊了,金戈铁马都已返乡归农。如今天下一统、宇内澄清,回乡的世民再也不需要像刘邦一样感叹"大风起兮云飞扬,威加海内兮归故乡,安得猛士兮守四方"了。

然而在历史没有水落石出、时间没有给出最终答案之前,当年的李世民却饱受着战略分歧和路线斗争的巨大压力。在任何安享胜利成果之前,历史都可能向着各种不确定的方向发展。今天我们回看历史,只看到了一条发展线索、一种可能性。而身处当下,却被无限的不确定性围绕。今天的你,完全不敢笃定明天将是怎样。尤其是在复杂的博弈与斗争之中,形势瞬息万变,在每一个时刻都面临变局。

没有任何一位圣贤,每一步都知道将向何处去,每一步都绝对正确。即使我们看到如此英明伟略的太宗,也是在成长过程中不断摸索、不断积累、不断成熟的。可谓劫波渡尽,九死而一生。没有谁能够断言未来,只有回头看时,才渐渐明白。

这时候来到旧宅的李世民,终于长舒一口气。他回顾了成就如此伟业的艰难过往。一切都已经在历史的云烟中落定,任由后人评说了。于是只剩下一声感慨,"无劳歌大风",不必再多说什么了。然而"八表文同轨"这样的伟业,就是从武德六年(623年)关于对突战略问题上的巨大分歧开始的。矛盾总是提供历史不断向前的动力。

可以想见,世民坚持的屯田,所坚持的是一条什么路线,而放弃黄河以东(山西)是高祖提出的策略。或许有人会有疑惑,难道世民不是亲突派吗,一直和突厥有密切往来,负责处理前线突厥事务。而高祖不是一直在清理集团内部的突厥势力吗?为什么这时候却似乎大逆转,世民要屯田抗突,高祖却调离世民、达成大交易。

政策永远都服从于战略。从世民一派来说,在他们的战略设计中,洛阳之役的胜利,决定了大战略进入下一个阶段。从之前对突厥的示弱以结,要逐步转变为讨价还价。一旦中原主要势力都被荡平,示弱以结突厥所为的军马资助也就在将来的作战中意义逐步下降。对决中原势力,靠的是突厥的军马。而对决突厥,自然就必须改弦更张,寻找新的路径。屯田显然就是这样的一种新策略。

亲突并不是立场，而是策略。世民多次感慨，突厥"数与我盟而背之"。在称臣突厥、贿和突厥的过程中，世民从来没有忘记初心。于是才发出这样的慨叹，因为与突厥的交结是战术性的，是服务于整体战略设计的。于是，在新的战略阶段，世民滞留并州，并力推屯田，目的就是为了推进下一阶段的战略，解决当前最主要的矛盾。

然而高祖一派却无法理解这样的立场。他们认为亲突是立场，通突是铁证。世民滞留并州，恰恰说明他已经彻底暴露通突的立场，害怕离开突厥势力的保护，而不敢前往南方。在这样的疑窦之下，所有的争论都不会被信服，只有调离一线才能放心。后世也有不少学者主要持这种观点。

在"走一步看一步"的战略指导下，突厥的强大压力，又迫使这一派采取比之前还要严重的妥协政策。因为离开了世民，他们更加无力抵抗突厥。从这一派的视角来看，当前的风险主要来自世民，而不是突厥。于是剜肉补疮，未为晚也。

这样的深度战略调整，也正预示了剧变的到来。

迁都之议引发全面破局

武德七年（624 年）一开春，突厥毫无意外地，再次"如约而至"。

（三月）丁酉，突厥寇原州。

五月辛未，突厥寇朔州。（《资治通鉴·唐纪六》）

（七月），戊寅，突厥寇原州，遣宁州刺史鹿大师救之，又遣杨师道趋大木根山，邀其归路。

庚辰，突厥寇陇州，遣护军尉迟敬德击之。

癸未，突厥寇阴盘。

八月戊辰，突厥寇原州。壬申，突厥寇忻州。丙子，寇并州，京师戒严。戊寅，寇绥州，刺史刘大俱击却之。

（九月）癸卯，突厥寇绥州，都督刘大俱击破之，获特勒三人。

十月己巳，突厥寇甘州。（《资治通鉴·唐纪七》）

显然，入寇的频率已经越发高开高走，范围也更趋泛滥。郑元璹卑辞厚礼，送神归去，刘世让殒命换和，苟且偷安，都无法阻止突厥的野心。或者说，更加准确的描述就是，无法改变霸权国的战略目标。

太宗对此咬牙切齿，却又完全无可奈何。

纵淫虐以取亡，罪一也；

数与我盟而背之，二也；

恃强好战，暴骨如莽，三也；

蹂我稼穑，掠我子女，四也；

我宥汝罪，存汝社稷，而迁延不来，五也。（《资治通鉴·唐纪九》）

是战是和,尽皆两难。历史的关头就是这样,哪有什么清晰的两条路。斗争永远都处于两难之境。就在这两难中,历史以极大的不确定性,波折向前,滚滚无歇。

武德七年(624年),霸权国咄咄逼人,李世民出离抗争,这时候李唐的路线斗争更趋激烈了。保守势力实在按捺不住,纷纷跳上了前台。开始抛出一系列让人啼笑皆非的战略新动议,比如说,迁都!

> 或说上曰:"突厥所以屡寇关中者,以子女玉帛皆在长安故也。若焚长安而不都,则胡寇自息矣。"上以为然,遣中书侍郎宇文士及逾南山至樊、邓,行可居之地,将徙都之。(《资治通鉴·唐纪七》)

这样的局面,实在是太有趣。高祖起兵之时,就有一种战略判断,认为突厥只为财。在迁都动议中,包括高祖在内的一派,仍然认为突厥只是为了长安的子女玉帛,才不停地求取无度、毁约入寇。在起事七年之后,经历了复杂残酷的斗争,这一派的判断仍然如此。这种战略误判不仅没有被纠正,反而更加强烈了。

如果他们说的是真心话,那只能说明这种认识足够天真。这种分歧的根源是什么?最根本的就是战略态势的判断,也就是说,突厥的真实目的是什么。高祖认为是为财,太宗认为是为政治,所以并不惜财,而是以财富换时间、换发展、换对方犯错误。

如果他们只是面上这么说,那只能说明他们的利益与国家的利益没有重合。国家的崛起,不符合他们的集团利益。这很容易理解,因为我们永远叫不醒一个装睡的人。霸权国亡我之心怎么会死? 难道高祖不知道吗? 当然不是。但是为了现实利益,他们说了违心的话。

这种违心的话,慢慢开始说得越发荒唐。在颉利可汗不断施加的战略压力下,这一派开始喊出了"迁都"之策。不就是为了长安的子女玉帛吗? 好办,我们一把火烧了长安,一了百了。

言之凿凿,荒谬绝伦。然而,"上以为然"。于是,高祖赶紧派人去山南地区选址营造新都。其实,高祖早就想亲自说这句话,这几年突厥的频频入寇、全线受压,他早就想逃跑了。因为"走着看"的战略指导永远都是这么"务实",他们只看到眼前的局势、精算眼前的得失,作出短时的决策。

更重要的是,有战略设计思维的一派,每个人都有战略视野。而"走一步看一步"的一派,则并不是所有人都会抬头看路。这种内在的差异,可能因领头人战略素养的差别造成更严重的影响。因为有战略素养的集体会集体研究战略问题,持续跟进战略研判,不断优化集体决策,弥补战略失误,并在各层级的执行中自主开展更适应具体情况的战略落实举措。

而"走着看"一派则并不需要所有人都抬眼看前途、动脑思考命运,除了决策者就眼前的问题进行研判和思考外,绝大多数人会采取跟随策略,基于自身的利益出发点来执行立足当前的决策。这样就会形成较为明显的官僚主义决策和战略执行体系，听话的人多、说话的人少，更容易出现战略误判和决策失误。

正是这样的差异下，不同类型的人迅速归拢于不同的行为特征集体(图2)。

在624年前后，高祖的团队就是这样一个"执行力"超强的"走着看"集团。于是，只要是突厥来寇，高祖就会出巡。所以虽然他自己没有说迁都，实际上他早就这么想了。等着别人说，也是一种"政治策略"。

我们来看看他的形迹。我们把剧变前的这三年突厥入寇与高祖出巡放到一起来看，就看出了端倪。

六月辛丑，上幸仁智宫避暑。

七月己巳，苑君璋以突厥寇朔州，总管秦武通击却之。戊寅，突厥寇原州；遣宁州刺史鹿大师救之，又遣杨师道趋大木根山，邀其归路。

庚辰，突厥寇陇州，遣护军尉迟敬德击之。吐谷浑寇岷州。

辛巳，吐谷浑、党项寇松州。

癸未，突厥寇阴盘。

甲申，扶州刺史蒋善合击吐谷浑于松州赤磨镇，破之。

己丑，突厥吐利设与苑君璋寇并州。

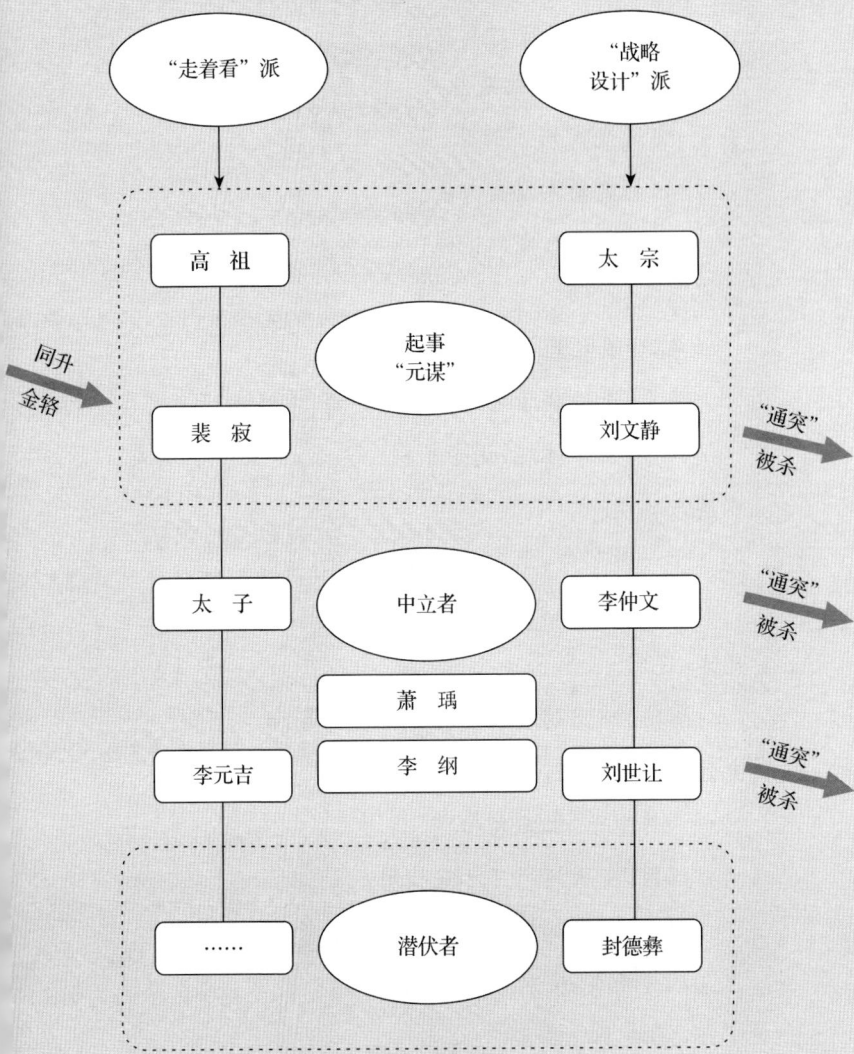

图2 李唐集团的战略思想派系

甲子,车驾还京师。

八月戊辰,突厥寇原州。己巳,吐谷浑寇鄯州。壬申,突厥寇忻州。丙子,寇并州,京师戒严。戊寅,寇绥州,刺史刘大俱击却之。

(九月)癸卯,突厥寇绥州,都督刘大俱击破之,获特勒三人。

冬,十月己巳,突厥寇甘州。

辛未,上校猎于鄠之南山。癸酉,幸终南。

丙子,上幸楼观,谒老子祠。癸未,以太牢祭隋文帝陵。

十一月丁卯,上幸龙跃宫。庚午,还宫。

(武德八年四月)甲申,上幸鄠县,校猎于甘谷。丙戌,还宫。

甲寅,凉州胡睦伽陀引突厥袭都督府,入子城,长史刘君杰击破之。

六月甲子,上幸太和宫。

己酉,突厥颉利可汗寇相州。

丙辰,代州都督蔺謩与突厥战于新城,不利。

八月壬戌,突厥逾石岭,寇并州。癸亥,寇灵州。丁卯,寇潞、沁、韩三州。

颉利可汗将兵十余万大掠朔州。壬申,并州道行军总管张瑾与突厥战于太谷,全军皆没,瑾脱身奔李靖。庚辰,突厥寇灵武。甲申,灵州都督任城王道宗

击破之。丙戌,突厥寇绥州。丁亥,颉利可汗遣使请
和而退。

九月癸巳,突厥没贺咄设陷并州一县。丙申,代
州都督蔺謩击破之。丙午,右领军将军王君廓破突厥
于幽州,俘斩二千余人。突厥寇蔺州。

冬,十月壬申,吐谷浑寇叠州,遣扶州刺史蒋善合
救之。戊寅,突厥寇鄯州,遣霍公柴绍救之。

十一月辛卯朔,上幸宜州。戊戌,突厥寇彭州。

十二月辛酉,上还至京师。庚辰,上校猎于鸣犊
泉。辛巳,还宫。

(武德九年二月)丁亥,突厥寇原州,遣折威将军
杨毛击之。

三月庚寅,上幸昆明池。壬辰,还宫。壬寅,梁师
都寇边,陷静难镇。丙午,上幸周氏陂。辛亥,突厥寇
灵州。乙卯,车驾还宫。(《资治通鉴·唐纪七》)

非常明显,一开始还是避暑,后来就更加迫不及待,日子
几乎也不挑了。在天下最乱的时候,国家面临前所未有的危
亡之际,霸权国的压迫愈演愈烈之时,最高权力以异乎寻常、
此前从未见到的频率开始出巡。是不是用脚表达了自己的
态度?如果不能迁都,我也不愿意在长安"玉石俱焚"。而对
于迁都这样的投降主义,最高决策会议给出了相对一致的
态度。

> 太子建成、齐王元吉、裴寂皆赞成其策，萧瑀等虽
> 知其不可，而不敢谏。（《资治通鉴·唐纪七》）

关键人物全都投下赞成票，极少数人投下了弃权票，这个动议眼看就要通过。就连萧瑀，都没敢发言，可见这是一个怎样的一边倒决策。萧瑀何许人也？我们看看太宗在很多年之后是怎么评价他的。

> （贞观九年十一月），上曰："斯人也，不可以利诱，
> 不可以死胁，真社稷臣也！"
> 因赐瑀诗曰："疾风知劲草，板荡识诚臣。"
> 又谓瑀曰："卿之忠直，古人不过；然善恶太明，亦
> 有时而失。"瑀再拜谢。（《资治通鉴·唐纪十》）

太宗高度肯定萧瑀的诤臣品格，为此专门作了一首闻名千古的诗《赐萧瑀》。这样的肯定，在太宗一朝，绝无仅有。

> 疾风知劲草，板荡识诚臣。
> 勇夫安识义，智者必怀仁。

萧瑀此人的分量，更值得仔细一提。说萧瑀身份显赫之极可谓毫不夸张。新唐书对他的评价是"世家之盛，古未有也"。萧瑀是南北朝时西梁明帝萧岿和皇后张氏之子，在西梁时就被

封为新安郡王。他的姐姐就是前文所说的隋王朝的萧皇后,当时还是晋王杨广的王妃。

也就是这层原因,在隋炀帝时,他就做了皇帝近臣,官至内史侍郎,也就是处理皇上机要事务的官员。隋文帝杨坚的独孤皇后,还把自己的娘家侄女嫁给了萧瑀。而更重要的是,李渊就是独孤皇后的亲外甥。也就是说,归顺李唐后,李渊与萧瑀是舅兄与妹夫的关系。

萧瑀与李世民的关系可能更近一步,他在秦王府做过李世民的司马,是世民的核心班底成员,在武德年间多次在高祖面前为太宗辩护,在贞观年间更是与太宗成为儿女亲家,是唐代凌烟阁二十四功臣之一,陪葬昭陵。正因为他的显贵,以及与太宗的特殊关系,以至于唐时就有人记述萧瑀在饮宴中与太宗敢开别人都不敢开的"掉脑袋"的玩笑。

> 臣是梁朝天子儿,隋朝皇后弟、尚书左仆射、天子
> 亲家翁。(《独异志·卷上》)

然而就是这样一位地位如此之高,而且不可以利诱、不可以胁迫,忠直过古人,疾风劲草、板荡诚臣的社稷之臣,在迁都会议上,虽然并不同意,但并没有说一句话,足见当时的政治环境已经相当恶化。这就是前文所说,"走着看"的战略决策方式必然导致绝大多数人采取盲目跟随的策略。而敢于说话的人必然会成为异类,最终出现"劣币驱逐良币"的逆

淘汰现象。用中国古代的政治词汇来说就是"国人莫敢言，道路以目"(《国语》)。

"道路以目"并不一定是在周厉王昏聩无道之时才出现，现代政治科学研究发现了很多与常规认识偏离更远的案例。最高决策者的心理和性格特点，往往会对整个集团的决策方式产生深刻影响。短视的战略谋划和执行方式很容易造成大多数人陷入沉默螺旋。一旦群体陷入这样的困局，就像飞机在湍流中失去升力一样，逐步进入万劫不复的快速下跌轨道。因为大多数人的沉默必然让试图纠正这种政治气氛的努力被早早扼杀。最终整个集体向着损害所有人共同利益的方向发展，却没有人会站出来说话。这就像一艘大船上的所有人都默默看着即将触礁，甚至一直眼睁睁看着这艘船缓缓沉没，却集体保持沉默。虽然每个人都知道正确的是什么，但这就是群体政治心理学。

显然，武德七年(624年)以后的李唐集团，就已经陷入了这样的沉默螺旋，政治气氛已经极端不健康，正常的决策机制已经被完全破坏。这个现象很少被史学家研究，但从政治学角度，却很值得剖析。在起事短短七年后，李唐集团就从一个大辩论、大融合的政治共同体，蜕变成为一种一言堂、不敢谏的垂暮濒死之态。这种极端迅速的蜕变，就是在刘文静、李仲文、刘世让等人的惨剧中逐步形成的。"道路以目"的不健康政治局面也就在对突厥的大战略分歧造成的残酷路线斗争中出现了。

正是在这样的气氛下，对于迁都这样攸关整个集团命运的动议,而且是大部分人都显而易见的战略误判和盲动,太子建成、齐王元吉、裴寂都立刻表示赞同,萧瑀等人"虽知其不可,而不敢谏"。这一动议,就要通过了。

这时候,只有李世民站了出来。秦王世民动用了他的否决权,"原始股东"出场,一票否决。他给出了立场极其鲜明的反驳意见,崩盘也就变得再不可丝毫遮掩了。

> 秦王世民谏曰:"戎狄为患,自古有之。陛下以圣武龙兴,光宅中夏,精兵百万,所征无敌,奈何以胡寇扰边,遽迁都以避之,贻四海之羞,为百世之笑乎!彼霍去病汉廷一将,犹志灭匈奴,况臣忝备藩维,愿假数年之期,请系颉利之颈,致之阙下。若其不效,迁都未晚。"上曰:"善。"(《资治通鉴·唐纪七》)

什么时候突厥会不入寇?这话说得很委婉,以前戎狄自古就入寇。意思也很明确,和首都在不在长安有什么关系。一把火烧了长安,太阳照常升起,突厥依然入寇。话说回来,咱们当年六个月就拿下长安,才造就了如今的态势,也才让您坐上了皇帝的宝座。也正是因为有了长安,才形成如此迅猛的归附之势。不能因为崛起带来了对国际体系的冲击,引发霸权国的打压,就轻言放弃。

最后,这一年只有26岁的世民说了非常英雄气的话。交给我吧,我把颉利的人头送给你。如果不行,你想迁都,也不迟。这句话的含义更强硬，也就是反正颉利的头我会去取，如果想迁都，就等我死在突厥再说。

史书记载了高祖的一个字。上曰："善。"这个戏剧性的场面我们简直可以脑补出画面。高祖已经屡屡出巡，就等着手下主动提出给他一个稳定的"新"安排。终于有人提出迁都，并展开了最高决策会议。在太子、齐王和裴寂的带领下，全场默许，就要通过决议，马上落实执行。这时候世民站了起来，说了一通不仅无法反驳、而且让高祖颜面全无的话。以至于高祖不得不咬着后槽牙，说了一句"好吧"。

虽然口说"好吧"，这时候的气急败坏可想而知。一般理屈词穷的人，就会将矛头转移到人身攻击。

建成曰："昔樊哙欲以十万众横行匈奴中，秦王之言得无似之！"

世民曰："形势各异，用兵不同，樊哙小竖，何足道乎！不出十年，必定漠北，非敢虚言也！"上乃止。

（《资治通鉴·唐纪七》）

太子在旁边暗地嘲讽世民的豪言壮语，说他无非是那个端起盾牌吃生肉的屠夫樊哙之流而已。言下之意，国家大事，武夫少插嘴，我们才是坐在庙堂之上的国家精英，你这样的泥腿子，瞎说些什么？太子的冷言冷语，瞬间激怒了这位豪情壮志的英雄少年。于是他说出了一句震铄古今的话：不出十年，我一定平定漠北,你等着瞧。

话说狠了,盘也就崩了。这个场面,高祖已经非常尴尬了,只好和稀泥了,"上乃止"。平四方、治天下,他们不一定是高手,但搞事情这方面,他们永远都是高手。没事情的时候,他们表现得最勇猛、最坚决、最爱国。一旦有事,他们往往是最快地放弃,最彻底地投降,以及最狠地内斗。

所以明代的大儒吕坤对这种道不同不相为谋,甚至不惜多言一字,作了非常精辟的解释:

> 谈道者虽极精切,须向苦心人说,可使手舞足蹈,可使大叫垂泣,何者? 以求通未得之心,闻了然透彻之语,如饥得珍馐,如旱得霖雨。相悦以解,妙不容言。其不然者,如麻木之肌,针灸终日尚不能觉,而以爪搔之,安知痛痒哉? 吾窃为言者惜也。
>
> 故大道独契,至理不言,非圣贤之忍于弃人,徒哓哓无益耳。是以圣人待问而后言,犹因人而就事。
>
> (《呻吟语·谈道》)

一个一心做事情的人,永远不可能和每天不做事情的人比做人,和他们多说一句,都是一种折煞。不是圣贤忍心放弃普通人,而是絮絮叨叨说了很多,他们也无动于衷。路线之争,是不会随着时间流逝而妥协消解的斗争。一旦短期利益诉求被满足,旧账自然会被再次翻出。

建成与妃嫔因共谮世民曰:"突厥虽屡为边患,得赂则退。秦王外托御寇之名,内欲总兵权,成其篡夺之谋耳!"(《资治通鉴·唐纪七》)

众女嫉余之蛾眉兮,谣诼谓余以善淫。做大事的人,总是被人背后指责。而这一切矛盾的持续激化,预示着剧变的到来。

(武德八年四月)甲申,营太和宫于终南山。

六月甲子,上幸太和宫。(《资治通鉴·唐纪七》)

朝纲在手,迁都不成,离宫无论如何都得建起来,而且必须以最快的速度住进去。而决策机制的失能,并不因逃离而好转。李唐的重大危机已经不可避免。

决策失能与仓促宣战

路线斗争,从来都不是简单的投降派和决战派之间的斗争。真正杰出的政治领导人,往往是根据现实情况灵活掌握战略决策。我们看到在整个初唐崛起的过程中,太宗就扮演了这样的一个角色。从通突、亲突,到御突、抗突,再到稳突、灭突。全程中,我们看到他与其他决策核心集团成员之间的龃龉不相容。

这种不相容来自对形势判断的误差，来自对策略选择的差异，更根本的是来自对战略目标的坚守和对自身战略能力的信心，在这两者之间搭建的路径，就是战略选择。而在困难的战略决策中，不同派别的差别所在，也就是战略目标的不同和战略信心的差距。所以我们看到了在民族危亡时刻，出现了"速胜论者"和"必败论者"，自然也就会出现"持久战"论者。

李世民的路线斗争，就是这样一种战略评估与决策的分野。而现实验证了他的正确，也是现实检验将他从大量的政治人物和派别中甄别出来，成为带领大唐走上决胜道路的核心人物，受到万民尊崇、万世景仰。

625年，李唐王朝进入了剧变的前夜。一切的矛盾都暴露出来，牛鬼蛇神纷纷现身，比狠斗野。在这种混乱下，李唐的大战略出现了大幅调整，进入了深刻的调试期。

四月，高祖即南赴终南山，开始营建太和宫。六月入驻太和宫。同时，以许婚的方式与西突厥结盟。远交近攻，以威慑颉利，缓解北方的战略压力。

> 西突厥统叶护可汗遣使请婚。上谓裴矩曰："西突厥道远，缓急不能相助，今求婚，何如？"
>
> 对曰："今北寇方强，为国家今日计，且当远交而近攻，臣谓宜许其婚以威颉利。俟数年之后，中国完实，足抗北夷，然后徐思其宜。"
>
> 上从之。遣高平王道立至其国，统叶护大喜。道

立,上之从子也。(《资治通鉴·唐纪七》)

随后,就是全面备战,准备迎击东突厥大军。

> 初,上以天下大定,罢十二军。既而突厥为寇不已。辛亥,复置十二军,以太常卿窦诞等为将军,简练士马,议大举击突厥。(《资治通鉴·唐纪七》)

紧接着,就是宣战了。所有的协议都被撕毁,彻底破局。

> 先是,上与突厥书用敌国礼。秋,七月甲辰,上谓侍臣曰:"突厥贪婪无厌,朕将征之,自今勿复为书,皆用诏敕。"(《资治通鉴·唐纪七》)

从武德八年开始,李渊改用诏敕,把突厥当臣,放在了比自己低的位置。这一宣战,就撕裂了原有的平衡,局面变得不可控制了。

> 颉利可汗将兵十余万大掠朔州。
> 壬申,并州道行军总管张瑾与突厥战于太谷,全军皆没,瑾脱身奔李靖。
> 行军长史温彦博为虏所执,虏以彦博职在机近,

问以国家兵粮虚实。彦博不对,虏迁之阴山。(《资治
通鉴·唐纪七》)

不只并州的张瑾一部全军覆没,李唐集团最核心决策团队
的重要人物温彦博也被突厥俘虏。这对于突厥了解李唐虚实、
优化战略方案、加快灭唐进程将起到重要作用。

温彦博(574—637 年)就是我们前面所说的《大唐创业起
居注》作者温大雅的弟弟,李唐集团最核心的人物之一。从武
德元年开始,历任中书舍人、中书侍郎,长期负责起草诏令,参
与机密事务。"职在机近"的关键人物被俘,李唐命悬一线的态
势已经极端迫切了。

温彦博在另一个领域甚至比他自身的成就还要流传更广。
那就是长期与温彦博共事、后来也成为中书令的岑文本所撰,大
书法家欧阳询所写就的《唐故特进尚书右仆射上柱国虞恭公温
公碑》,一般称为《虞恭公碑》(见图 3)或《温公碑》,是欧阳询八十
高龄之时的手书,也是欧体书法的醇熟之作,后世拓本不断。

这篇岑文本所撰的碑文对我们关注的这段历史事件几乎
没有着墨,也正说明这段历史在温彦博荣耀的一生中被尽可能
地略去。仅以一些历史故事隐晦地表达了温彦博的"劲节"。
这样的处理方式,恰恰也符合我们对这段史实的认定与判断。

图3 《虞恭公碑》（宋拓本）
（图片来源：故宫博物院）

也正因此段极为独特的际遇,让温彦博成为太宗践祚之后设计对突厥政策的主导者之一。特别是在摧垮突厥后的对策争论中,他主张的不迁徙到黄河以南,而是就地安抚之策,被太宗力排众议所采纳。

初,突厥之降也,诏议安边之术。朝士多言:"突厥恃强,扰乱中国,为日久矣。今天实丧之,穷来归我,本非慕义之心也。因其归命,分其种落,俘之河南,散属州县,各使耕田,变其风俗。百万胡虏,可得化而为汉,则中国有加户之利,塞北常空矣。"

惟彦博议曰:"汉建武时,置降匈奴于五原塞下,全其部落,得为捍蔽,又不离其土俗,因而抚之。一则实空虚之地,二则示无猜之心。若遣向西南,则乖物性,故非含育之道也。"

太宗从之,遂处降人于朔方之地,其入居长安者近且万家。

议者尤为不便,欲建突厥国于河外。

彦博又执奏曰:"既已纳之,无故遣去,深为可惜。"

与魏征等争论,数年不决。(《旧唐书·温彦博列传》)

就在温彦博被俘、李唐集团垂垂危矣的关键时刻,不只是突厥,突厥的盟友也纷纷上场。

> 十月壬申,吐谷浑寇叠州,遣扶州刺史蒋善合救之。
>
> (十一月)丙午,吐谷浑寇岷州。戊申,眉州山獠反。
>
> (武德九年三月)癸巳,吐谷浑、党项寇岷州。壬寅,梁师都寇边,陷静难镇。
>
> 五月戊子,虔州胡成郎等杀长史,叛归梁师都,都督刘旻追斩之。
>
> 壬辰,党项寇廓州。壬寅,越州人卢南反,杀刺史宁道明。
>
> 丙午,吐谷浑、党项寇河州。(《资治通鉴·唐纪七》)

我们略去了所有的突厥全线入寇,只看看这些吐谷浑、党项和一些地方的造反,就能够感觉到,风雨飘摇只在今朝,李唐王朝在外部重压之下,已经真的走在了危难存亡之际。

这时候,我们再次看到了和议,虽然还是以官方语气所记录。但和议显然已经无法阻止突厥的战略向前碾压式推进。

> (武德八年八月)丁亥,颉利可汗遣使请和而退。
>
> (《资治通鉴·唐纪七》)

在此之后,突厥虽然收了好处,但是并没有停止任何攻势。显然,这是一次目标非常明确的战略行动。

这时候,李唐也进行了最后的挣扎,抓起了最熟悉的一根救命稻草——隐蔽行动。目的非常明确,仍要按照此前的套路,扶大厦之将倾,挽狂澜于既倒。但是,很可惜,这次没有成功。同样一种豪赌,不可能每次都赢下通盘。

（武德九年三月）癸丑,南海公欧阳胤奉使在突厥,帅其徒五十人谋掩袭可汗牙帐。事泄,突厥囚之。

《资治通鉴·唐纪七》）

最后的一根救命稻草,被掐折在了漠北的寒风之中。最后一丝希望,破灭了。

此时,戎狄之盛,近代未有也。未来还将有多少年,"亚洲大部民族之主人是突厥,而非华夏也"。

第五章 决断

时代在此幸运转折

冬尽今宵促，年开明日长。

——李世民

为什么是玄武门之变

玄武门之变，一直是后世津津乐道的历史事件。历史的记载非常清楚，也非常详细，包括事件中的每个人物，在什么时间，出现在什么位置，扮演了什么角色，事后得到了什么样的回报。但相关史实，因为受到太宗的修改，而遭到包括章太炎等在内的后世学者的普遍怀疑。无论如何，我们无意竟究其详，无意像剧本一样描摹整个事件的来龙去脉。

我们的目的，是把玄武门之变放在当时的大时代背景下、放在李唐与突厥冲突的大环境中，来重新审视，并不是寻求辩驳什么观点，而是尝试提供一些新的视角。

该事件首当其冲的问题是，所有的历史记载都是太宗一派因为受到了生命威胁，而在最后时刻不得不采取果断手段。学界对此已经有足够多的研究。这种被动反应的自卫式叙事很显然是为了符合儒家的道德秩序。但另一个方面，讨论却不够充分，疑点丛生。其中最关键的就是，无论是否有所准备，李世民为什么选在这个时间节点。

上述问题似乎不够清楚，我们再解释一步。那就是太宗是不是做了准备，是关乎儒家道德秩序的行为。而太宗选择什么时间行动，并不影响前一个问题的性质。于是，武德九年（626年）六月这个时间，在当时的时代中处于怎样的节点；为什么李世民不早行动又或者为什么不晚行动；为什么双方都不能忍受到更久之后，直到高祖殡天，再"三子夺嫡"？要知道，在高祖在世之时，杀伐兄弟，无论如何都要冒更大的风险。尤其是对于太子一党来说，根本没有任何利益需求，他们占据着绝对的政治优势。况且，从刘世让之死、任命世民为江州道行军元帅开始，高祖已经加快了对世民势力的翦除。对世民而言，他也没有受到太大影响。因为他已经保有半壁江山，位极王公。

传统的解释将上述两个问题混在一起，也就是因为受到生命威胁，在最后时刻不得不作出反应。这是一个二合一的解释，很好地破解了两个难题。于是，诸如傅奕占卜、秦王密奏、张婕妤告密等故事得到了充分演绎。整个剧情的紧迫程度也高开高走。但如果我们把这两个问题拆开看，世民当然早有准备，于是在一定程度上应该并不算是"不得不"。那么，626年六月有什么不一样呢？即使确实是被动应对，又为什么选择了这个时间节点呢？

史书给出的解释，是突厥的入寇。

会突厥郁射设将数万骑屯河南,入塞,围乌城,建成荐元吉代世民督诸军北征。上从之,命元吉督右武卫大将军李艺、天纪将军张瑾等救乌城。

元吉请尉迟敬德、程知节、段志玄及秦府右三统军秦叔宝等与之偕行,简阅秦王帐下精锐之士以益元吉军。

率更丞王晊密告世民曰:"太子语齐王:'今汝得秦王骁将精兵,拥数万之众,吾与秦王饯汝于昆明池,使壮士拉杀之于幕下,奏云暴卒,主上宜无不信。吾当使人进说,令授吾国事。敬德等既入汝手,宜悉坑之,孰敢不服!'"

世民以晊言告长孙无忌等,无忌等劝世民先事图之。(《资治通鉴·唐纪七》)

正是为了应对突厥的入寇,李唐集团内部的分歧进一步激化。齐王元吉准备带领秦王麾下的人马前去援救乌城。按照史书记载,这成为压倒秦王集团的最后一根稻草。有意思的是,这根稻草,是世民将告密者的话首先告诉长孙无忌,然后传导到麾下诸将,进而完成了行动的战前动员,得到了空前一致的响应,促成了玄武门之变。

后面的剧情,我们暂且不论。这个触发的机关,却更值得研究。无论这段历史经过怎样的改动,因为突厥入寇而引发的内部矛盾激化,这一点是明确的。而且符合之前整个历史发展的脉络。也就是我们前面所述,从 623 年六月并州屯田问题开始,就在处理突厥问题上出现了不断激化的路线分歧。

对此,前文已经较为详尽。我们重新回顾一下整个形势的发展脉络(表 1)。

从武德五年(622 年)起,突厥就明显加大了对李唐的压迫力度,以至于李世民从山东前线被调回。太子和李世民都前往山西御敌。这一年,那种危亡的压迫感已经非常明显。缓解这次危机的办法,是郑元璹的出使,与突厥达成了交易。

武德六年(623 年),霸权国并没有停下脚步,形势更加紧迫。解决问题依然依靠了一次大交易。而这次大交易之中,李唐内部出现了明显的路线斗争。秦王世民有诏不还,滞留并州搞屯田。刘世让将星陨落,成为替罪羊。

武德七年(624 年),形势继续恶化。前两年李唐迅猛发展的势头被严重遏制。这一年,在突厥的大举压迫下,初生的李唐王朝已经摇摇欲坠,长安城岌岌可危。颉利举国而来,长安戒严。李唐内部的路线斗争也更加明显,爆发了仁智宫之变(我们留在后文专作详解),出现了迁都的动议。秦王世民进一步成为反对高祖和建成路线的突出代表。他单人出阵,利用突厥内部分歧退敌,扬名五陇阪之战(也在后文详解)。而高祖,已经南遁终南山中去了。

表1 李唐内部两派路线主要角力及路线发展

	李世民主张	最终结果	李渊主张
起事前对突厥的策略	—	全盘突厥化	
起事时对突厥的策略	示弱称臣换取全面支持	杂用绛白	以财货换军马支持
行军遇雨是否回撤	坚决向前		轻言放弃
行军遇阻是否回撤	直取长安		经营山西
关键一步如何看待洛阳	坚决毕其功于一役"一举两克"		放弃攻洛
取洛之后如何对待突厥	屯田御敌		放弃山西
巨压之下如何应对突厥	坚决抵抗"扫平漠北"	营建太和宫	迁都
决裂之后最终决策	玄武门之变		宣战、贿和、隐蔽行动(失败)

武德八年（625 年），一开年，终南山的太和宫就开始建造，并且迅速完工，高祖移跸太和宫。而颉利再次来犯，两国关系终于彻底破裂。曾经的交易和平，完全无法实现了。两国开始在政治上彻底决裂，进入彻底宣战状态，不承认对方政权合法性。而这一年的战争态势很明显，李唐胜少败多，并州全境覆没，连高祖身边的高层领导温彦博也都身陷敌营。

武德九年（626 年），无奈之举再次上演，针对突厥最高决策者开展隐蔽行动。然而刚开年不久，就传来了在突厥核心开展的隐蔽行动宣告失败的坏消息，给这一年的局势敲响了沉重的警钟。同时，西部和北部的大量少数民族政权和竞争性军事势力开始协同配合，一起进攻李唐王朝。刚搭起来的新屋，已经被冲击得四处跑风漏雨了。危亡，可能就在这一年了。

六月初四，太白经天，玄武门生变。

这一场围绕突厥政策螺旋式上升的路线冲突达到顶点。这个顶点，不只是史书所载秦王府中尉迟敬德等人的个人命运危机，也不只是秦王世民的宫斗危机，更是整个李唐集团的集体危机。

武德九年（626 年）这一年，注定不会平凡。因为所有的内外矛盾都已经积累到了爆发的边缘。前一年与突厥宣战之后，遭遇了极其严重的兵败和丧土。包括并州失陷、温彦博被俘等一系列事件，让李唐集团已经陷入严峻的战略被动。进入冬季的喘息周期后,李唐集团高层开始排兵布阵,加快路线斗争的步伐,以应对天气转暖后可能出现的更为猛烈的突厥入寇。

于是正月之后,裴寂、元吉分别晋升为司空、司徒,位列三公。制衡秦王世民的行动正式启动。

> (正月),甲寅,以左仆射裴寂为司空,日遣员外郎
> 一人更直其第。二月庚申,以齐王元吉为司徒。(《资
> 治通鉴·唐纪七》)

在刘文静之死的时候,我们已经把两派的主要人物和战略分歧说得比较清楚。裴寂就是高祖一派的首要代表。于是就在这个关键的时候,他被加封司空。同时,在太子已经封无可封的情况下,将李元吉封为司徒。这样就将"走着看"一派的代表人物们完全托举到了最高层。

然而,外部形势却进一步恶化。二月,周边的压力已经纷至沓来,如吐谷浑、党项、梁师都。一旦势弱,周身敌国。正所谓"亲疏因其强弱,服叛在其盛衰"。

> 三月庚寅,上幸昆明池。壬辰,还宫。
> 癸巳,吐谷浑、党项寇岷州。戊戌,益州道行台尚
> 书郭行方击眉州叛獠,破之。
> 壬寅,梁师都寇边,陷静难镇。丙午,上幸周氏

陂。辛亥,突厥寇灵州。乙卯,车驾还宫。(《资治通
鉴·唐纪七》)

三月,最后一根救命稻草宣告失败,试图击杀颉利的隐蔽
行动被识破,不仅没能扭转危局,反而让局势陷入万劫不复。
贿和也不可能再有了。李唐断绝了自己的最后一条生路。

> 癸丑,南海公欧阳胤奉使在突厥,帅其徒五十人
> 谋掩袭可汗牙帐,事泄,突厥囚之。
> 丁巳,突厥寇凉州,都督长乐王幼良击走之。
> (《资治通鉴·唐纪七》)

进入五月,随着气候的日渐好转,北方入寇的压力骤增,形
势急转直下。

> 五月戊子,虞州胡成郎等杀长史,叛归梁师都,都
> 督刘旻追斩之。壬辰,党项寇廓州。戊戌,突厥寇秦
> 州。壬寅,越州人卢南反,杀刺史宁道明。丙午,吐谷
> 浑、党项寇河州。突厥寇兰州。
> 丙辰,遣平道将军柴绍将兵击胡。
> 六月丁巳,太白经天。(《资治通鉴·唐纪七》)

能不能熬得过这一个夏天，对李唐王朝来说已经是一个问号。因为我们已经看到突厥及其大量盟友的大举协同入寇。前一年八月的对突厥宣战已经无法逆转，贿和赢得的喘息之机已经结束，这年三月开展的隐蔽行动彻底失败，终南山的太和宫在去年已经完工并且迎来了高祖的入住。在这样的危局之下，抛弃了世民一派的李唐高层，迎敌出战，已无胜算；贿和求生，断无可能；放弃长安，只在朝夕。在"走着看"路线的指导下，李唐王朝已经走在了气若游丝的死胡同里。

大鹏飞兮振八裔，中天摧兮力不济。无论宫斗夺嫡的剧情至此发展到什么阶段，围绕对突厥政策的路线斗争已经到了不得不破的历史关口。这个关口就在武德九年（626 年）的夏天。

（六月），吐谷浑寇岷州。

突厥寇陇州。辛未，寇渭州。遣右卫大将军柴绍击之。

（八月），初，稽胡酋长刘仚成帅众降梁师都，师都信谗杀之，由是所部猜惧，多来降者。师都浸衰弱，乃朝于突厥，为之画策，劝令入寇。于是颉利、突利二可汗合兵十余万骑寇泾州，进至武功，京师戒严。（《资治通鉴·唐纪七》）

由此可见，无论李唐集团内部是否动荡，突厥灭唐之战已经箭在弦上。玄武门之变后,马上进入秋天。秋高马肥,正是突厥入寇之时。这一年的七月,颉利联合突利,在梁师都的引路之下,合兵十余万进至长安城下,京师戒严。这样的战略性举动,必然经过相当时间的准备。换句话说,突厥和李唐双方在六月之前,必然都已经清楚秋高马肥之时突厥举国而来这样的局面。就在这样的战略紧迫之中,玄武门之变改变了历史的走向。

今天的历史,只是每一个重大时刻的不确定性被确定下来的一条脉络。站在每一个节点,我们都无法判断下一步将会如何。从史实来看,这一年的夏天,李唐集团无论如何已经无法抵御突厥。虽然历史没有如果,但我们不妨假设,这一年的六月没有发生玄武门之变,也许此后就不存在中华历史上无比辉煌的大唐王朝,那些恢宏的文化都将不复存在,而是在五胡乱华、中原陆沉的三百年黑暗中,继续暗淡前行、悲怆为继。

正是在这样的大时代背景下,外部压力迫使李唐集团内部必须作出抉择,历史在此发生转折。这个夏天如果不能纠正"走着看"战略,在外部压力的持续打击下,"战略设计"一派将失去最后的生存机会。不只刘文静、李仲文和刘世让是前车之鉴,仁智宫变和五陇阪之战也已经说明了一切。

仁智宫变与城南校猎

在杀了刘文静、李仲文、刘世让等人之后,李世民就已经成为了下一个目标。这场突变在外部压力不断升级下持续酝酿，而杀机也在李唐内部反复试探。

随着路线分歧不断激化，自然会从人身攻击，发展到人身消灭。

初，齐王元吉劝太子建成除秦王世民，曰："当为兄手刃之！"

世民从上幸元吉第，元吉伏护军宇文宝于寝内，欲刺世民。建成性颇仁厚，遽止之。

元吉愠曰："为兄计耳，于我何有！"（《资治通鉴·唐纪七》）

如果说，这时候只是苗头，世民在元吉府第险遭刺杀说明杀机还没有在路线集团斗争中形成共识，那么我们在后来的事态发展中，就会发现这种你死我活的路线斗争更加激烈。这不是宫斗，而是路线斗争，尽管史官们把这些事件用几个人的恩怨情仇戏剧化地记录下来，但背后的千丝万缕却并不那样简单。

武德九年（626 年）六月二十六日，仁智宫变。

这一年，高祖前往长安以北的仁智宫避暑，然而还没走多远，就遭遇了宫变。按照史书记载，处于更前方的地方大员翻身杀过来，高祖集团惊出一身冷汗。同时，突厥在时机非常"巧合"的状态下，大规模入寇。

> 六月辛丑，上幸仁智宫避暑。
>
> 壬戌，庆州都督杨文幹反。
>
> 建成擅募长安及四方骁勇二千余人为东宫卫士，分屯左、右长林，号长林兵。又密使右虞侯率可达志从燕王李艺发幽州突骑三百，置宫东诸坊，欲以补东宫长上，为人所告。上召建成责之，流可达志于巂州。
>
> 杨文幹尝宿卫东宫，建成与之亲厚，私使募壮士送长安。上将幸仁智宫，命建成居守，世民、元吉皆从。建成使元吉就图世民，曰："安危之计，决在今岁！"又使郎将尔朱焕、校尉桥公山以甲遗文幹。二人至豳州，上变，告太子使文幹举兵，使表里相应。又有宁州人杜凤举亦诣宫言状。上怒，托他事手诏召建成，令诣行在。（《资治通鉴·唐纪七》）

事情发展到这里，蹊跷处就已经足够多了。铠甲是当时管控的关键物资。冷兵器作战中是否有铠甲，很大程度上决定了战斗力的数量级差异。在高祖前往仁智宫途中，太子建成让郎将尔朱焕和校尉桥公山为曾经的东宫宿卫、当时的庆州都督杨文幹运送铠甲。高祖是怎么得知的呢？在运送铠甲的二人走到半路豳州时主动告发。同时，一位宁州人杜凤举也跑到了仁智宫来告发。

造反是天大的事,尤其是留守的太子。高祖情急之下,假托其他的事情,发出手诏让太子前来。

> 建成惧,不敢赴。太子舍人徐师謩劝之据城举兵。詹事主簿赵弘智劝之贬损车服,屏从者,诣上谢罪。建成乃诣仁智宫。未至六十里,悉留其官属于毛鸿宾堡,以十余骑往见上,叩头谢罪,奋身自掷,几至于绝。(《资治通鉴·唐纪七》)

这一段话读起来,仍然无法确认整个事情的来龙去脉。因为即使没有告发,突然手诏前去,也实属异常。而建成显然已经了解前方出现的告发的情况。从建成的行事来看,可谓周密。他把随行留在六十里外,只带贴身随从前往辩白。

> 上怒不解,是夜,置之幕下,饲以麦饭,使殿中监陈福防守,遣司农卿宇文颖驰召文幹。颖至庆州,以情告之,文幹遂举兵反。上遣左武卫将军钱九陇与灵州都督杨师道击之。
>
> 甲子,上召秦王世民谋之。世民曰:"文幹竖子,敢为狂逆,计府僚已应擒戮;若不尔,正应遣一将讨之耳。"

197

上曰："不然。文幹事连建成，恐应之者众。汝宜自行，还，立汝为太子。吾不能效隋文帝自诛其子，当封建成为蜀王。蜀兵脆弱，它日苟能事汝，汝宜全之。不能事汝，汝取之易耳！"

上以仁智宫在山中，恐盗兵猝发，夜帅宿卫南出山外。行数十里，东宫官属将卒继至，皆令三十人为队，分兵围守之。明日，复还仁智宫。（《资治通鉴·唐纪七》）

情急之下，杨文干确实反了。世民也因此得到了高祖关于改立他为太子的许诺。而高祖确实也进行了应急处置，无论是夜宿郊外，还是分头看守东宫人员。可以看得出，高祖在这个阶段确实认为太子运送铠甲一事，是冲着他来的。

世民既行，元吉与妃嫔更迭为建成请，封德彝复为之营解于外，上意遂变，复遣建成还京师居守。惟责以兄弟不睦，归罪于太子中允王珪、左卫率韦挺、天策兵曹参军杜淹，并流于巂州。挺，冲之子也。

初，洛阳既平，杜淹久不得调，欲求事建成。房玄龄以淹多狡数，恐其教导建成，益为世民不利，乃言于世民，引入天策府。（《资治通鉴·唐纪七》）

然而剧情却突然反转。史书继续开始记载宫闱秘事。无论如何，世民离开之后，在一系列的辩白和解围努力之下，高祖彻底回心转意，完全不再怪罪太子。这也是最蹊跷的地方。仁智宫变这样一个关键历史事件，就是从蹊跷的告发开始，到蹊跷的转折结束。

关于仁智宫变，历史研究者已经有了很多解释。显然，这段记载是经过后期加工的。我们已经很难剖析它的全貌。不过我们如果试图把它放在大历史格局下去审视，可能会有不一样的认识。

建成的本意只是"图世民"，这一点是明确的。不然仁智宫变不会如此收场。而中间出现了各种告密、串联和诱变等故事，让剧情严重复杂化。我们不作条分缕析，而只提纲挈领，就有可能避免更多的修饰造成的偏差。

大线条就是这样，高祖带着世民和元吉往前线去，建成负责留守长安。而他安插在更前方的将领做好了在京外收拾世民的准备。但这件事在多条线索上败露，换句话说，世民当时控制局势的能力是惊人的。于是，这场兄弟阋墙的阴谋被放大为一场针对高祖的宫变。高祖最初相信了这种放大，很是恐慌，作出了危机应变的各种准备，甚至夜宿山林，控制了太子集团，并且给世民许诺了天下。然而，世民一离开，局面就彻底逆转。

虽然史书介绍了是因为一些枕边风，把这些事情都描述成宫斗。但是,我们看看外部环境就能够知道,高祖是有立场的。而且他的立场,并不因为枕边风而轻易变动。世民,就是路线斗争的对立面。高祖只有在最初认为可能危及到自己地位的时候,才会采取应急措施。一旦局势稳定,他和建成、元吉,就迅速归为一派。因为他们是同一条路线上的利益共同体。史官无法明言,于是写下了这些群众喜闻乐见的微言大义。

仁智宫变时,六月二十四日,得知杨文干事变,二十六日,高祖传召秦王世民,并派他前出处置。就在高祖前出仁智宫这段时间,不仅发生被预知的兵变,而且突厥、吐谷浑、党项集体入寇。

> 突厥寇代州之武周城,州兵击破之。

> 秋,七月己巳,苑君璋以突厥寇朔州,总管秦武通击却之。杨文幹袭陷宁州,驱掠吏民出据百家堡。

> 秦王世民军至宁州,其党皆溃。

> 癸酉,文幹为其麾下所杀,传首京师。获宇文颖,诛之。

> 戊寅,突厥寇原州;遣宁州刺史鹿大师救之,又遣杨师道趋大木根山,邀其归路。

> 庚辰,突厥寇陇州;遣护军尉迟敬德击之。

> 吐谷浑寇岷州。辛巳,吐谷浑、党项寇松州。

> 癸未,突厥寇阴盘。

甲申，扶州刺史蒋善合击吐谷浑于松州赤磨镇，破之。

己丑，突厥吐利设与苑君璋寇并州。

甲子，车驾还京师。（《资治通鉴·唐纪七》）

事出蹊跷必有妖。这次事变方一结束，高祖车驾回京，就开始动议迁都。世民据理力争，说了好一些血气方刚的狠话。

这些态势我们联系起来一看，就明白了。这哪里是宫斗，就是一场场连续不断的路线斗争。只不过，世民一派实力实在很强，不仅能够预知危险，巧妙放大危机，而且毫不服输。或许，也只有这样才可能称之为路线斗争。那些如萧瑀一样，知其有谬，不敢明言的投弃权票的高级官僚，显然算不得什么路线斗争。

究竟大家的路线是什么呢？一句话就能说明白。

上每有寇盗，辄命世民讨之，事平之后，猜嫌益甚。（《资治通鉴·唐纪七》）

不得已之时，高祖用太宗来御敌。这一时期主战的世民往往被挺到前线，而且往往能够"事平"。史书记载了一个典型案例，城南校猎。

201

上校猎城南，太子、秦、齐王皆从，上命三子驰射角胜。

建成有胡马，肥壮而喜蹶，以授世民，曰："此马甚骏，能超数丈涧。弟善骑，试乘之。"

世民乘以逐鹿，马蹶，世民跃立于数步之外，马起，复乘之，如是者三，顾谓宇文士及曰：彼欲以此见杀，死生有命，庸何伤乎！

建成闻之，因令妃嫔谮之于上曰："秦王自言，'我有天命，方为天下主，岂有浪死！'"

上大怒，先召建成、元吉，然后召世民入，责之曰：天子自有天命，非智力可求，汝求之一何急邪！

世民免冠顿首，请下法司案验。

上怒不解，会有司奏突厥入寇，上乃改容，劳勉世民，命之冠带，与谋突厥。（《资治通鉴·唐纪七》）

有人报告说秦王世民说自己有天命。高祖怒不可遏，是发自真心，还是借题发挥？史书只讲了一个案例，让我们自己体会。是谁在关键时候救下被诬陷而马上就要被父皇处置的世民？居然是敌人。

危急关头，当值官员紧急奏报突厥入寇，高祖竟然一改怒容，亲自勉励世民，为他重整衣冠，商量应对之策。"上怒不解，会有司奏突厥入寇，上乃改容，劳勉世民，命之冠带，与谋突厥。"这短短一句话，说的多么隐晦，多么戏剧化，又多么深刻。史官想要让我们知道的，都隐含在了故事之中。

然而，即使世民每次都能够得胜凯旋，但与高祖的路线却是相悖而行，做得越好，就走得越远，离心离德，不可挽回。于是，"猜嫌"就在这种频频堵枪眼的利用之后，变得越发不可收拾。

因为这时候，杀心已起，不可挽回了。

五陇阪退敌与"天可汗"登场

紧接着仁智宫变，就出现了五陇阪之战。

> 闰月，(七月)己未，诏世民、元吉将兵出豳州以御突厥，上饯之于兰池。
>
> 八月戊辰，突厥寇原州。
>
> 己巳，吐谷浑寇鄯州。壬申，突厥寇忻州，丙子，寇并州，京师戒严。戊寅，寇绥州，刺史刘大俱击却之。
>
> 是时，颉利、突利二可汗举国入寇，连营南上，秦王世民引兵拒之。(《资治通鉴·唐纪七》)

武德七年(624年)，颉利、突利举国而来，京师戒严，形势已经非常严峻。高祖在兰池亲自为世民和元吉饯行,派他们到幽州抵御突厥。派元吉与世民同去这个决策,已经非常微妙。在元吉家宅、仁智宫变和城南校猎三处要杀世民而未果的情况下,因为突厥举国而来,不得不派遣世民前出御敌。同时,让元吉随行。

会关中久雨,粮运阻绝,士卒疲于征役,器械顿弊,朝廷及军中咸以为忧。

世民与虏遇于幽州,勒兵将战。己卯,可汗帅万余骑奄至城西,陈于五陇阪,将士震恐。

世民谓元吉曰:"今虏骑凭陵,不可示之以怯,当与之一战,汝能与我俱乎?"

元吉惧曰:"虏形势如此,奈何轻出?万一失利,悔可及乎!"

世民曰:"汝不敢出,吾当独往。汝留此观之。"

(《资治通鉴·唐纪七》)

这一段戏剧性的描述,我们暂不细究。基本的局面是世民与颉利和突利的大军在幽州城西五陇阪遭遇。因为持续的大雨、粮草的不济、兵械的毁伤,士气低迷,料难御敌。

这时候世民挺身而出,单独前往阵前。我们忽略这些对白,即使只看上述情形,也很值得玩味。元吉此来的目的应该

非常清楚，然而在突厥阵前，却被世民的几句话吓退，只让世民
单骑前往。究竟是世民太有勇气，还是太有底数。

　　世民乃帅骑驰诣虏陈，告之曰："国家与可汗和
亲，何为负约，深入我地？我秦王也，可汗能斗，独出
与我斗；若以众来，我直以此百骑相当耳！"

　　颉利不之测，笑而不应。

　　世民又前，遣骑告突利曰："尔往与我盟，有急相
救。今乃引兵相攻，何无香火之情也！"

　　突利亦不应。

　　世民又前，将渡沟水。颉利见世民轻出，又闻香
火之言，疑突利与世民有谋，乃遣止世民，曰："王不须
渡，我无他意，更欲与王申固盟约耳。"乃引兵稍却。

　　（《资治通鉴·唐纪七》）

世民的底数是什么呢？史书为我们说得非常清楚。世民
与突厥的颉利可汗，是在同一个战壕中战斗过的故人。

　　颉利可汗者，启民可汗第三子也。初为莫贺咄
设，牙直五原之北。高祖入长安，薛举犹据陇右，遣其
将宗罗睺攻陷平凉郡，北与颉利连结。高祖患之，赍
金帛以赂颉利。

> 初，隋五原太守张长逊，因乱以其所部五原城隶于突厥。歆又说颉利遣长逊入朝，以五原地归于我。颉利并从之，因发突厥兵及长逊之众，并会于太宗军所。
>
> 武德三年，颉利又纳义城公主为妻，以始毕之子什钵苾为突利可汗，遣使入朝，告处罗死。（《旧唐书·突厥列传》）

颉利与李唐的交易历史，可以追溯到他父亲执政期间，他还在任一个地方军事首长"莫贺咄设"之时。接受与李唐达成交易之后，他和太宗一起合兵解决了隋朝五原城。这时候，他和太宗组成了"联合作战指挥部"，设在太宗军营里。可以说，颉利协助过太宗行动，太宗指挥过颉利作战。在这个交易、结盟、联合行动的过程中，太宗对颉利的性格、心理和行为方式有过极其深入的了解。

突利，就更进一步了。就在五陇阪，太宗公开披露出了他与突利的特殊关系。世民与突厥的突利可汗是香火之盟。在后来的事态发展中，我们甚至可以怀疑突利有可能是世民安插在突厥高层中最重要的"暗桩"。

世民对突利说，"尔往与我盟，有急相救；今乃引兵相攻，何无香火之情也！"过去我们焚香立誓而盟，遇有紧急，一定互相援救。今天居然带兵来攻伐，难道是忘了当初的香火盟誓吗？

何谓香火之盟？就是神明前焚香立誓的情义。这种焚香立誓，在唐代时，是突厥人的一种更具宗教性质的入约仪式。约为异姓兄弟之誓，比我们今天想象的歃血为盟，要来得更具有规范性和约束力。《新唐书·艺文志》所收录的记录唐代教坊制度、艺人逸事和歌舞曲名的论著《教坊记》刚好记载了这样的"风俗"。

坊中诸女，以气类相似，约为香火兄弟。每多至十四五人，少不下八九辈。

有儿郎聘之者，辄被以妇人称呼：即所聘者兄，见呼为"新妇"，弟，见呼为"嫂"也。

儿郎既聘一女，其香火兄弟多相奔，云学突厥法。

又云："我兄弟相怜爱，欲得尝其妇也。"主者知，亦不妒，他香火即不通。（《教坊记》）

显然，这样的文字给了我们更加充分的理解。世民与突利不只于盟誓之约。他们之间的香火，更是香火血脉之义。用今天的话说，世民与突利是连襟的关系，实际上更是"通家之好"。

突利是始毕可汗的嫡子，几岁的时候就已经带兵设帐，主政一方。可见也是一代雄主。然而他的两位叔父先后继承汗位，在这个过程中，他与太宗"深结"兄弟之盟。

突利可汗什钵苾者，始毕可汗之嫡子，颉利之侄也。

隋大业中，突利年数岁，始毕遣领其东牙之兵，号为泥步设。隋淮南公主之北也，遂妻之。

> 颉利嗣位，以为突利可汗，牙直幽州之北。突利
> 在东偏，管奚、霫等数十部，征税无度，诸部多怨之。
> 贞观初，奚、霫等并来归附，颉利怒其失众，遣北征延
> 陀，又丧师旅，遂囚而挞焉。
>
> 突利初自武德时，深自结于太宗；太宗亦以恩义
> 抚之，结为兄弟，与盟而去。（《旧唐书·突厥列传》）

始毕可汗在位期间，突利是做好了接班准备的。我们看到
始毕迎娶了隋朝的义成公主，而突利也娶了一位隋朝的淮南公
主（图4）。虽然史书没有记载这位公主的生平来历，但她应该
也是杨隋血脉。太宗也大概在同一时期，迎娶了隋炀帝的女儿
为妻，也就是后来的杨妃，吴王李恪的生母。从当时的名门望
族之间的复杂姻亲关系，以及太宗与突利之间的兄弟"香火"之
盟，更加可以看出这种家族之间的血脉联系。

我们在此展示了一幅初唐之际的唐与突厥关键人物关系
图。把在本书中出现较多的人物之间的关系作了梳理，以供读
者一图以了然。这幅图并不能涵盖当时几个政治集团的高层
之间极为复杂的人物关系，也未能包括在初唐时代发挥重要作
用的很多人物，仅着重勾勒了在李唐与突厥博弈过程中发挥过
重要作用的人物及其关系。诸如柴绍与平阳公主伉俪也是非
常重要的人物，有很多可歌可泣、令人慨叹的故事，但因为没有
在本书所论说的唐与突厥的主线上，因此忍痛割爱，并没有着
墨展开，也就未在图中展现。

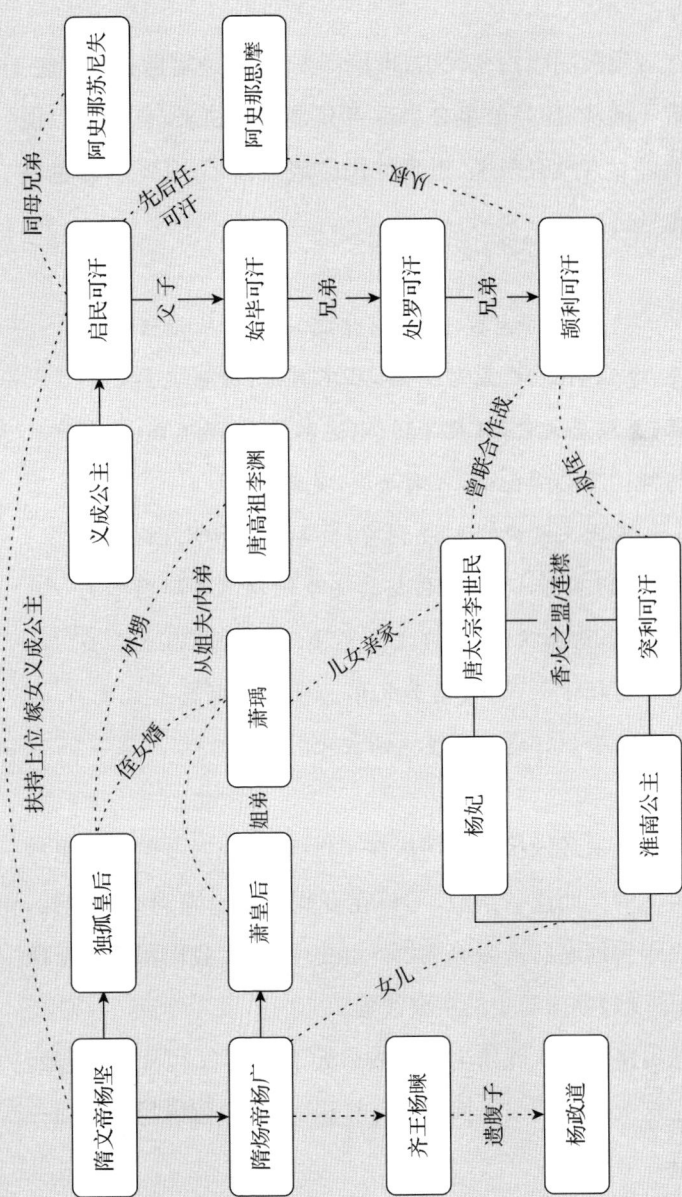

图4 初唐之际的唐与突厥关键人物关系图

在五陇阪的凄雨寒风中，世民一人前出，确实是心中有底。如若带了随从，还是公事公办。可只是一人独来，自然可以说些私话。元吉没有跟来，想来世民应该是松了一口气，却也在他的意料之中。

> 是后霖雨益甚，世民谓诸将曰："虏所恃者弓矢耳，今积雨弥时，筋胶俱解，弓不可用，彼如飞鸟之折翼；吾屋居火食，刀槊犀利，以逸制劳，此而不乘，将复何待！"乃潜师夜出，冒雨而进，突厥大惊。
>
> 世民又遣说突利以利害，突利悦，听命。颉利欲战，突利不可，乃遣突利与其夹毕特勒阿史那思摩来见世民，请和亲，世民许之。思摩，颉利之从叔也。突利因自托于世民，请结为兄弟。世民亦以恩意抚之，与盟而去。（《资治通鉴·唐纪七》）

五陇阪退敌的伏笔就埋伏在了世民、突利以及阿史那思摩的结盟之中。而这一结盟，不只在五陇阪劝退颉利举国之兵，更在六年后彻底摧垮突厥霸权。而史书，只为我们留下寥寥数语，但足以勾勒出历史的主要线索。

陈寅恪先生就此指出太宗成为天下共主"天可汗"的根源，就在于这次关键结盟。而他没有详说的脉络，留待我们后面一一分解。

太宗在当时不仅李唐一方面目之为与突厥最有关系之人,即突厥一方面亦认太宗与之有特别关系,然则太宗当日国际地位之重要,亦可想见矣。

突厥可视太宗为其共一部落之人,是太宗虽为中国人,亦同时为突厥人矣。其与突厥之关系,密切至此,深可惊讶者也。

古今唯一之"天可汗",岂意其初尝效刘武周之辈所为耶?初虽效之,终能反之,是固不世出人杰之所为也。又何足病哉!又何足病哉!(《论唐高祖称臣于突厥事》)

就在五陇阪这样一次帝国存亡最紧要的危急时刻,在如此力量悬殊、军备不齐、军心失稳的危局之下,"天可汗"横空出世。五陇阪危机的解除是戏剧性的。在派遣元吉陪同世民同去五陇阪的时候,一场恶战或者溃败都在设想之中。甚至包括权力斗争在内的更多可能,也都被考虑进去。然而元吉此去,并没有带回保守势力一派最想看到的结果,用突厥人的刀剪除李世民。

世民五陇阪退敌,几乎没有动用一兵一卒。而更重大的战略成果在于,世民不只化解了这场重大危机,还为后续的战略推进达成了重要的隐蔽布局。可谓化危为机,无出其右。

于是,恰是这一场危机,造就了新的王者,为后面的故事埋下了所有答案,也为前面的蹊跷作了更明确的注解。

把戏做足的李世民

玄武门之变以后，李唐王朝处在严峻的危机动荡之中。应对一场危机的关键，不全在于玄武门之变那一场奇谋，更重要的是，要能戡定乱局。

我们看到在唐史中大量着墨太宗在政变之前的犹豫。很多把这种犹豫归因于对父兄的不忍、对骂名的担忧。实际上，这是儒家写史以警后世的需要，无法详言事前的充分谋划，而把一场玄武门之变描述为一场武将之战。

实际上，像太宗这样的英武之人，显然不会打无准备之仗。对于这样一场从武德四年（621年）就已经激化的战略分歧，太宗所做的，就是通盘谋划，务求全胜。因此，我们在事态的发展中，看到了这种稳健操盘的迹象。可以想见，至少从仁智宫变、城南校猎和五陇阪退敌之后，这一场大时代的风云契阔，就已经经过了多么精心的推演谋划。

史书必定不会为我们记述这一谋划布局的时间线索和全景事件。因为这违反了玄武门之变整个剧情所赖以展开的世民集团"不得不"的大背景。同时，也必然超出了史官所能掌握的信息范畴，密谋奇计和隐蔽暗线都无法存世披露。但仅就史书记载的蛛丝马迹，我们还是能发现上述线索。

世民以旺言告长孙无忌等，无忌等劝世民先事图之。

世民访之府僚。

世民命卜之。幕僚张公谨自外来,取龟投地,曰:"卜以决疑;今事在不疑,尚何卜乎!卜而不吉,庸得已乎!"于是定计。(《资治通鉴·唐纪七》)

我们把这一段中的各种对白去掉,略去所有戏剧化的抒情成分,因为那更有可能是粉饰的结果。然后拎出干货,就发现了这种事前的反复谋划。

首先是李世民主动谋划,组建包括长孙无忌、尉迟敬德在内的极小范围核心决策团队。这个团队,是彻底透明的,因为世民"以腥言告",所有的事情,都可以在这个团队中进行谋划和决策。这就是"小集团"决策的模式。

随着谋划的逐步成型,必须要进行试水,也就是要在一定范围内征求意见,借此验证和完善方案,同时凝聚更多力量。这时候,我们看到,世民"访之府僚"。也就是在本党范围内,进行适当酝酿。

最后,怎样下定决心?李世民想要用一种古老而传统的方法,占卜。通过变戏法,让麾下之人在"变节"行动中获得意识形态上的合理性。然而,我们看到,这种准备似乎已经冗余了。因为要战必胜、攻必取,所以进行了长期的、深入的系统谋划,到了这一刻,已经水到渠成,不需要再委之于神祇了。"直男"张公谨说了一段让太宗把心放到肚子里的极高情商的政治话语,"卜以决疑,今事不疑",现在已经万事俱备了,不需要占卜。而且,还要补上一句看起来非常天真的话,"卜而不吉,庸得已乎!"一旦硬币掷了一个背面,我们还怎么举事?大事就被这枚硬币耽误了!其实他作为核心团队的成员,怎么会不知道,这枚硬币根本就没有"背面"。

玄武门之变后的第一时间,李世民做了什么呢?首先是人事洗牌,让自己的人可以稳住权力体系。

> (六月)戊辰,以宇文士及为太子詹事,长孙无忌、杜如晦为左庶子,高士廉、房玄龄为右庶子,尉迟敬德为左卫率,程知节为右卫率,虞世南为中舍人,褚亮为舍人,姚思廉为洗马。
>
> (七月)壬辰,以高士廉为侍中,房玄龄为中书令,萧瑀为左仆射,长孙无忌为吏部尚书,杜如晦为兵部尚书。
>
> 癸巳,以宇文士及为中书令,封德彝为右仆射;又以前天策府兵曹参军杜淹为御史大夫,中书舍人颜师古、刘林甫为中书侍郎,左卫副率侯君集为左卫将军,左虞候段志玄为骁卫将军,副护军薛万彻为右领军将军,右内副率张公谨为右武侯将军,右监门率长孙安业为右监门将军,右内副率李客师为领左右军将军。
>
> (《资治通鉴·唐纪七》)

我们看到,如同起事之时一样,参与玄武门大事之人就是封官清单上的人,而且官职高低与功绩直接挂钩。同时,还有两个有趣的现象。

这个清单上除了忠实的世民拥趸、萧瑀之类的净臣之外,还有封德彝之类的,太宗不掌握真实情况,但实际上首鼠两端的。也可以说,实际政治运行中,往往有一批人埋藏很深,戏做得足够真。也正因如此,才能够在敌人的内部设下隐蔽布局。这就是你中有我、我中有你的基本规律。

另一个现象,就是没有裴寂。这是一个极其明显的信号。我们前文谈到,一直以来,裴寂扮演了坚定的高祖战略路线代言人。虽然太宗为了时局稳定,留用大部分官员,甚至破格起用诸如魏征在内的"太子党"人才。但在战略路线问题上,太宗毫不含糊。这也引出了前文"同升金铦"的故事。贞观二年(628年),太宗命裴寂与长孙无忌"同升金铦"、共乘一车时说:"以公有佐命之勋,无忌亦宣力于朕,同载参乘,非公而谁?"再到第二年李世民即为刘文静平反。这些现象再次反映出从起事开始,李唐集团内部就出现的两个战略流派之间的深刻复杂的博弈。直到此时水落石出,太宗才说出了这样郁结良久的话。

太宗没有报复裴寂,因为这不是私仇。但太宗也完全没有再用裴寂,因为这是深刻的战略路线分歧。太宗知道裴寂不坏,不是造反之人,也不是挑动是非、陷害世民之人。因此直到贞观六年(632年),有人举报裴寂参与叛乱之时,太宗明确说:"寂当死,我生之,必不然也。"裴寂不是叛乱之人,确是一心为了李唐。这从起事之前，就已经非常清楚。太宗对此毫不怀疑，甚至比所有人都坚定。

但与此同时，太宗与裴寂有不可调和的战略认识差异，可以说经历武德年间诸多波折，太宗与裴寂毫无共事的可能。裴寂已经无法胜任在太宗新的战略路线下继续贡献力量的可能。他作为"走着看"战略思想的主要代表人物，就此走到了李唐王朝历史的尽头。贞观之后，太宗将他放归故里山西蒲州，养老去了。太宗说得非常明白，"但以旧情，不能极法，归扫坟墓，何得复辞？"高祖与裴寂可以言而无信，诛杀"免两死"的刘文静。而太宗却绝对不会自降格局，因故降罪同样"免两死"的裴寂。

玄武门之变后，一整套早就谋定的举措迅速落地，中央的权力马上收服之后，另一个问题，出现在地方。一旦出现政局变动，首先就会造成地方的失稳。因为地方大员，会有不同的派别倾向。在这种情况下，稳住中央基本盘后，就必须迅速出手，安定全域。其中，最重要的，就是洛阳。只要稳住长安和洛阳，就不怕天下乱起来。

（六月），以屈突通为陕东大行台左仆射，镇洛阳。

《资治通鉴·唐纪七》

这时候，我们看到，世民集团的局势掌控力极其惊人，这显然是长期经营、有序谋划的效果。其中最重要的事之一，就是稳定洛阳。于是，这时已是世民最信任的人之一，屈突通受命镇守洛阳。

屈突通我们前文述及，就是在世民围洛之时军事集团的主要代言人。屈突通是一名鲜卑人，复姓屈突。那时候他负责镇守山西西南部防线。兵败被俘后，归顺李唐。此后多有战功。特别是在秦王世民围洛之役中，发挥了关键作用。因此得到世民的格外青睐和信任。贞观二年（628年）去世后，太宗痛惜不已，追赠尚书右仆射，谥号为忠。贞观十七年，成为凌烟阁二十四功臣的第十二位。贞观二十三年，与房玄龄配享太宗庙庭。

1923年在洛阳出土的屈突通墓志铭特别记述了他在围洛之役后获得的特别褒奖。此后，他也成为世民最信任的坐镇洛阳、经略东部的主要将领。

> 王世充干纪乱常，放命均乎莽卓；滔天泯夏，逆节浮乎浞豷。今上（太宗）出师吊伐，公又扈从戎轩。世充克平，荣勋居最，爰加胙土，用赏懋功，增邑五千户，加授陕东道大行台右仆射。九年，除刑部尚书，转工部尚书，俄授陕东道大行台尚书右仆射。
>
> 行台废，授使持节十一州诸军事洛州刺史，加左光禄大夫。
>
> 百揆之职，喉舌美于周诗；四岳之官，畴咨盛于虞典。出内唯允，朝野为荣。方当奉方亭之仪，陪介丘

之礼,而西光暮矣,东川逝焉,积善之庆无征,过隙之悲奄及。

粤以大唐贞观二年遘疾,其年十月十九日薨于官舍,春秋七十有二。皇上罢朝不怡,具寮素服掩泣,赙赠之礼,实隆常数。谥曰忠公,礼也。惟公树德立言,显仁藏用,喜愠不形于色,得丧无累其怀。室有芝阑,门无造请,激清风以厉俗,韫奇才而佐时。东伐西征,效彰于额运;立功立事,绩著于兴王。(《大唐故左光禄大夫蒋国公屈突府君墓志铭》)

于是,玄武门之变后,太宗立即任命屈突通为陕东大行台左仆射。新旧《唐书》都突出此刻命他"驰镇洛阳",也就是迅速前往洛阳稳定局势。墓志铭中,更加明确地指出,贞观元年废行台之后,任命屈突通为"持节十一州诸军事洛州刺史",可谓总揽东部事务,镇守洛阳,稳定天下形势。

而世民心中最没有底的,是幽州和山东。这两处是太子的大本营。从当时的局面来看,在早有谋划的布局中,基本没有出现意外。仅有部分地区出现了插曲,但很容易就被平息。比如幽州的首脑听闻事变要谋反,手下马上整肃。益州的动荡本来不在计划中,因为世民长期兼管益州,因此,马上宣布由中央直接监管,收回地方管制权。此外,起用太子幕下核心成员魏征,让他来收抚山东,展现出了高超的用人之谋。这也是控局在胸的高度自信的体现。

图 5　屈突通墓志铭

（图片来源：浙江大学图书馆中国历代墓志数据库）

于是我们看到，短短一个月，京内京外，陕西陕东，从中央到地方，迅速平定。中央集权的变更，从上到下，快速完成。除了个别的意外事件，动荡没有发生，这是不太正常的现象。因为，这次政变颠覆的是皇帝和太子的组合，而且是一个王朝肇始之君。能够不发生哗变、不出现叛乱、不造成新的割据，必然说明，这场路线斗争无论从客观的酝酿，还是主观的谋划，都已经相当充分。无论史官把它写得多么游疑不决、惊心动魄，从大势和战略谋划上来说，这都是一次稳赢之变。这次斗争，真的没有硬币的"另一面"。

而在硬币的同一面，就只剩下了另一场斗争，那就是放弃妥协，与霸权国突厥一决胜负。

深埋千年的安元寿墓志

玄武门之变，对于霸权国而言，同样也是一场重大危机。本来唾手可得的天下，突然出现了变数。于是必须有所作为，颉利不仅亲自上阵，还纠集了始毕可汗的嫡子，他的侄儿突利可汗，一起上阵。不能再给李唐任何机会，尤其是李世民带领下的这个中原王朝。

突然来到长安城下的颉利、突利联军，也成为刚刚执掌政权的李世民面临的最大挑战。当然，正如前文所述，我们有足够的理由相信，他的核心集团在政变谋划中，肯定对此有所考虑。

第一回合，颉利来到长安城下，派出了他的亲信，也是后来太宗最坚定的拥趸之一，执失思力，进城招降。在怎么对待这位突厥特使的问题上，李唐新组建的最高决策层就出现了不同看法。

> 九年七月，颉利自率十余万骑进寇武功，京师戒严。己卯，进寇高陵，行军总管左武侯大将军尉迟敬德与之战于泾阳，大破之，获俟斤阿史德乌没啜，斩首千余级。癸未，颉利遣其腹心执失思力入朝为觇，自张形势云："二可汗总兵百万，今已至矣。"
>
> 太宗谓之曰："我与突厥面自和亲，汝则背之，我实无愧。又义军入京之初，尔父子并亲从，我赐汝玉帛，前后极多，何故辄将兵入我畿县？尔虽突厥，亦须颇有人心，何故全忘大恩，自夸强盛？我当先戮尔矣！"
>
> 思力惧而请命，太宗不许，絷之于门下省。（《旧唐书·突厥列传》）
>
> 萧瑀、封德彝请礼遣之。
>
> 上曰："我今遣还，虏谓我畏之，愈肆凭陵。"
>
> 乃囚思力于门下省。（《资治通鉴·唐纪七》）

思力夸张地渲染了突厥来到城下的威武之势，力图震慑刚即位的年轻的李唐领导者。然而，太宗显然不是"吓大的"。我先骂过你的可汗，然后就要斩你的头。快别传什么话了，你自己的命还不一定留得住。开门投降这一招，做不到。

这时候，老臣们出来打圆场，包括萧瑀在内的功高德昭者，老成谋国，说还是不要杀来使啊，不然不好收场。隐含的话就是，你这么严重的战略转向连退路都没有。非要和突厥打起来，有可能城破人亡，身家性命都不保。

于是，太宗说，我今天把他毫发无伤地送回去，后面就不好收拾了。这句话，后面还有很多句没说。太宗真实的意图是，必须在第一轮博弈中，把信号清晰地传递过去。如果这第一回合就威慑失效，后面我的计划就没法实施了。虽然杀他是吓唬吓唬他，但我绝对不会遣还他。因为他本身除了进城来谈判，还是来探虚实的。所以，他必须扣下。

而这个故事，还有另外的版本。

　　于是颉利可汗率百万之众寇至渭桥，蚁结蜂飞，云屯雾合，祖（执失武）即遣长子思力入朝献策。

　　太宗嘉其诚节，取其谋劾，遣与李靖计会，内外应接，因擒颉利可汗。贼徒尽获，太宗与思力歃血而盟曰：代代子孙，无相侵扰。（《执失善光墓志铭》）

1976 年出土的执失善光的墓志铭，记载了执失思力在这次危机中扮演的另一种角色。执失善光的曾祖父执失淹在突厥担任"颉利发"，他的祖父叫执失武。执失武的长子就是执失思力。

晋阳起兵之时，颉利派遣康鞘利资助兵马之时，队伍中就有执失淹。又前文提到《旧唐书》记载太宗当面对执失思力说："义军入京之初，尔父子并亲从"，可以合理推断，执失淹一家祖孙三代很可能从这时起一同随康稍利来到了李唐起事的队伍中。也就是从这时起，执失一家就和李唐集团建立起了某种微妙的关系。

执失思力的侄子执失善光的墓志铭，讲述了史书的官方话语之外的剧情。当然，我们必须考虑到执失一家后来在唐为官，于是对自家先人的故事也会进行适当的粉饰，确保家族利益的正当性。但这段墓志铭带给我们的一个重要线索就是颉利派来的执失思力，很有可能也是李世民长期经营的"暗桩"之一。

我们在事态的持续发展中，还发现了更多的线索。在摧垮突厥的故事中，执失思力再次登场。

就在这种太宗有诸多谋划、而朝臣一无所知的情况下，渭水危机进入第二回合，朝中老臣们再次彻底蒙圈。

太宗与侍中高士廉、中书令房玄龄、将军周范驰

六骑幸渭水之上，与颉利隔津而语，责以负约。其酋
帅大惊，皆下马罗拜。俄而，众军继至，颉利见军容大
盛，又知思力就拘，由是大惧。

太宗独与颉利临水交言，麾诸军却而阵焉。

萧瑀以轻敌固谏于马前。

上曰："吾已筹之，非卿所知也。突厥所以扫其境
内，直入渭滨，应是闻我国家初有内难，朕又新登九
五，将谓不敢拒之。朕若闭门，虏必大掠，强弱之势，
在今一举。朕故独出，以示轻之；又耀军容，使知必
战。事出不意，乖其本图，虏入既深，理当自惧。与战
则必克，与和则必固，制服匈奴，自兹始矣！"（《旧唐
书·突厥列传》）

太宗六骑临渭水，与颉利隔水对话，这是自古以来被津津
乐道的好故事。这时候，按下执失思力，就起了效果，"旌甲蔽
野"这出旧戏再次上演。我们注意到，这出戏太宗太会玩了，从
还没跟随李渊起事那时候起，就反复上演，屡试不爽。无巧不
成书，第一次，就是萧瑀陪着隋炀帝，被围在雁门之时。李世民
用的就是这个办法，在外围击敌的。

大业末，炀帝于雁门为突厥所围，太宗应募救援，
隶屯卫将军云定兴营。

将行,谓定兴曰:"必赍旗鼓以设疑兵。且始毕可汗举国之师,敢围天子,必以国家仓卒无援。我张军容,令数十里幡旗相续,夜则钲鼓相应,虏必谓救兵云集,望尘而遁矣。不然,彼众我寡,悉军来战,必不能支矣。"

定兴从焉。师次崞县,突厥候骑驰告始毕曰:王师大至。由是解围而遁。(《旧唐书·太宗本纪》)

学会演这出戏的时候,太宗还是十七岁的少年。今天再演这出旧戏之时,太宗已经是雄姿英发的"天策上将",征伐四方、勇冠三军了。

于是,在渭河边,太宗作出了一个让所有人惊掉下巴的决定,也就是萧瑀所说,"突厥未和之时,诸将争战,陛下不许,臣等亦以为疑"。大家争着出场要去和突厥硬拼,你不让,我们已经颇为疑惑了。这时候,太宗却反而要求大家"却而布陈",都回去吧,我要和颉利说几句话。

这时候,吓坏了一众人。李唐刚刚经历了最高权力交接,这时候,可玩不得走钢丝的花活啊。于是以萧瑀为代表,包括随太宗前出的其他少数核心幕僚,都认为太宗轻敌了。抖机灵,不是在这种危难的时候。萧瑀确实是一言九鼎的,这个时候他必须要有所坚持。于是"叩马固谏"。

可以想见,不是危难之时,萧瑀不至于如此坚持。因为他是经历过和隋炀帝被包围在雁门那种困境的。箭镞射在脚下,隋炀帝抱着幼子哭到眼肿的场面，还历历在目。那时候是他去求他的堂姐义成公主，才得以解围。这时候，他不能不力谏太宗，不能以身犯险，那不是人君所为。

而太宗，确实不是一般的人君。他极其淡定，悠悠地对萧瑀安抚道，"非卿所知"。爱卿你老成谋国，经验丰富，而且此心拳拳，我都感受到了。不过我全都已经谋划好了，你什么都不知道。所以，请回去吧，你们回去等着瞧就好了。

于是，剧情急转直下，出乎所有人预料。太宗说的一点都没错。

> 是日，颉利请和，诏许焉。车驾即日还宫。
> 乙酉，又幸城西，刑白马，与颉利同盟于便桥之上，颉利引兵而退。（《旧唐书·突厥列传》）

果然突厥退兵了。一切都那么奇怪。太宗的信心只是妄动吗？显然不是，因为千年以后，一块墓志铭，给我们揭开了尘封在史书纸背的一些端倪。

陪同李世民在渭水谈判的唯一一个人，是一位西部来的粟特人，一位名为元寿的安国人。

安姓与前文述及的康姓一样，也是初唐"昭武九姓"之一。他们来自西域安国，也就是今天乌兹别克斯坦第五大城市布哈拉。《新唐书·西域传》记载："安者，一曰布豁，又曰捕喝。"唐玄奘西行途中经过安国，曾在《大唐西域记》中记载："捕喝国，周千六七百里，东西长，南北狭。土宜风俗同飒秣建国。"此处所提到的"飒秣建国"，就是今天的撒马尔罕，也就是前文所说的康国。

这位叫元寿的安国人，干惊天动地之事，做隐姓埋名之人，在历史中，完全没有留下痕迹。新旧《唐书》都完全没有记载这个人。只有《唐会要》中提到一次安元寿的名字，说他曾为夏州群牧使。《唐会要》取材于唐代的实录文案，保存了一些新旧《唐书》未载的史实。而整个历史中的这一次记述，也只是在养马的部分。

永隆二年七月十六日。夏州群牧使安元寿奏言。

（《唐会要·马》）

在安元寿逝世前的两年，他向高宗李治奏报了马匹和牛群死亡的情况。仅此而已。

除此之外，历史就再没有光顾过他一丝一毫。然而，安元寿，却陪葬昭陵。这是初唐最崇高的政治待遇之一，几乎只有太宗最信赖的臣子、李唐开国功勋、在隋唐之际作出重要历史贡献的人才能配得上。

历史无载和陪葬昭陵这之间的反差，似乎昭示了在史书之外存在着更加重要的历史线索。1972 年陕西礼泉县出土的

《安元寿墓志铭》就带给了我们全新的视野，似乎一下打开了历史之窗，照亮了一直在晦暗角落里蒙尘的角色。

> 贞观元年，突厥颉利可汗拥徒卅万众来寇便桥，太宗亲率精兵出讨。颉利遣使乞降，请屏左右，太宗独将公一人于帐中自卫。其所亲信，多此类也。（《安元寿墓志铭》）

在太宗驾崩三十余年后，渭水退敌的亲历者安元寿逝世。在经太宗审改的唐史中，几乎抹去了安元寿的一切痕迹。但随他埋入地下的石碑，却还原了这段历史。这块墓志铭，给了我们一个全新的认识。

太宗，带着一位西域粟特人亲信，在渭水桥边，与颉利进行了一场高度机密的谈判。这场谈判的所有内容，包括随太宗前出的亲信和李唐高层所有人都不知道。太宗以及这位粟特人，把这场重大历史转折性的国家间协议的秘密带进了坟墓。读史书的我们，对此一无所知。我们只能通过后来发生的一切，来窥测这场战略谈判的内容。

与此同时，我们还对前文所说的薛举之死时出现的胡巫有了更新的认识。

安元寿墓

安元寿墓志(拓片)

图 6 安元寿墓志铭

(图片来源:陕西省图书馆陕西帝王陵数据库)

安元寿的父亲安兴贵和叔父安修仁，都在李唐崛起过程中发挥过关键作用。晋阳起事这一年（617年），在今天甘肃地区的另一股势力也登上历史舞台，也就是自称河西大凉王的李轨。武德元年（618年），李轨占河西（今甘肃河西走廊）五郡之地，改称凉帝。这时候，李轨已经成为长安西部极其重要的一方武装力量，极大威胁李唐集团的生存和发展。

于是武德二年（619年）五月，唐高祖派出了安元寿的父亲安兴贵劝李轨降唐。遭到李轨拒绝后，安兴贵与弟弟安修仁密谋，勾结胡兵发动兵变，成功俘虏李轨，献往长安。此举让李唐兵不血刃，就一举消除了西部最大的威胁，将河西之地整个收入囊中。从此以后，可以全力向东，统一全国。

这些在西域的胡人、胡兵和胡巫势力，显然在李唐崛起的关键进程中发挥了极其特殊的作用。不论是薛举的暴毙、李轨的收伏，都能看到他们的身影。他们以特殊身份在关键历史节点上发挥了不为人知的伟大作用。而他们的功绩，不能被留在史书中。甚至他们中的最特殊的一部分，姓名都不能被记录下来。

真正的历史，就是在一代又一代这样的无名者的护卫下滚滚向前的。只有他们离世之时，作为告慰英灵的祭语和说与天人听的赞词，才可以显得更真诚一些。因为这些话，本来就没有打算说给世人听，更何况是千年之后的后世之人。

萧瑀的困惑与感叹

无论如何，太宗通过谈判不动干戈就退敌了。这里面有几个回合的心理博弈，有战略威慑与信号传递，也有秘密决策的大交易。对于李唐高层来说，所有人都暗暗惊呼，"看不懂！"

> 九月，颉利献马三千匹，羊万口。（《旧唐书·突厥列传》）

可以说，这场冲击是极其巨大的。因为突厥围困长安，这是武德年间所未见的。王朝倾覆，只在旦夕。那个人如刍狗的黑暗岁月，可能又要回来了。隋末以来稳定了几十年的日子还没过好，就又要回到"两脚羊"的悲惨世界中去了。

而就在这种恐慌情绪中，太宗稳稳开展了应急处置，最终以所有人都没想到的方式实现了退敌。连萧瑀这种见过三朝五帝的，都没见过这样的怪现象。因此，朝堂之上，他不得不发出疑问。突厥此来，志在必得，太宗是如何让人看起来轻松退敌的呢？而这，也是李唐新统治集团所有人的疑问。这就是战略之问。

> 萧瑀请于上曰："突厥未和之时，诸将争请战，陛下不许，臣等亦以为疑，既而虏自退，其策安在？"
> 上曰："吾观突厥之众虽多而不整，君臣之志惟贿

是求,当其请和之时,可汗独在水西,达官皆来谒我,我若醉而缚之,因袭击其众,势如拉朽。又命长孙无忌、李靖伏兵于豳州以待之,虏若奔归,仗兵邀其前,大军蹑其后,覆之如反掌耳。所以不战者,吾即位日浅,国家未安,百姓未富,且当静以抚之。一与虏战,所损甚多。虏结怨既深,惧而修备,则吾未可以得志矣。故卷甲韬戈,啖以金帛,彼既得所欲,理当自退,志意骄惰,不复设备,然后养威伺衅,一举可灭也。将欲取之,必固与之,此之谓矣。卿知之乎?"

瑀再拜曰:"非所及也。"(《资治通鉴·唐纪七》)

这一段,实在是太精彩了。

如果说太宗单骑在渭水便桥边退敌,那是一种孤胆英雄般的戏剧画面,供人传唱之用,那么这一段对白,就是教育我们如何进行大战略谋划的金幡宝幰。我们必须要详细解读一下。

萧瑀问太宗,突厥居然不战而退,究竟是为什么?"其策安在?"从战略和政策上讲,您究竟是怎么做到的呢?瑀也是见过大场面的老人了,而今天这种离奇的事,让瑀还真是参不透。

太宗心中暗笑,这样的危局,我早有谋划。

(七月),以秦府护军秦叔宝为左卫大将军,又以程知节为右武卫大将军,尉迟敬德为右武候大将军。

八月丙辰,突厥遣使请和。壬戌,吐谷浑遣使请和。

> 己卯，突厥进寇高陵。辛巳，泾州道行军总管尉
> 迟敬德与突厥战于泾阳，大破之，获其俟斤阿史德乌
> 没啜，斩首千余级。（《资治通鉴·唐纪七》）

是战是和，太宗早有谋划。军事上，太宗最得力的将军们在长安稳定下来之后，已经前出布局。尉迟敬德一直在城北策应，渭水之北，高陵和泾阳他已经和敌人接触上，而且并不吃亏。长孙无忌和李靖，早在豳州设伏，在突厥前来的泾川一路，早就做好了邀击归寇的准备。

同时，太宗还接待了突厥和吐谷浑的使者，他们是哪个派别，听命于谁，可以尽情想象。毫无疑问，秘密谋划早就在路上。所以，通盘来看，太宗心里是有底的。虽然敌人来到长安城下，你们的惊慌失措，太宗是没有的。

更重要的是，你观察到，颉利自己孤家寡人，达官贵人都来参谒太宗。可以说，这时候要是动手，鹿死谁手，也未可知。但是太宗不做"也未可知"的战略行动。要的，必须是务求全胜。所以，当前的战略重点，是发展！必须想尽一切办法，终结武德年间中后期出现的突厥频频入寇，国家疲于奔命的困窘局势。为此，不能战略盲动，必须以静制动。所以，太宗和颉利达成了大交易，"卷甲韬戈，啖以金帛"，没有什么更好的办法，还是贿赂敌人。

低头不是错，关键看结局。没有什么大道理，解决问题就

是上策。还是那句话,让时间来证明一切,多说无益。因为太宗的战略目标非常清楚,绝对不是迁都苟活,而是要"将欲取之,必固与之",最终达到"养威伺衅,一举可灭"的战略目标。

萧瑀深深地陷入沉思,感叹了一句"非所及也"。实际上,对于萧瑀这样历经三朝五帝的乱世谋臣来说,别说王侯将相了,就说雄主皇帝,他都见得太多了。杨坚、杨广、李渊,哪一个不是人中豪杰。然而,太宗这番话彻底折服了萧瑀,"(他们)都和你差远了"。

是的,太宗心里装的不是政斗党争、不是夺嫡弄权,而是摧垮霸权,坐拥全天下,而且不只是中原。这种要一举摧垮突厥霸权的想法,实在是让萧瑀无比震惊。因为三百年来,国人从来没有人敢想,况且,突厥"控弦百万,有凭陵华夏之志",谁又敢想。武德这些年来,突厥年年大举入寇,一边穷国力以贿敌酋,一边还苦苦支撑,不得不考虑迁都偏安。就在这样的大格局下,一个二十八岁的年轻人,考虑的居然是,摧垮霸权!

更重要的是,就在政权才建立两个月,权力未稳,外敌长驱直入,长安戒严,人心惶惶之时,太宗考虑的,居然是要养突厥的"骄惰"之志,让他"不复设备"。真是所虑者太远,所谋者甚巨。

因此,这段对话在当时的场景下是极其振聋发聩的,可以说是语惊四座,惊为天人。而我们今天看来,也颇为深刻。这显示了准备摧垮霸权体系的李世民初次登场所展现出他的初唐崛起的路径——"将欲取之,必固与之"。要想让一个霸权国灭亡，就必须让他疯狂。只有让他一天天坏下去，才能迎来真正的决胜契机。这个过程，不要在乎细枝末节，不要斤斤计较，要让它"骄惰"，最终"不设备"。这样做，不丢人，因为我们在执行一场大战略。

"冬尽今宵促，年开明日长。"李世民用自己的诗句诠释了时代在此刻发生的重大转折。正是这样的转折，让整个民族在凄冷凛冽的寒冬暗夜苦熬数百年之后，终于送走除夕，迎来新年的第一缕阳光。这一刻来得那么短促而果决。也恰就从这一刻起，新的纪元就此展开，绵长悠远，蓬勃向前。

The Golden Age of Tang Dynasty

第六章 善治

与霸权竞赛的中长期优胜策略

中国既安，四夷自服。

——《资治通鉴·唐纪九》

"只要温彦博还朝"

玄武门之变之后,太宗全面调整了高祖集团的战略路线,整军经武,用人唯才,抚民以静,励精图治,全民族悄然蓄力。短短一两年之内,集群入寇的突厥、吐谷浑纷纷请和,内附的外族越来越多,归来的汉人也成群结队。这种逆势上扬是如何做到的呢?玄武门之变为什么有如此奇效?李唐是怎么通过一场政变,修正了此前已经走在悬崖边缘的大战略,重新拨云见日,在与霸权国的对抗和竞争中,得到喘息之机,为发展赢得了更多机遇的呢?

更重要的还是我们开篇就提出的问题,在玄武门之变的短短四年之后,不可一世、屡屡寇边、造成李唐险些迁都、国祚不保的突厥,迅速崩解灭亡,究竟是因为什么?

摧垮突厥霸权,从高祖公元 617 年起事开始,用了接近 15年。从李唐出现明显的路线斗争分水岭开始,用了 10 年。从路线决胜,太宗主持新的战略路线开始,用了 4 年。而这个关键节点的前后,我们目睹了反差极其强烈的触底反弹。因此,必须要比较一下这个节点前后的战略与政策变动,看看到底发生了什么。

626年八月，突厥退却后，在一定程度上履行了与太宗在渭水边的秘密协议，献上马羊。然而，太宗却没有接受，反而提出了另外两个要求。从这两个要求足以看出太宗对突厥的一种新战略的成型。

> 九月，突厥颉利献马三千匹，羊万口。上不受，但诏归所掠中国户口，征温彦博还朝。（《资治通鉴·唐纪八》）

这是最初露出端倪的对抗战略。这两条都足够有冲击力。一条是要求被扣留在敌国的李唐关键人物尽快回朝。我们前面讲过，武德八年（625年）高祖的冒进路线，造成颉利将兵十余万大掠朔州。温彦博在这次战役中被俘。由于他长期在李唐的最高决策层任职，因此被作为重点人物进行了拷问。最后，被放逐到了阴山。

> 突厥入寇，命右卫大将军张瑾为并州道行军总管，出拒之，以彦博为行军长史。与虏战于太谷，军败，彦博没于虏庭。突厥以其近臣，苦问以国家虚实及兵马多少，彦博固不肯言。颉利怒，迁于阴山苦寒之地。
>
> 太宗即位，突厥送款，始征彦博还朝，授雍州治

中，寻检校吏部侍郎。复拜中书侍郎，兼太子右庶子。

贞观二年，迁御史大夫，仍检校中书侍郎事。（《旧
唐书·温彦博列传》）

太宗对颉利公开提出的第一个要求，就是要求李唐的关键
人物尽快回国。于是，在太宗的亲自推动下，温彦博很快回到
大唐，并且经过短暂的休整，在一年之内再次回到李唐的中枢
任职。

在此之后，温彦博一直作为太宗最高级的官员参与朝政。
到贞观四年，升任中书令，成为宰相之一，也是有唐一代的名相
之一，并成为灭亡突厥后的统治政策的主导者，死后陪葬昭陵。
这也足以看出太宗的用人气魄，所谓用人不疑、疑人不用。这
一决策具有重要的政治意义，在凝聚人心民意、汇聚抗突意志
与决心方面，起到了至关重要的信号作用。

另一条要求的政治性意义就更强了。突厥的野心最关键
处体现在处罗可汗时期，拥立杨隋的遗腹子杨政道为正统，并
且尝试将这个傀儡政权从关外的定襄移往更近中原聚居地的
并州。到了颉利可汗时期，再次在王世充集团与义成公主集团
的联合推动之下，打算进一步大打特打杨政道这张政治牌。这
张牌非常好用，因为这杆政治大旗一竖，就吸引了大量中原人
的投奔。

太宗的要求，针锋相对，直指人心。太宗要的就是正统，非
常明确，提出要突厥放弃对流亡塞外的中原人口的控制。这个

要求,从短期看,是战术性的,目的是恢复中原的人口规模,增加综合对抗的实力,逐步缩小与霸权国的差距;长期来看,更是政治性和战略性的。

太宗十分清楚,政治就是人心,拥有了人心才能拥有天下,才能摧垮突厥霸权。因此,必须针锋相对,打人心牌。温彦博这张牌,是打给精英阶层看的,召归人口这张牌,就是打给普通老百姓看的。

未来的岁月,必须要在治理的竞争中胜出,才能够让更多的人归心,最终凝聚起摧垮霸权的洪流与伟力。

太宗做到了。

（贞观三年）,是岁,户部奏:中国人自塞外归,及四夷前后降附者,男女一百二十余万口。（《资治通鉴·唐纪九》）

这就是太宗执政两年半时间的绩效。人心的收服,胜过千言万语。经济只不过是利益,政治才是一切。从人心离散,到万邦来附,关键就是要以治理竞赛的成就赢得人心。这种治理竞赛,与对抗还是妥协都有着深刻的差别。对于中长期的人心争夺战来说,无论对抗还是妥协,都是手段,而不是目标。真正的目标只有一个,就是无论如何也要赢得与霸权国的战略竞争。

一旦这个思路确立起来。曾经的"鹰派"与"鸽派"的简单分野就迅速消解了。真正的爱国者,可能今天是鹰派,明天就是鸽派,因为只有国家利益是永恒的,只有实现中长期战略目标才是唯一的追求。一时的荣辱是非,都不在话下。苏轼,把这件事说到了极致。

> 古之所谓豪杰之士者,必有过人之节。人情有所不能忍者,匹夫见辱,拔剑而起,挺身而斗,此不足为勇也。天下有大勇者,卒然临之而不惊,无故加之而不怒,此其所挟持者甚大,而其志甚远也。(《留侯论》)

在这种思路下,我们再来回望太宗从起事以来的所有行为,就找到了一个清晰的主线。在起事之时,他和刘文静是明确的亲突派。他们提出了"愿与可汗兵马同入京师,人众土地入唐公,财帛金宝入突厥"的极端方案,以至于高祖完全无法接受,采取了"改易旗帜,杂用绛白"的折中方案。

到了李唐迅速崛起,受到突厥打压之后,世民出现了滞留并州不归,坚决要开展屯田抗突的方略。从此以后,变得越发激进,在迁都的动议中说了一通豪情满怀的气话,彻底与高祖集团撕破了脸。

到了玄武门之变以后,我们又注意到太宗与颉利达成了高度机密的大交易,促成了颉利退兵。这种大幅度的往复波动,我们以正常的思路似乎很难理解。

然而到了武德九年的九月，太宗对突厥提出核心两条要求之后，我们就都理解了。

这就是太宗的对突新战略的内核与底牌。这也是太宗与其他政治路线相比的更高明之处。当竞争不在同一个层面，必然出现降维打击。这就是玄武门之变的奥义。

大战略的确立：治安中国，天下自服

治安中国，天下自服。这是唐初大战略讨论中形成的战略思想，也是华夏对外战略的开创性思想。在这个大战略思路开创以前，中原只有模糊的夷夏观，天下中心思想。而对于如何处理中国与世界的关系，尚没有一个清晰的战略思想。从唐太宗贞观初年开始，这套战略思想开始逐渐浮现。

626年玄武门之变后的新政施行三年半之后，太宗在一次对外活动中，初步总结了他在对外事务方面的大战略思想。

（贞观三年十二月）壬午，靺鞨遣使入贡。上曰："靺鞨远来，盖突厥已服之故也。昔人谓御戎无上策，朕今治安中国，而四夷自服，岂非上策乎！"（《资治通鉴·唐纪九》）

这是太宗第一次表露他的总体战略构思，这个构思也成为此后千余年中国人处理与世界关系的一个关键指导思想，也就是"治安中国，四夷自服"。用现在的话说，发展是硬道理，以经济建设为中心，稳定压倒一切，做好自己的事情，就是这句话深刻而生动的诠释。

到了贞观十年，经过为期十年的探索与实践，太宗的各方面政策实践已经基本成熟、得到检验、形成理论的时候，他再次重申了这条大战略。十二月，朱俱波、甘棠遣使入贡，两部族距离唐廷甚远，唐太宗深有感触，再次表达了这一构思：

> 十二月戊寅，朱俱波、甘棠遣使入贡。朱俱波在葱岭之北，去瓜州三千八百里，甘棠在大海南。上曰："中国既安，四夷自服。然朕不能无惧，昔秦始皇威振胡、越，二世而亡，唯诸公匡其不逮耳。"
>
> （《资治通鉴·唐纪十》）

传统上，一般将"中国既安，四夷自服"这个大战略作为初唐成功处理中原民族与边疆民族关系的一个工作思路，而没有将它放在中国与世界关系的对外战略框架下来考虑。直到今天，绝大多数提及这个战略的讨论，都聚焦在两个方面。也就是一方面通过所谓"濡化策略"，增强对边疆少数民族的包容性，进而提升对统治薄弱地带的羁縻成效。另一方面，则是汉民族中心主义和中原中心主义，也就是狭义上所说的天下的中心在中国。只有做到"海内康宁"，国力强盛，才有经营边疆的坚实基础。

然而,实际上如果我们把这个战略放在一个理性的执政团队处理内外关系、解决发展与安全的平衡,将它从中央与地方关系的视角中剥离,放在更大的中国与国际体系之间的关系中观察,就能清楚看到,这句话除了保留着传统的夷夏大防的语意之外,更多的,这是一套治国理政的大战略思想。

在此视角下,另一个常见的认识是将这一策略称为中国传统政治文化中的"内政本位"。基本逻辑是,作为一种农耕立国的文明,只有治理好内政,才有实力抵御外侮或者开疆拓土。《诗经》就记载了早在先秦时这样的思想,"民亦劳止,汔可小康。惠此中国,以绥四方。"也就是安抚百姓、止劳生息,才能够绥安四方。《管子》也有类似的表述,"夫不定内,不可以持天下。"《国语》则记述了"君人者刑其民,成,而后振武于外,是以内和而外威。"在此之后,实际上逐步形成了近代史上"攘外必先安内"的政策基础。

> 且唯圣人能无外患,又无内忧,讵非圣人,必偏而后可。偏而在外,犹可救也,疾自中起,是难。(《国语·范文子论外患与内忧》)

那么太宗提出的"治安中国,四夷自服"这八个字,真的只是说"内政最重要吗"?并不是。要理解这个问题,必须把这一战略放在当时的时代背景下,并与其他竞争性策略进行比较分析,才能深刻理解其中含义。

我们来看看在摧垮突厥霸权后，太宗君臣核心决策团队对于贞观初年大战略论战的一次复盘研讨，就能对这个战略思想有着更深刻的认识了。

> 上谓长孙无忌曰："贞观之初，上书者皆云：'人主当独运威权，不可委之臣下。'又云：'宜震耀威武，征讨四夷。'唯魏征劝朕'偃武修文，中国既安，四夷自服'。朕用其言。今颉利成擒，其酋长并带刀宿卫，部落皆袭衣冠，征之力也，但恨不使封德彝见之耳！"
>
> 征再拜谢曰："突厥破灭，海内康宁，皆陛下威德，臣何力焉！"上曰："朕能任公，公能称所任，则其功岂独在朕乎！"（《资治通鉴·唐纪九》）

到贞观四年（630 年）十二月的时候，一切都安定下来。颉利已经俯首就擒，酋长为太宗所用，突厥部落都已经臣服。这时候，太宗与长孙无忌和魏征等人回顾了四年多来的艰难历程与大战略得失。我们看到，这几年一路走来非常不容易，绝不是敲锣打鼓就轻轻松松取胜。几乎每一年都有严重的灾害，而经过四年多的治理，初唐已经成为一个地区主导性或者国际领导者的国家，而且国内治理非常出色，一年死刑者寥寥无几，人民各归乡里，男有分、女有归，夜不闭户、路不拾遗，天下来归、万邦倾附，一派大同气象。

那么，在总结了工作成绩的基础上，如何进一步升华出战略和治理经验呢？太宗给出了他的深刻思考。贞观初年，他曾经主持了一次大战略讨论，也就是治理国家最基本的方略究竟是什么？当时比较主流的，有三派观点。这三派观点，颇有一些集团色彩。第一种显然是权臣之言。封德彝主张必须建立威权体制。

> 人主当独运威权，不可委之臣下。（《资治通鉴·唐纪九》）

这个说法，非常符合封德彝的性格和身份特点。要求加强集权统治，不能够让决策士大夫化，不能够推进治理体系改革。封德彝是典型的政治投机者。特别是他在跟随当时的秦王征讨洛阳王世充、生擒援军窦建德等行动中，曾经深切感受过太宗的"独运威权"。我们在前文专门介绍过，在萧瑀、屈突通、封德彝的联合反对下，太宗虽千万人吾往矣，拿下了"一举两克"、鼎定天下的伟绩。在此情况下，太宗践祚之后，朝中必然有一大批随声附和的官僚，在封德彝的代表和带领下，主推"人主独运威权"式的治理方式。

更进一步，太宗在即位之初，与魏征和封德彝进行了一次关于教导百姓和实施法治问题的讨论。太宗明确表达了他的担心，数百年的乱世之后，百姓很难治理，想让百姓安居乐业很难。

上之初即位也,尝与群臣语及教化。

上曰:"今承大乱之后,恐斯民未易化也。"

魏征对曰:"不然。久安之民骄佚,骄佚则难教;经乱之民愁苦,愁苦则易化。譬犹饥者易为食,渴者易为饮也。"上深然之。

封德彝非之曰:"三代以还,人渐浇讹,故秦任法律,汉杂霸道,盖欲化而不能,岂能之而不欲邪!魏征书生,未识时务,若信其虚论,必败国家。"

征曰:"五帝、三王不易民而化,昔黄帝征蚩尤,颛顼诛九黎,汤放桀,武王伐纣,皆能身致太平,岂非承大乱之后邪!若谓古人淳朴,渐至浇讹,则至于今日,当悉化为鬼魅矣,人主安得而治之!"

上卒从征言。(《资治通鉴·唐纪九》)

魏征的观点很明确,承平日久,百姓骄奢,反而不好管理。而离乱之后,人心思定,只要稳妥治理,并不困难。封德彝提出了反对意见。也就是人心不古、世风日下,怎么能够柔性治理,必须治顽疾用猛药,一定要实施威权统治。

显然,太宗最终没有建立一套威权体系,虽然那样对于掌权者来说很舒适。高祖也就是这样做的,杀伐决断,听凭一人,掖庭之内,息为君用。太宗在征战中,看起来也是这样一个威权式的独断人物。然而太宗却在问鼎大权之后,转身采取了完全出乎众人常规判断的治理路线。

太宗对内采取了一种与民生息、抚之以静的基本策略,同时,在治理与决策方面增加了更多的柔性与君臣共治因素。比如说,在社会治理层面,太宗非常清楚地贯彻了这样的政治统治理念。

> (十月)丙午,上与群臣论止盗,或请重法以禁之,上哂之曰:"民之所以为盗者,由赋繁役重,官吏贪求,饥寒切身,故不暇顾廉耻耳。朕当去奢省费,轻徭薄赋,选用廉吏,使民衣食有余,则自不为盗,安用重法邪!"自是数年之后,海内升平,路不拾遗,外户不闭,商旅野宿焉。
>
> 上又尝谓侍臣曰:"君依于国,国依于民。刻民以奉君,犹割肉以充腹,腹饱而身毙,君富而国亡。故人君之患,不自外来,常由身出。夫欲盛则费广,费广则赋重,赋重则民愁,民愁则国危,国危则君丧矣。朕常以此思之,故不敢纵欲也。"(《资治通鉴·唐纪八》)

重法不可能去盗,关键还在于善治。为此,太宗明确提出了一整套方案,包括去奢省费、轻徭薄赋、选用廉吏等。此后,太宗又再次陈述他的政治统治思路,必须藏富于民,才能国富民强。单纯追逐国强,而忽略民生,是舍本逐末,不可长久,甚至有亡国之危。因此,在大战略讨论中的威权一派被否决。

在威权之外,耀武之说显然是武将所提。

震耀威武，征讨四夷。（《资治通鉴·通纪九》）

这样的战略主张既反映了一部分集团的利益诉求，只有耀武，才能立功，进而拔擢晋爵、荫阴子嗣。同时，这样的主张与前一种封德彝式的威权派虽然立场截然不同，但实质上却有近乎完全相同的特质，那就是"迎合今上"。在思考政策建议的时候，不是从客观实际出发，进行研判和推理，而是从最高决策者的脾气秉性、取向好恶来思考，说好话、说巧话、说爱听的话。这就是这两派的"共同特质"。毫无疑问，武将们无比清楚，太宗是武德丰沛之人，在问策之时，对答"耀武"之说，显然更有可能切中太宗要害。

然而，这两派迎合者，却都如太宗评价封德彝一样，可谓"智者千虑，不免一失乎！"越是投机迎合，越是把不对英主的脉。上有略，则用诤臣诤言。上无略，谗谬横行其道。

武将们这一刻都惊讶于太宗居然否决了耀武之策。虽然太宗杀伐果决，但他从来都不是一个逞耀武威之人。这就是领袖与将军的区别。相反的是，从践祚的第一天开始，太宗执行了非常强大的坚忍战略，引而不发，发则必胜，务求一击摧垮霸权。这一点，我们后面再展开。

那么第三派，就是以魏征为代表的稳健派。魏征是太子建成的门客，所有人都不看好他的观点。然而他的短短十二个字，却叩开了太宗的心扉，成为贞观年的大战略。

偃武修文，中国既安，四夷自服。(《资治通鉴·
唐纪九》)

这三句话有着深刻的内在逻辑。"偃武修文"是操作性的
政策基础，"治安中国"是一种主体性的战略思路，"四夷自服"
是一种具有演绎推理基础的战略构想。用良好的治理，安定中
心地带，做好自己的事情，外部势力为什么自然就会归服？

四夷自服，就是说边疆少数民族会主动内附吗？显然
不是。

放在当时的国际视野下，这个大战略的重点就在于如何改
造一个既有的国际体系和国际秩序。这种改造的思路，就是融
入。"自服"就是潜移默化中形成的稳定秩序，而不是征伐、强
迫和武力压制后形成的"征服"。

当我们把"自服"与"征服"放在一起来思考，就有了更深刻
的体会。这种"自服"显然具有非常先进的战略理念。这既建
立在文化自信、制度自信的基础上，也展现出长久安全观的卓
越远见。征服无法久治，自服收纳人心。这种"自服"就是"融
入式"更迭国际秩序的理念与路径，用潜移默化的方式更迭，采
取先融入后改变的路径。这种方式的核心支撑，就是共同体智
慧，也就是天下一心。融入式更迭，对当今的国际格局，依然有
重要的映照与启示。

太宗临终所授的治国五策

到了贞观二十一年（647 年），也就是贞观之治第三个十年的开头之时，太宗对他的大战略进行了再次总结。这时，太宗已经建立起了千古功勋。

这个时候，太宗也走到了人生的最后时期。患上"风疾"之后，太宗再也无法忍受长安的酷暑，于是命人将早已经废弃了二十余年的高祖之时修建的终南山太和宫重新修整，改名为翠微宫，并很快就入住其中。到了十一月，太宗"风疾"越发严重了，只能"三日一视朝"。国家治理进入了一个新的历史时期。

就是在这样的大背景下，太宗再次对他的大战略进行了更深入地总结。

> （三月）辛卯，上曰："朕于戎、狄所以能取古人所不能取，臣古人所不能臣者，皆顺众人之所欲故也。昔禹帅九州之民，凿山樵木，疏百川注之海，其劳甚矣，而民不怨者，因人之心，顺地之势，与民同利故也。"（《资治通鉴·唐纪十四》）

太宗在生命的最后阶段，对他的统治理念进行了更加系统化的总结与升华——"顺人心、与同利"。这句话，足够精辟。对于政治统治来说，无非就是这样一句话。执政者没有私利，必须与民同利，才能顺乎人心，取得古人所不能取得的成就。

而太宗说这句话,更多的是讲对外战略。这就是要坚持正确的义利观,把中国的利益与周边人民的需要和利益紧密地联系在一起,才有可能融入式地改造国际体系。1400年前的智慧,竟然如此闪耀。

> (五月)庚辰,上御翠微殿,问侍臣曰:"自古帝王虽平定中夏,不能服戎、狄。朕才不逮古人而成功过之,自不谕其故,诸公各率意以实言之。"群臣皆称:"陛下功德如天地,万物不得而名言。"
>
> 上曰:"不然。朕所以能及此者,止由五事耳。
>
> 自古帝王多疾胜己者,朕见人之善,若己有之。
>
> 人之行能,不能兼备,朕常弃其所短,取其所长。
>
> 人主往往进贤则欲置诸怀,退不肖则欲推诸壑,朕见贤者则敬之,不肖者则怜之,贤不肖各得其所。
>
> 人主多恶正直,阴诛显戮,无代无之,朕践祚以来,正直之士,比肩于朝,未尝黜责一人。
>
> 自古皆贵中华,贱夷、狄,朕独爱之如一,故其种落皆依朕如父母。
>
> 此五者,朕所以成今日之功也。"
>
> 顾谓褚遂良曰:"公尝为史官,如朕言,得其实乎?"
>
> 对曰:"陛下盛德不可胜载,独以此五者自与,盖谦谦之志耳。"(《资治通鉴·唐纪十四》)

离开长安之后，太宗显然心情好了不少，他进行了更加深入的统治经验总结。古代中国人只能够治理中原，对外除了御敌就是讨伐，并没有治理天下的能力。那么太宗怎么能做到的呢？他讲，"我只有五条。"如果说"治安中国、四夷自服"是"初唐路径"的大战略，"顺人心、与同利"是这条路径的政治统治基础，那么，太宗五条就是"初唐路径"的基本思路与实操手册：见人之善，若己有之；弃其所短，取其所长；贤者敬之，不肖者怜之，贤不肖各得其所；不黜责正直之士；自古皆贵中华，贱夷、狄，朕独爱之如一，故其种落皆依朕如父母。

我们看到，太宗践祚之后，立即施行了非常多的举措，也取得了非常突出的成效。直至生命的最后阶段，他总结自己的统治思路，就是上面的五条。

太宗这个时候已近风烛残年，说话有些絮絮叨叨了。他说了五条，不过简单来说，就是用人与爱人。这两个词说起来简单，做起来可真是相当不容易。实际上是一种领导人的胸襟与气度，能够不嫉贤妒能，能够容人之短，能够让贤者与不肖者都为我所用，能够让正直的苦口良药频频下咽，这样才能够形成一种积极向善的政治生态。

这种不断向善的政治生态，为赢得与霸权国的长期战略竞争，提供了源源不竭的动力。这种动力既体现在人才资源上，更体现在统治决策上。因为战略竞争的关键，就是在相当长的周期中，看谁犯的错更少。而太宗五条的前四条，都是为这种更少犯错提供的体制保障。

最重要的，就是最后一条。放下夷狄之见，捐弃夷夏大防，爱人如一，才能够获得尊重。这就是我们今天所说的，国家无论大小，民族无论多寡，应该一律平等。这就是在国际政治中追求的公平与正义，这就是我们中国人自古以来的国际战略价值观。这种"爱之如一"不是随便说说，而是贯彻在日常决策的方方面面。

> 移灾朕身，以存万国，是所愿也，甘心无吝。（《全唐文·旱蝗大赦诏》）

贞观二年（628年），在大范围遭受重大自然灾害的情况下，太宗写下了这样的诏书，为了让天下百姓都不受灾，我宁愿自己受难。这时候，太宗刚刚执政，已经心在天下。"爱之如一"，绝不只是说说。

而这一条，还有更加深刻的含义，因为它恰恰是对前面四条的升华，也就是要用爱人的胸襟，来加强各方面的用人之道。这种爱人不止于品行、能力、素质，更包含着民族、宗教、国家等各方面因素。

正是因为太宗这种以"爱之如一"之心，不含偏见地用人，才真正做到了天下归心。我们看到，从践祚一开始就着力铸就的这种用人爱人之风，让太宗身边有大量的各国各族的精英为他宿卫、为他征讨、为他尽忠。

傅奕不死之谜

正是在"治安中国、四夷自服"的大战略思想指引下,贞观新政首先着手解决发展的问题。因为发展才是硬道理,没有发展,就没有与突厥霸权对抗的任何实力与底气。

经历了数百年的中原陆沉,各族混战,再经历隋朝末年的频繁征伐和天下混战,到太宗主导天下之时,已经是一个极其破败的局面了。

> (隋炀帝)登极之初,即建洛邑,每月役丁二百万人。因劳役而死者十分之四五。导洛至河及淮,又引沁水达河北,通涿郡,筑长城东西千余里,皆征百万余人。丁男不充,以妇人兼,役而死者大半。及亲征吐谷浑,驻军青海,遇雨雪,士卒死者十二三。又三驾东征辽泽,皆兴百余万众,馈运者倍之。又逆征数年之赋,穷侈极奢。(《通典·历代盛衰户口》)
>
> 百姓困穷,财力俱竭,安居则不胜冻馁,死期交急,剽掠则犹得延生,于是始相聚为群盗。(《资治通鉴·隋纪五》)

到太宗践祚,怎么解决与民生息的问题,已经是关键中的关键。这不只是解决经济问题,更是治理竞争、赢得人心的关键手段。于是,太宗当政后的第一件事,就是减赋。一个月之后，太宗拿出了更加精准的政策举措。

> （八月）甲子，太宗即皇帝位于东宫显德殿，赦天下，关内及蒲、芮、虞、泰、陕、鼎六州免租调二年，自余给复一年。（《资治通鉴·唐纪七》）
>
> （九月）甲申，民部尚书裴矩奏："民遭突厥暴践者，请户给绢一匹。"
>
> 上曰："朕以诚信御下，不欲虚有存恤之名而无其实，户有大小，岂得雷同给赐乎！"于是计口为率。
>
> （《资治通鉴·唐纪八》）

这两个月连起来看，就清楚地反映出太宗在大战略思路指引下的基本政策路径，也就是止战休兵，与民生息休养。而这样的政策虽然覆盖面很广，但是不够精细。怎么办？

一个月之后，在太宗的亲自指挥下，对受突厥暴践的人口，进行精准补贴。为了把政策做细，太宗要求按照人口来统计，而不能按户来统计。这充分反映出一位最高统治者对于百姓生态的深入理解。所谓植根于民、心系百姓，不就是这样吗？

静态的调养，只是恢复，必须要尽快谋增长。怎么办？人口是关键。一切发展的基础都是人，无论是农业社会还是现代社会。因此，确保人口安全，争取人口红利，尤其是培育受教育人群，永远都是发展的核心要义。

（武德九年八月）癸酉，放掖庭宫女三千余人。

（贞观二年九月）丁未，谓侍臣曰："妇人幽闭深宫，情实可愍。隋氏末年，求采无已，至于离宫别馆，非幸御之所，多聚宫人，皆竭人财力，朕所不取。且洒扫之余，更何所用？今将出之，任求伉俪，非独以惜费，亦人得各遂其性。"

于是遣尚书左丞戴胄、给事中杜正伦等，于掖庭宫西门简出之。（《旧唐书·太宗本纪》）

所谓上行下效，武德年间搜罗了太多的女子进入权贵豢养之围。这无疑会极大破坏社会的稳定与发展。于是，首先从皇室做起，把3000余名宫女放还社会，并让她们"任求伉俪"。这显然是增加人口的关键举措。

我们看到，太宗对这个问题高度重视。武德九年（626年）玄武门之变后，太宗在九月这一个月，不仅向突厥提出要归还流亡的人口，而且从皇室做起，为社会增加适婚人口。通过这样的示范性举措，引导社会向好向稳，为发展注入源源不断的动能。人口问题，任何时候怎么重视都不为过。

有了人口，就必须要考虑意识形态的安全。在充分尊重人的权利与自由，"人得各遂其性"的基础上，也要求社会生产生活是有序高效的，社会秩序是稳定的，而且社会信仰与精神状态必须是积极向上，充满活力与向心力、凝聚力的。

于是，世民刚一当政，就对此作出了一系列安排，必须崇尚英雄,热爱朝廷,不允许邪门歪道有存在的土壤。

> (九月),诏:"民间不得妄立妖祠。自非卜筮正术,其余杂占,悉从禁绝。"(《资治通鉴·唐纪八》)

> (贞观三年十二月),癸丑,诏建义以来交兵之处,为义士勇夫殒身戎阵者各立一寺,命虞世南、李伯药、褚亮、颜师古、岑文本、许敬宗、朱子奢等为之碑铭,以纪功业。

> 是岁,户部奏言:中国人自塞外来归及突厥前后内附、开四夷为州县者,男女一百二十余万口。(《旧唐书·太宗本纪》)

在这里必须要再次深入地探讨一下发展与安全的关系问题。发展是为了百姓,安全也是为了百姓。有限的权利让渡,是国家政权组织的基本规律。倡导一种积极向上和稳定持续的社会形态,并不代表就限制了个人的自由。

出于某种因素,早在武德九年(626年)四月,路线斗争最为激烈的时候,李唐政权开展了一场宗教运动。

> 太史令傅奕上疏请除佛法。

> 上诏百官议其事。

> 上亦恶沙门、道士苟避征徭,不守戒律,皆如奕言。又寺观邻接廛邸,混杂屠沽。

辛巳，下诏命有司沙汰天下僧、尼、道士、女冠，其精勤练行者，迁居大寺观，给其衣食，毋令阙乏。庸猥粗秽者，悉令罢道，勒还乡里。京师留寺三所，观二所，诸州各留一所，余皆罢之。(《资治通鉴·唐纪七》)

我们看到，史官对这次运动的理解是，高祖厌恶佛、道人士，原因是他们借此来逃避徭役，同时人数太多，鱼龙混杂，危害社会稳定。于是，采取的措施是只留下一些主要的寺庙和道观，挑选一些真正的修行者。其他人都回归平民社会。

在突厥造成的外部压力已经趋于爆发边缘的时候，启动了一场宗教运动。这个现象是非常微妙的。这场运动的推动者，一个神秘人傅奕，对此作出了明确的解释。

(武德)七年，奕上疏请除去释教，曰：今之僧尼，请令匹配，即成十万余户。产育男女，十年长养，一纪教训，自然益国，可以足兵。(《旧唐书·傅奕列传》)

这样的举措既能够增加部队人数，也可以扩大社会劳动力规模，同时可以节省修建寺庙的巨大耗费。这确实是一次好的尝试。但若这就是全部理由的话，肯定是失之偏颇的。

(贞观)十六年七月，敕：今后自害之人，据法加

> 罪,仍从赋役。自隋季政乱,征役繁多,人不聊生,又
> 自折生体,称为福手福足,以避征戍。(《唐会要·议
> 刑轻重》)

躲避繁多的征役是隋末以来的社会普遍现象。更极端的发展为广泛的自残运动,并把这种"自折生体",称之为"福手福足"。因为残疾,而得以享福。可见,问题还是出在隋炀帝以来的征役和天下大乱,所谓苛政猛于虎也。

因此,应激性地从宗教领地中进行征发,不仅违逆社会意志,而且是一种舍本逐末的决策。在太宗反对封德彝的治民以苛律的讨论中,其实我们已经非常清楚地看到了太宗的政治统治观。

这项政策实施两个月后,就发生了玄武门之变。而太宗新政的第一条,就是推翻这次宗教运动。其中是否还有其他的斗争因素,或者由外部势力介入造成的导火索,我们还无法甄别,不敢妄言,只留下想象空间。

> 六月丁巳,太白经天。己未,太白复经天。傅奕
> 密奏:"太白见秦分,秦王当有天下。"上以其状授
> 世民。
>
> 是日,下诏赦天下。凶逆之罪,止于建成、元吉,
> 自余党与,一无所问。其僧、尼、道士、女冠并宜仍旧。
> 国家庶事,皆取秦王处分。(《资治通鉴·唐纪七》)

我们看到,在事变的第一天,除了大赦天下,宣布政治犯范围,以及明确最高权力归属这三件大事之外,居然插入了一件怎么也和前三件没法相提并论的事,"僧、尼、道士、女冠并宜仍旧",四月的运动被完全推翻。

怎么理解这样一个异常插入事变第一天政治重大议程中的宗教改革事项呢?

最粗浅的认识,是宗教改革不符合世民的利益。这一点,我们很容易就发现。世民的夫人文德皇后长孙氏,小名唤作观音婢,是鲜卑族人,也是佛教徒。世民是益州行台,凉州牧,这个区域是佛教徒的聚居地。世民荡平李轨,依赖的也是西域来的佛教徒势力。所以,世民与佛教徒有着千丝万缕的复杂联系。

那么,从这种联系反推,我们就可以获得一种更新的认识。四月的宗教运动,是不是针对世民的势力呢?从这个角度来观察,玄武门之变当日的四条重大举措之一,就是恢复宗教宽松政策。可以说,这是一种极其明显的路线斗争。这件事,或许与世民的大战略紧密联系在一起,而不只是利益。因为在这之后,太宗引领的大唐走向了一种相对宽松的社会体制,成为古今中外高度赞誉的文化、宗教融合的典型。

在这个关键问题上,反复出现了一个人,似乎是著史者为我们有意留下的一条线索。一位自己为自己写下墓志的人,"青山白云人也。因酒醉死,呜呼哀哉!"他就是傅奕。

傅奕是一个非常有性格的人,他精通天文历法,在李唐集团备受礼遇。不仅历法出自他手，一些预警性的密报，也可以直达天听。同时，他还参与了军事指挥方面的一些安排。

> 奕所奏天文密状，屡会上旨，置参旗、井钺等十二军之号，奕所定也。武德三年，进《漏刻新法》，遂行于时。（《旧唐书·傅奕列传》）
>
> 傅奕性谨密，既职在占候，杜绝交游，所奏灾异，悉焚其稿，人无知者。（《资治通鉴·唐纪七》）

古代这样的人物，我们知道，他们往往扮演了一种信息交互中转站的角色。假托一些天文神迹，实际上扮演着耳目和渠道的作用。傅奕非常谨慎，他在职期间不与人来往，他的文书都及时销毁。这种很奇怪的行事风格，让我们看到了他在重大历史事件中发挥的特殊作用。

> （十二月），上召傅奕，赐之食，谓曰："汝前所奏，几为吾祸。然凡有天变，卿宜尽言皆如此，勿以前事为惩也。"
>
> 上尝谓奕曰："佛之为教，玄妙可师，卿何独不悟其理？"对曰："佛乃胡中桀黠，诳耀彼土。中国邪僻之人，取庄、老玄谈，饰以妖幻之语，用欺愚俗。无益于民，有害于国，臣非不悟，鄙不学也。"上颇然之。（《资治通鉴·唐纪八》）

（贞观五年）春，正月，诏僧、尼、道士致拜父母。

（《资治通鉴·唐纪九》）

太白经天之时，他向高祖及时示警，提供了准确情报。这份情报也迫使世民集团提前开始行动。于是，六个月后，心有余悸的太宗专门请傅奕吃饭，希望他放下负担，继续辅佐太宗。因为这种辅佐实在是太关键。

多年以后，太宗再次和傅奕进行了对话。你为什么要打着反佛教的旗号呢？傅奕这时候已经非常明确，我不只是反佛教，我也反道教，归根到底，我反的是宗教信仰的极端化，我拥护的是"有益于民、无害于国"的正道、正教，我是拥护你的正统。于是，太宗有了新的认识，也全盘接受了傅奕对于宗教信仰问题的主张，"颇然之"。

自此，太宗修改了他的完全宗教信仰放任方案，要求出家人也要归属家庭，儒家孝道作为维护王朝统治的正统，在五年之后，被确立下来。到这时候，自由与秩序，发展与安全，宗教与社会，儒家正统与法、释、道及诸多思潮之间的平衡和统筹，找到了一个稳定的基准点。

五花判事，鲜有败事

"治安中国、四夷自服"，这套大战略的起点，就是治理。显然，要想赢得与国际霸权体系的中长期战略竞争，核心关键就是治理。也就是在相当长的一段时期,通过更优的治理,获得各方面的竞争优势。这既包括经济上的比较优势,提升发展的动能,也包括军事上的"净"优势,以我之矛攻彼之盾,当然更重要的是政治上的民心优势。

长期的战略竞争,比拼的不是多"取胜",而是少"犯错"。避免犯错的根本,就在于建立决策制度上相对于对手的"比较优势",通过治理竞争赢得战略竞争。于是,获得这些治理优势的核心保障,就在于一套先进的决策体制,这就必须依靠政治体制改革。只有在决策体制上,或者从更高层次讲,在国家政治体制上具备更强的竞争优势,才能在持续的近似无限多轮的博弈中尽可能比对手少犯错,从而积累优势,逐步形成优胜的局面。

李世民非常清楚这一点。他在不久于人世之时,总结的贞观五条,实际上就是这种决策和执行的政治体制优势。这也是他认为赢得竞争的最终关键所在,成为了他在位期间最精华的遗产。因此,在赢得最高层的路线斗争之后,掌握权力的太宗迅速推动了统治政策的调整。

（六月），世民命纵禁苑鹰犬,罢四方贡献,听百官各陈治道,政令简肃,中外大悦。

（九月），上精选天下文学之士虞世南、褚亮、姚思廉、欧阳询、蔡允恭、萧德言等,以本官兼学士,令更日宿直,听朝之隙,引入内殿,讲论前言往行,商榷政事,或至夜分乃罢。又取三品已上子孙充弘文馆学生。

（《资治通鉴·唐纪八》）

第一条，就是反对官僚主义和奢靡之风。第二条就是广开言路，加强上下沟通。第三条就是简化行政流程，优化行政效率。这三条作为在位第一个月的关键政策调整，效果非常明显，上上下下拍手称快，大唐内外纷纷叫好。

优化决策体制必须要使出硬招实招，必须形成上行下效的一种稳定态势。因此，一大批有识之士被吸纳进入决策体制，而且"夙夜在公"，与最高决策者一起商榷政事，也就是资政建言，加强决策的参谋辅助。这样的决策与治理，必然得到极大的优化。

当然，为了形成这种示范效应，太宗还专门树立了一个典型——也就是我们千古传唱的太宗"纵容"魏征进谏的故事。这个故事显然有一种象征意味。因为太宗就是硬生生地把魏征这个反面教材打造成了一个千古奇谈的正面教材。魏征是废太子李建成的核心幕僚，却在贞观一朝因为直言善谏成为一代名臣。

这完全离不开太宗的主动塑造，目的就是运用这样一个典型，来传达给整个官僚体系、贵族阶层和全民，新朝要建立一个决策合乎民意、顺乎民情的统治机构。虽然那个时候还没有这样的词汇，但是我们从初唐贞观行政的点点滴滴中，见到了大量的这种"商量着办"的案例。

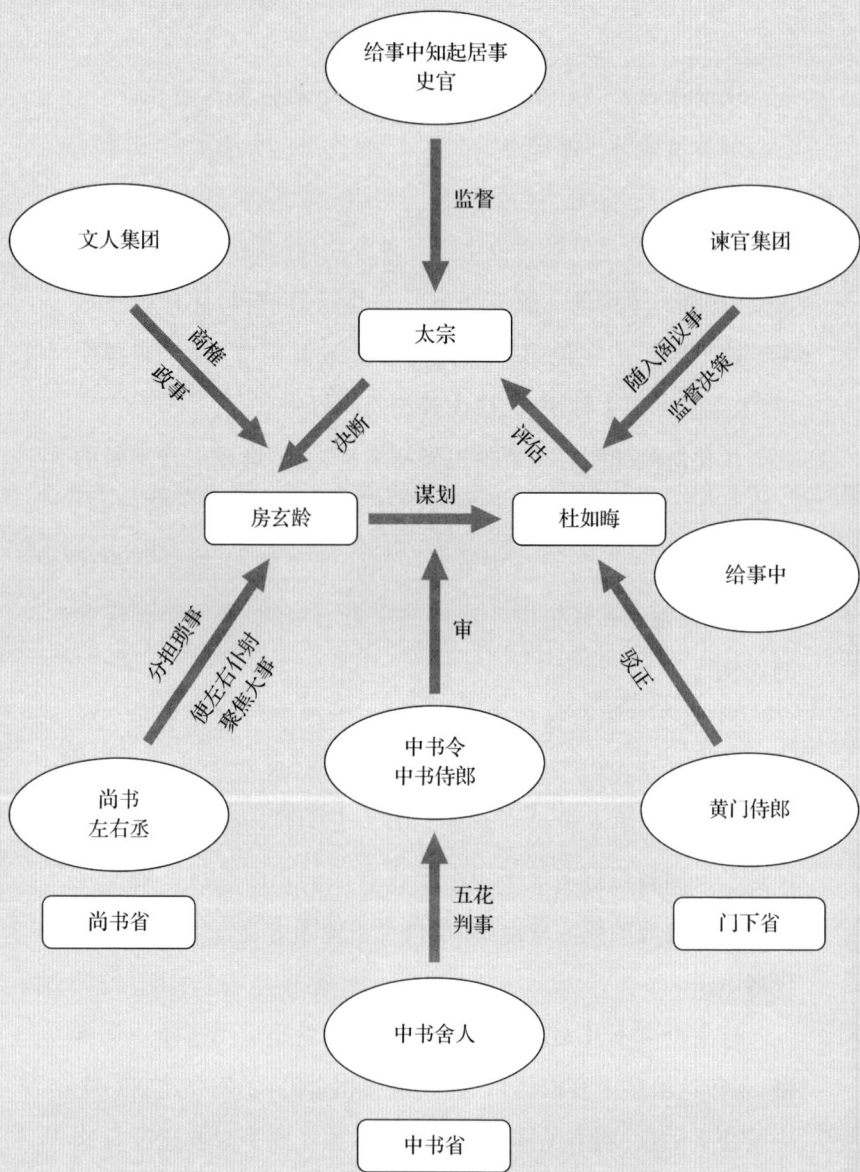

图7　太宗建立的决策和监督制度体系

用这样的示范引领,带动整个官僚决策体制的风气积极向好,让治理水平持续向更高水平的善治发展。这里面耳熟能详的故事太多了,我们不需要再过多介绍。这些案例,构成了初唐的先进治理理念与实践,成为赢得与霸权国开展治理竞赛的强大驱动力。

道理其实已经非常明白,我们只关注一下制度建设。

从武德年间进入贞观年之后的第一件事,就是在重大决策过程中,要增加监督环节,坚决避免决策失误,确保国家在与霸权的持续对抗中能够稳健决策,不犯错误或者少犯错误。

> (贞观元年)正月,己亥,制:"自今中书、门下及三品以上入阁议事,皆命谏官随之,有失辄谏。"
>
> (十二月),上谓黄门侍郎王圭曰:"国家本置中书、门下以相检察,中书诏敕或有差失,则门下当行驳正。人心所见,互有不同,苟论难往来,务求至当,舍己从人,亦复何伤! 比来或护己之短,遂成怨隙,或苟避私怨,知非不正,顺一人颜情,为兆民之深患,此乃亡国之政也。炀帝之世,内外庶官,务相顺从,当是之时,皆自谓有智,祸不及身。及天下大乱,家国两亡,虽其间万一有得免者,亦为时论所贬,终古不磨。卿曹各当徇公忘私,勿雷同也!"(《资治通鉴·唐纪八》)

曾经的议事,都是核心团队的小集团决策,事不秘则失。

269

然而从战时状态转入执政状态之后,保密的需求显然要让步于决策合理化、正规化的需求。因此,在入阁议事的环节,加入了谏官团体。他们就是决策中的"反向思考者",专门负责对决策挑错。

这样的制度设计已经非常先进了。太宗,就是用这样一套制度设计,保证了自己的中长期战略竞争优势。

到了这年的年终,太宗再次提出了要求,朝廷优化三省六部这样的体制,要求权力相互制约,目的非常明确,就是要纠正决策中的失误。各部门绝对不能养成做老好人、说漂亮话、推顺水人情这样的风气。

第二年开年不久,太宗进一步提出了明确的要求,机要之司,不能只写写文书,必须要对重大战略决策提出自己的判断。尤其是要监督决策的错误,不要怕说错话。如果不说话,何必选任人才来这些关键部门?

> 四月甲午,上始御太极殿,谓君臣曰:"中书、门下,机要之司,诏敕有不便者,皆应论执。比来唯睹顺从,不闻违异。若但行文书,则谁不可,何必择才也。"房玄龄等皆顿首谢。
>
> 故事:凡军国大事,则中书舍人各执所见,杂署其名,谓之五花判事。中书侍郎、中书令省审之,给事中、黄门侍郎驳正之。上始申明旧制,由是鲜有败事。
>
> (《资治通鉴·唐纪九》)

　　为此，太宗进一步在旧制的基础上，作出了新的制度完善，也就是重大战略决策，必须会签。一项决策，首先要由中书省的五个关键人物（中书舍人）起草会签，形成"五花判事"。然后再由他们的上级主管中书侍郎和中书令逐级审定。还必须由门下省的主官黄门侍郎"驳正"，才能够最终交由尚书省发往六部生效执行。我们看到，在这样一个决策和执行体制中，不只于此前沿袭下来了三省（中书省、门下省、尚书省）六部体制，而且进一步细化了其中的五花判事、审定和驳正流程，明确了各个关键岗位的职责分工，实现整个决策和执行体制的正规化。

　　通过明确责任落实，真正建立起了重大事项的集体决策制度。这种集体决策，完全不是所谓的各抒己见，屁股决定脑袋的利益代表之间相互扯皮，而是在国家体制中进行不同的决策角色分配，将决策的流程分解，增加审查和反驳的各种角色，确保决策能够从不同的角度思考和审视，切实增强决策的可靠性和稳健性。用现在的观点来看，这也已经算得上非常系统周密了。

　　然而太宗走得更远。那就是对最高权力的监督。当集体决策和监督制度建立起来之后，唯一的空白就是皇帝本人了。怎么防止皇帝滥用权力，胡乱决策？

　　太宗有他的办法，史官。

　　　（贞观二年）上曰："朕每临朝，欲发一言，未尝不三思。恐为民害，是以不多言。"

271

给事中知起居事杜正伦曰："臣职在记言，陛下之言失，臣必书之，岂徒有害于今，亦恐贻讥于后。"

上悦，赐帛二百段。（《资治通鉴·唐纪八》）

最高决策者的话，字字千钧。如果出现战略性的失误，不仅有害于今天，而且还会被后人耻笑。于是，太宗的身边人"给事中知起居事"以及相应的史官成了一种非常有效的监督角色。他们对太宗每日的言行形成时时刻刻的监督。监督权力的来源，就是有害于今、恐讥于后的舆论和历史压力。就是在这种监督压力下，太宗在重大决策中，表现出了极度的克制和慎重。

同时，太宗对政治决策体制的效率要求也非常明确，要"避免琐事"。

丁巳，上谓房玄龄、杜如晦曰："公为仆射，当广求贤人，随才授任，此宰相之职也。比闻听受辞讼，日不暇给，安能助朕求贤乎！"因敕"尚书细务属左右丞，唯大事应奏者，乃关仆射"。（《资治通鉴·唐纪九》）

太宗提出他的左膀右臂一定要从日常的琐事中剥离出来，聚精会神帮助最高决策者思考和谋划重大战略问题，引领这艘国家的巨轮斩浪向前。那些琐事都交给尚书省的左右丞来处理。正因如此，贞观时期才出现了"房谋杜断"这样的千古美谈。

　　玄龄明达吏事,辅以文学,夙夜尽心,惟恐一物失所;用法宽平,闻人有善,若己有之,不以求备取人,不以己长格物。

　　与杜如晦引拔士类,常如不及。至于台阁规模,皆二人所定。

　　上每与玄龄谋事,必曰:"非如晦不能决。"

　　及如晦至,卒用玄龄之策。

　　盖元龄善谋,如晦能断故也。二人深相得,同心徇国,故唐世称贤相者,推房、杜焉。(《资治通鉴·唐纪九》)

　　这种美谈一直是夸赞房玄龄和杜如晦两个人的协调与默契。而我们如果把它放到太宗的贞观新政的制度设计中来思考的话,就有了新的不一样的体会。

　　开展战略谋划与决策,是太宗亲自设计并交给房杜执行的一套先进政治体制。这两项任务不放在一个人的身上,正是一种双盲的决策模式探索。思考怎么解决问题,是房玄龄的事。在太宗与他形成方案之后,再让杜如晦来进行战略评价与判断。当然,最后的决断并不在杜如晦,而在太宗。

　　这样,就出现了一种机制化的战略"谋划—评估—决策"链条,成为了一种稳定的政治体制。从这个角度,我们对"房谋杜断"的美谈就有了更深层次的认识,因为在那背后,是太宗对制度设计与稳健决策的高超智慧。

梳理到这里，我们就对初唐的全新战略决策体制有了一个较为全面的认识。我们从后往前，再回顾一下。

最高决策者是太宗，他的监督者是知起居事的给事中和史官。在他之下，与他椅角相撑的，是他的左右仆射，他们只思谋和评估重大战略，与太宗一起形成核心决策集团，按照"谋划—评估—决策"的流程展开战略部署。

在此之下，依靠三省六部各司其职，允公允能，互为监督，形成一种体制化的权力制衡和执政监督机制。其中，非常重要的制度安排，就是要求核心机要部门建立会签制度，"五花判事""审"以及"驳正"，从决策的不同视角、不同角色充分审视和监管决策，不允许出现重大战略失误。

与此同时，在所有的决策研究环节，都要加入谏官集团，进行"反向思维"的论证与监督，确保决策的正确性。最后，就是建立起优秀人才进入决策圈的培育和晋升制度，让更多的贤达之士，能够在参与决策的过程中进行历练，同时也对决策的可靠性进行一定的补充。

通过上述种种制度设计，就出现了一张自上而下，由决策集团到执政体系，从当前到未来的多维度体系化先进决策与治理的政治体制。我们可以将其归纳为"六元"螺旋决策模式，也就是"咨询—谋划—评估—决策—监督—执行"的闭环式演进循环，并在现实检验中，适时开展政策研讨和辩论，从而极大优化决策和执行的质量。

师也。"

上乃止。(《资治通鉴·唐纪八》)

上面两段话，如果我们将其放入这种政治决策体制的竞争视野中来重读的话，就有了更多的体悟。

突厥本来的政治组织形态是一种小国寡民式的，因为"人性淳厚"，所以政令简单，以小政府大社会的方式长期稳定运行。然而颉利执政后，信任个别官僚，政策繁苛多变，委任的官吏贪功冒进、热衷表面文章，同时对外重大战略决策过于草率。凡此种种，造成内外离怨，财政吃紧，军备废弛。

正是在这种情况下，李唐高层进行了战略研讨，要不要趁势出击。经过反复的讨论，最终的决策是，目前时机还不成熟。于是太宗选择了继续战略忍耐，蓄势待发。

在这样的对比中，我们就充分体会到了这种政治决策体制方面的优劣，对于整个国家和社会的深刻影响。这种此长彼消，在经过时间积累之后，就转化成了国家间力量结构的深刻变动。太宗很快就意识到，越是难啃的骨头，越要下决心啃，痛处就是病灶。因此，优化国家行政体制，必须加强社会阶层流动，才能为国家持续注入新鲜和有活力的血液。

初，上皇欲强宗室以镇天下，故皇再从、三从弟及兄弟之下，虽童孺皆为王，王者数十人。

上从容问群臣："遍封宗子，于天下利乎?"

> 封德彝对曰："前世唯皇子及兄弟乃为王，自余非
> 有大功，无为王者。上皇敦睦九族，大封宗室，自两汉
> 以来未有如今之多者。爵命既崇，多给力役，恐非示
> 天下以至公也。"
>
> 上曰："然。朕为天子，所以养百姓也，岂可劳百
> 姓以养己之宗族乎！"
>
> 十一月庚寅，降宗室郡王皆为县公，惟有功者数
> 人不降。（《资治通鉴·唐纪八》）

上任不到半年，太宗就下决心搞了一次普遍"降级降薪"。而且这次官僚机构改革的重点，就是刀刃向内，先拿宗室开刀。能够动既得利益集团的蛋糕，可以说只有李世民能够做得到。

崛起真的要靠天助吗？

全球性重大危机，往往是世界格局剧变的催化剂。虽然不能断言它会直接导致格局变动，但起到加速器的作用，是显而易见的。因为承平之时，你来我往，并不伤筋动骨。而在剧变之中，各国的真实实力，就暴露无遗。潮水退去，裸泳者自然现身。

气候变化，就是这样一股浪潮。本来一场崛起国与霸权国的对抗与竞争会持续相当长一段时间，但在气候变化的加速下，以超乎所有人想象的速度到来了。从玄武门之变到摧垮突

厥，太宗只用了四年半时间。而且在这四年半里，李唐的决策
集团还进行了相当多轮的大讨论，对于决战时机的把握进行了
精准谋划，在战略忍耐与一击必胜之间，作出了非常周密的
权衡。

也正是因为这种太过于迅猛的异常，导致人们从突厥霸权
倾覆的那一天起，就普遍认为是自然灾害造成了突厥的亡国。
我们在最开始时介绍过，陈寅恪先生就将这种现象的首因归结
为天灾。

> 北突厥或东突厥之败亡除与唐为敌外，其主因一
> 为境内之天灾及乱政，二为其他邻接部族回纥薛延陀
> 之兴起两端，故授中国以可乘之隙。否则虽以唐太宗
> 之英武，亦未必能致如是之奇迹。斯外族盛衰连环性
> 之一例证也。（《唐代政治史述论稿》）

由于太不符合常识常理，只好把它的原因归结于外部因
素。这是非常容易理解的一种倾向。因此，认为初唐迅速摧垮
突厥霸权是天气原因造成的，这种观点一度占据了主流。

我们通过前面对于李唐在对突问题上的路线斗争和玄武
门之变后的贞观新政的分析，基本上已经得出了一个较为明确
的结论。但是，我们仍然有必要把气候变化的问题拿出来，再
仔细研究一下。究竟是主动性的战略行动发挥了更大的作用，
还是被动的自然环境变动带来了一份旷世厚礼？

实际上，很多人都从史书的字里行间读到了，在突厥遭受严重天灾的这些年，李唐王朝，尤其是腹地，也经历了非常严重的自然灾害。这时候，陈寅恪先生所讲的"天灾及政乱"，以及"邻接部族"的反叛，可能就需要颠倒一下顺序。正是因为大战略的差异，造成了治理能力的优劣高下，最终在天灾的加速之下，出现了盟友的集体倒戈。

归根到底，人心转向。这种转向的速度，受到了天灾的影响，而不是它的结果。即使没有天灾，它也会在稍长的周期中，走到相同的终点。因为赢得竞争的根本保障，是制度优势。事在人为，而不在天。

普遍认为的突厥自灭，主要是基于这样一些记载。

贞观元年，其国大雪，平地数尺，羊马皆死，人大饥。（《旧唐书·突厥列传》）

塞北霜早，糇粮乏绝。（《资治通鉴·唐纪九》）

戎狄兴衰，专以羊马为候。今突厥民饥畜瘦，此将亡之兆也，不过三年。（《资治通鉴·唐纪八》）

贞观二年，频年大雪，六畜多死，国中大馁。（《旧唐书·突厥列传》）

颉利国中，盛夏降霜，五日并出，三月连明，赤气满野。（《册府元龟·料敌》）

（贞观四年），突厥种落，往逢灾厉，病疫饥馑，殒丧者多。暴骸中野，前后相属。（《册府元龟·仁慈》）

从上面这些文字中，我们大致可以了解，从贞观元年这年的冬天开始，突厥境内突然出现了连续的气候变冷的现象，大雪、霜旱。到了突厥灭国后，由于灾害和瘟疫的持续，突厥人死得遍地都是，以致来不及掩埋，全都曝尸荒野。听起来真是骇人。

然而如果单纯认为是天灾覆灭了突厥，那就过于天真了。实际上，这些年里，唐王朝境内的灾害并不少，而且也相当严重。

（贞观元年六月），山东大旱。八月，关东及河南、陇右沿边诸州霜害秋稼。关中饥，米斗直绢一匹，至有鬻男女者。

（贞观二年）三月，关内旱饥，民多卖子以接衣食。五月，大雨雹。六月，畿内有蝗。八月，河南、河北大霜，人饥。（《资治通鉴·唐纪八》）

大旱、大饥、大雨、大蝗、大霜，这就是极端的气候异常现象。而结果也非常严峻。关中腹地，都出现了卖儿鬻女。其他边远地区的惨状，我们可想而知。史书只记下了两个字，"人饥"。

我们可以想象，在贞观开年，我们的史官无论如何也不能对惨状进行铺陈着墨，因为那实在不符合统治者的意愿。那么，我们怎么理解这个时期李唐境内出现灾害的严重程度呢？

每到我们有疑问的时候,史官都给我们留有伏笔。

唐史记载了一个名叫张俭的人通过屯田,抵御霜旱灾害的故事。而从这段故事中我们可以读出远不止此的更多信息。它给了我们另一个非常丰满的历史侧面,让我们观察到那些年的天下,实在是太苦了。无论突厥,李唐亦然。

> 俭,高祖从外孙也。高祖起,俭以功除右卫郎将,迁朔州刺史。时颉利可汗方强,每有求取,所遣书辄称诏敕,边吏奉承不敢却。
>
> 及俭,独拒不受。大教民营田,岁收谷数十万斛。虽霜旱,劝百姓相振赡,免饥殍,州以完安。(《新唐书·张俭列传》)

张俭是高祖的从外孙。在颉利势盛之时,对朔州这样的唐突边境地区,只要有所求取,就会发"诏敕",而李唐的边疆官吏完全不敢拒绝。只有这个朔州刺史张俭,皇亲国戚,见过大场面,完全不把这种敌国的"诏敕"放在眼里。也成为了"边吏"中的异类。他的做法是让老百姓努力种田,积累粮食。到了霜旱灾害的时候,通过合作自助,免于饥荒,最终保全了本地。

这段文字从另一个侧面介绍了当时的灾难。霜旱是非常普遍的,边疆对于突厥提出的不符合政治规矩的淫威,却完全无法拒绝。在这种双重压力下,边疆的州县,除了朔州以外,几乎完全无法生存。

从这个细节来观察，李唐与突厥的这种国家间的对抗是极其剧烈的，尤其是在气候极端变动的施动之下，情况变得愈发惨烈。

有很多学者对这一时期的欧洲、日本等地的文献，以及冰川和年轮等物证进行了研究，都表明这个时期出现了全球范围的气候波动。这些动因研究专业性较强，我们可以暂且不谈。但我们也可以看到，这几年无论突厥还是李唐，都在遭受严重的灾害。

中原百姓的受灾程度，并不稍逊。那些经过修饰的文字，为了尽可能反映贞观朝善治的文字，依然可以看得出其中的惨状。每每读此，还是令人动容。天灾与乱世，受苦的无非还是小民。

这段时期的气候，一直处在非常异常的情况下。武德年间反复出现大雨、霜冻等异常天气现象。大业十三年（617 年），太原起兵时，天大雨，差点就把起事的队伍淋回到了原点。武德七年（624 年），李世民五陇阪会颉利和突利之时，天大雨，连兵器都无法正常使用。公元 627 年，贞观元年，也是大雨。文献中反复记载了这种气候的异常现象。

史书惜墨如金，如果不是异常，怎么会浪费笔墨专门记录下来。这不是风萧萧、雨霖霖的抒情文献，而是记录了一个时期非常明显的气候变化。这种具有广泛区域影响力的气候极端现象，给国家治理带来了严重的挑战。

这时候，我们再次回归治理，看一看崛起国与霸权国之间在灾害危机治理方面出现的差异。在灭绝突厥之后,贞观四年(630年),史官对这几年的治理进行了总结。

> 元年,关中饥,米斗直绢一匹。
>
> 二年,天下蝗。
>
> 三年,大水。
>
> 上勤而抚之,民虽东西就食,未尝嗟怨。
>
> 是岁(贞观四年),天下大稔,流散者咸归乡里,米斗不过三四钱,终岁断死刑才二十九人。东至于海,南及五岭,皆外户不闭,行旅不赍粮,取给于道路焉。
>
> (《资治通鉴·唐纪九》)

可以说,艰难走来诚不易。从执政改元的第一年起,帝国的核心地带,关中地区,就遭遇严重的饥荒,米价高达一斗米值一匹绢。我们可以想象,就这样一种状态,会饿死多少人。

到了贞观十一年(637年),朝臣依然对此心有余悸,在奏疏中再次讲到:

> 陛下少居民间,知民疾苦。贞观之初,天下饥歉,斗米直匹绢,而百姓不怨者,知陛下忧念不忘故也。
>
> (《资治通鉴·唐纪十一》)

可见,对于贞观初年的艰苦情状,所有人都触目惊心,以至于十年后，依然历历在目。但是，大家都形成了这样一种共识，就是虽然艰难，但是我们有一个英明的天子。这位天子，年少时在民间生活，深知百姓疾苦。因此百姓拥戴他、信任他。于是大家都不埋怨，共同抗灾赈难。

这种基于身份认同而产生的政策信任，对于凝聚社会对李唐的信任度，降低危机中政策施行的阻力，起到了非常重要的引导作用。

那么，在这种重大危机和变局逆境之下，太宗是怎样治理的呢？

> （贞观元年）是夏，山东诸州大旱，令所在赈恤，无出今年租赋。
>
> 八月，关东及河南、陇右沿边诸州霜害秋稼。
>
> 九月辛酉，命中书侍郎温彦博、尚书右丞魏征等分往诸州赈恤。
>
> 是岁，关中饥，至有鬻男女者。（《旧唐书·太宗本纪》）

贞观元年的冬天，雪都下在了北方的突厥境内，于是到了这年夏天，山东少雨大旱。很快，更多的地方陆续出现了新的灾害。怎么办，免租减赋当然是第一位的。但仅此而已，肯定不能够让灾害治理落到实处，于是太宗派出了他最信任的名臣，温彦博和魏征，代表朝廷到受灾的地区去。

（贞观二年正月），上谓黄门侍郎王珪曰："开皇十四年大旱，隋文帝不许赈给，而令百姓就食山东，比至末年，天下储积可供五十年。炀帝恃其富饶，侈心无厌，卒亡天下。但使仓廪之积足以备凶年，其余何用哉！"（《资治通鉴·唐纪八》）

几个月过去，正月里，太宗仍然在挂念灾害的事。从大政方针上，最大的原则是先保证灾民的生存，再谈其他什么粮食储备，再然后才是其他的战略目标。这个大原则，就在这年冬天定了下来。

（贞观二年三月），丁卯，遣御史大夫杜淹巡关内诸州。

出御府金宝，赎男女自卖者还其父母。

庚午，大赦天下。

夏四月己卯，诏骸骨暴露者，令所在埋瘗。

五月，大雨雹。

（八月）癸巳，公卿奏曰："依礼，季夏之月，可以居台榭。今隆暑未退，秋霖方始，宫中卑湿，请营一阁以居之。"

帝曰："朕有气病，岂宜下湿。若遂来请，糜费良多。昔汉文帝将起露台，而惜十家之产。朕德不逮于汉帝，而所费过之，岂谓为民父母之道也。"竟不许。

是月，河南、河北大霜，人饥。（《旧唐书·太宗本纪》）

（三月）己巳，诏出御府金帛为赎之，归其父母。

庚午，诏以去岁霖雨，今兹旱蝗，赦天下，诏书略曰："若使年谷丰稔，天下乂安，移灾朕身，以存万国，是所愿也，甘心无吝。"

会所在有雨，民大悦。

夏，四月己卯，诏以"隋末乱离，因之饥馑，暴骸满野，伤人心目，宜令所在官司收瘗"。（《资治通鉴·唐纪八》）

又过去两个月，太宗继续派出了他的府中亲信，宰相杜如晦的叔父，位列三公的杜淹，带着太宗自己府中的财富，为上一年卖儿鬻女的百姓赎回子女。随后，大赦天下，下诏掩埋流亡的尸骸。

我们从这一段记载来看，当时的灾害程度是极其严重的。中原卖儿鬻女可能还是好的，暴尸荒野也为数不少。以至于要太宗亲自下诏，才能组织力量进行掩埋。因此，说天亡突厥的，这个结论尚属过早，因为我们还有更多的对比。

从治理的角度来看，可以说，这样的举措是示范性的，力度是空前的，是一种极其明确的危机应急信号。这种信号传递到了帝国的每个角落，每一级官僚，以及每一个臣民。那就是，今上与你们共克时艰。

这个信号，实在是不能再强烈了。他下了诏书告诉天下人，我甘愿为天下受难，换来年谷丰稔，天下乂安。而且这时候，太宗还说了一句具有国际视野的话，"以存万国"。这时候各国都在受灾，太宗愿为各国人受灾，换来各国的平安。不得不说，这真是颇具远见与胸怀的表现。

太宗说到做到，决不食言，因为他的宫殿在气候变化中变得潮湿不堪。虽然他有"气病"，但是坚决拒绝了修筑更高的楼阁居住的提议。而最终，太宗也是亡于"气疾"。可以说，太宗是拼了命了。这还不够。

（六月），畿内有蝗。

辛卯，上入苑中，见蝗，掇数枚，祝之曰："民以谷为命，而汝食之，宁食吾之肺肠。"

举手欲吞之，左右谏曰："恶物或成疾。"

上曰："朕为民受灾，何疾之避！"

遂吞之。

是岁，蝗不为灾。（《资治通鉴·唐纪八》）

从历史史实来看，或许并无大谬，太宗为了减蝗虫，不顾劝诫，亲自吃了蝗虫。但实际情况可能有所出入，因为这件事也是示范性的。天子亲自示范，证明吃蝗虫无害。因为只有这样，才能够在民间掀起灭蝗的热潮。毕竟，吃掉蝗虫，既可以充饥，又可以减灾。确实是个两全之策，但必须得到全民的认可。

这时候，文人、士大夫、官员谁出来说话都不一定能够得到民众的真正信任。

于是，太宗亲自出马，以身试蝗。这一年，"蝗不为灾"。无论如何，太宗以九五之尊，亲自试验，真可谓中国乃至世界历史上解决生物安全危机，减灾防灾，灭蝗应饥的一次极其生动的实践。

就是在这种前所未有，后亦难见的伟大尝试中，太宗宣誓了他与臣民在一起的决心，带领全国官员与臣民一道，救灾应急。

（贞观三年）六月戊寅，以旱，亲录囚徒。

遣长孙无忌、房玄龄等祈雨于名山大川，中书舍人杜正伦等往关内诸州慰抚。又令文武官各上封事，极言得失。

己卯，大风折木。

九月癸丑，诸州置医学。（《旧唐书·太宗本纪》）

到了贞观三年（629年），大旱依然，风灾泛滥。我们连续看到了三项重大举措。首先，太宗亲自解决囚徒的问题。这是大赦天下已无可赦之时，最高统治者再次释放的重要信号。为了天下安宁，我亲自审理冤狱。

其次，也是最重要的，让太宗最亲近的大舅哥，他最信任的人，天下之宰，长孙无忌，以及他最重要的治理臂膀，另两位宰相,房玄龄、杜正伦两人作为钦差去各地安抚人心。这是非常重要的应急管理举措,也就是进行具有足够权威的沟通,保持老百姓对朝廷的信任,恢复应对灾难的信心。

我们看到,太宗派出赈灾抚慰的代表在这三年里不断升级,从中书侍郎温彦博、尚书右丞魏征,到位列三公的御史大夫杜淹,再到宰相长孙无忌和房玄龄。级别的不断升高,直至能够完全代表皇帝本人的亲属、宰相和亲随来到地方,可见赈灾力度之猛,也可见灾害烈度之巨。

他们出巡的范围也不断扩大,从个别受灾的地区,直至全国。从这个迹象,我们就能观察到,这种灾害的严重程度确实是深刻冲击着帝国的生存的。

第三件事,动用国家力量在各州建立医馆。收治病患,大灾之后有大疫。三年大灾,必然伴随重疫。国家出手,建立医疗机构,培育医疗人员,可见,已经做好在更长周期中应对复杂局面的准备。因为谁都无法预料,剧变的气候引发的自然灾害还将持续多久,还会不会恶化。

因此,学会与"严重不确定性"共存,就是先进的决策思维。在全国升级医疗救治体系,无疑是这样一种防范抵御风险的底线思维决策。

正是在这样的同心同德、全国动员、亲随出马、以身试蝗、不避风疾、布局医馆等一系列及时、重磅、系统的抗灾举措的悉心治理下,李唐政权在重大连续灾害中、极端气候变化中稳定了下来,而且赢得了相对于霸权国突厥的竞争优势。

与之相对的，突厥是怎么治理的。

颉利用度不给，复重敛诸部，由是下不堪命，内外
多叛之。（《旧唐书·突厥列传》）

云泥霄壤，何须多言。

The Golden Age of Tang Dynasty

第七章 摧垮

决战只是宣告
胜利的仪式

风尘三尺剑，社稷一戎衣。

——杜甫

郑元璹一语定乾坤

兵者,国之大事。执国柄者,必然慎之又慎。尤其是在与霸权国的争锋中,宁可备而不用,绝对不可妄用。必须是国家战略指挥兵锋,而不能是行伍操纵政治。引而不发的智慧,被太宗发挥到了极致。

(武德九年)十二月己巳,益州大都督窦轨奏称獠反,请发兵讨之。

上曰:"獠依阻山林,时出鼠窃,乃其常俗。牧守苟能抚以恩信,自然帅服,安可轻动干戈,渔猎其民,比之禽兽,岂为民父母之意邪!"

竟不许。(《资治通鉴·唐纪八》)

"竟不许",实在是史官太有水平。对于平定叛乱这样任何君主都必然毫不犹豫要做的事,甚至是首要任务,太宗刚刚上任,居然不许! 这是何等的离奇。在动与静之间,我们清晰地看到了太宗新的战略方针。在重大战略目标之下,其他一切都必须让位。

选择战略隐忍，是一种智慧。而坚定地执行这种战略隐忍，则是一种无上智慧。引而不发，发则雷霆万钧。渭水受辱为贞观新君带来了严重的政治压力、心理负担，并对国家发展带来负面影响。

雪耻千古，一直是太宗心头的首要任务。然而，战略决策关键中的关键，就是战略时机的选择。同样的决策，在不同的时间，必然产生不同的效果。这是对战略环境、战略态势的准确把握，建立在强大的战略评估能力基础上，以及稳健的战略决策体系，当然更要仰赖于一锤定音的关键决策者。

史书为我们断断续续披露了贞观年间的多次战略时机选择。

当然，首先是贞观初年的大战略讨论，武将提出的"震耀威武，征讨四夷"没有被采纳，而是选择了"治安中国、四夷自服"的大战略。应该说，这是首次研讨是否动武的战略决策，我们前面已经详细介绍。太宗认为与突厥开战的条件尚不成熟：

> 吾即位日浅，国家未安，百姓未富，且当静以抚之。（《资治通鉴·唐纪七》）

从元吉、裴寂反复抵御突厥而反复全军溃败，看得出，唐初尚无实力对抗突厥，甚至没有实力对抗突厥的傀儡。高祖急于和突厥撕破脸。而太宗则是战略隐忍的高手。

此时与东突厥决战，在军事上的某一次战役也许有胜算，但从整个政权看得不偿失。正是在这样的大战略指引下，对突厥的战略动作时机选择，获得了更加稳健的战略指引。

很快，来到了贞观元年，突厥遭遇了严重的自然灾害，加上颉利取用无度，治理不善，内部出现了动乱的迹象。这时候，是不是举兵讨伐的时机呢？李唐高层作出了时机不宜的判断。

（贞观元年）七月。初，突厥内外离怨，诸部多叛，兵浸弱。言事者多请击之。（《资治通鉴·唐纪八》）

时突厥颉利可汗新与中国和盟，政教紊乱，言事者多陈攻取之策。

太宗召萧瑀及无忌问曰："北蕃君臣昏乱，杀戮无辜。国家不违旧好，便失攻昧之机；今欲取乱侮亡，复爽同盟之义。二途不决，孰为胜耶？"

萧瑀曰："兼弱攻昧，击之为善。"

无忌曰："今国家务在戢兵，待其寇边，方可讨击。彼既已弱，必不能来。若深入虏廷，臣未见其可。且按甲存信，臣以为宜。"

太宗从无忌之议。突厥寻政衰而灭。（《旧唐书·长孙无忌列传》）

可以说，长孙无忌这段话，非常具有现代战略评估的意义。萧瑀的判断，只考虑了对手。然而，国家间的战略竞争，从来都是一种对比中的相对状态，也就是所谓的"净评估"。不是简单看对手实力的消长，而是把自己也放进去，看双方相对实力差距的消长。必须抓住实力差距最微妙的那个时机，开展战略行动。早则受挫，迟则失机。

长孙无忌的判断非常明确，表达也非常委婉。不能简单从字面上理解，因为我们没有讨伐突厥的理由。而是民情民意、士气军心都还没有巩固到位，所以不应出师。这一年，不仅突厥受灾，大唐自身也大面积地出现了旱灾，关中地区出现了卖儿鬻女的悲惨情况。这时候贸然兴兵讨伐，恐怕没法得到群众的支持。太宗听进去了，首次战略动议搁浅。

这里面还有一个因素，虽然没有交代，但在李唐君臣应该有一种默契。中原与草原之间的攻伐有一个规律，是有季节性的。一般入寇都在秋季，非常容易理解，秋高马肥，草原民族依势南侵，劫掠过冬。这是一种环境的适应，也是一种优胜策略。而反击选择的时机，则在深冬，这时候是草原上最难过的时候。反季节驱动，就会造成势衰力竭。因此，武德末年以来，颉利不分季节地入寇，给自身也造成了巨大的伤害。在贞观之初，双方都处于疲态。

贞观元年（627年）七月讨论出兵北伐，显然无论如何都说不过去。这时候，突厥正缓过劲来。于是，时间来到了这一年的年末。

（十二月），颉利政乱，薛延陀与回纥、拔野古等相帅叛之。

颉利遣其兄子欲谷设将十万骑讨之，回纥酋长菩萨将五千骑，与战于马鬣山，大破之。欲谷设走，菩萨追至天山，部众多为所虏，回纥由是大振。薛延陀又破其四设，颉利不能制。

颉利益衰，国人离散。会大雪，平地数尺，羊马多死，民大饥，颉利恐唐乘其弊，引兵入朔州境上，扬言会猎，实设备焉。

鸿胪卿郑元璹使突厥还。言于上曰："戎狄兴衰，专以羊马为候。今突厥民饥畜瘦，此将亡之兆也，不过三年。"

上然之。

群臣多劝上乘间击突厥。

上曰："新与人盟而背之，不信；利人之灾，不仁；乘人之危以取胜，不武。纵使其种落尽叛，六畜无余，朕终不击，必待有罪，然后讨之。"（《资治通鉴·唐纪八》）

上一年的灾害，显然在突厥的盟友体系之间，制造了严重的冲突。一些部落开始反叛，对突厥的一些军事据点造成了冲击。而这一年的冬天，又遭遇了大雪。无疑，所有人都看得出来，这比上一年的时机更好了。

这时候，关键人物郑元璹从一线带回来了关键情报。这份情报的后面,还有他的战略判断,不出三年,突厥将亡。这实在是一份好情报,既有一线的真实情况,也有趋势性的战略判断。同时,情报出自这样一位在这条战线上已经屡立功勋的英雄人物,自然增加了更多的可信度。

于是,更多的人开始按捺不住了。群臣中大多数都认为时机已经到了。在态势的持续变动中,每一个节点都比上一个更加诱人。绝大多数人,都无法抵制这种战略诱惑。

这时候,太宗展现出了他无与伦比的战略定力。即使大多数人都已经按捺不住,他仍然能够坚持战略隐忍,作出冷静的战略判断,等待一个更好的时机。

因为郑元璹已经说得非常明白,趋势还在发展,局面还在发酵,突厥还在一天天地坏下去,而且变坏的态势还非常快。这时候,有什么可着急的呢?

双方的实力对比是一天天地拉大,对于攻伐来说,完全没有任何时间紧迫性。况且突厥还在最后挣扎,已经意识到了风险,而前出朔州设防,进行了战争动员。这种时候,启动重大战略行动,显然是不明智的。

太宗心里清楚,他相信郑元璹,更相信自己的战略判断。同时,为了增强战略迷惑性,太宗还又补充了他的表态。即使突厥自己丧失了全部力量,只要他不犯错,我不会出击。

这样,太宗就在继续进行战略隐忍的同时,往前下了一步棋。把迷惑敌人的信号,传递出去。

朝野上下只有太宗还要等

太宗不采取重大战略行动,不代表没有行动。在战略隐忍阶段,不是不作为,而是"引而不发",所谓蓄势而徐图者也。因为摧垮霸权这件事,不是一蹴而就的,必须通盘谋划,循序为之。

翻过年来,开春。

（贞观二年四月),初,突厥突利可汗建牙直幽州之北,主东偏,奚、霫等数十部多叛突厥来降,颉利可汗以其失众责之。及薛延陀、回纥等败欲谷设,颉利遣突利讨之,突利兵又败,轻骑奔还。

颉利怒,拘之十余日而挞之,突利由是怨,阴欲叛颉利。颉利数征兵于突利,突利不与,表请入朝。

上谓侍臣曰:"向者突厥之强,控弦百万,凭陵中夏,用是骄恣,以失其民。今自请入朝,非困穷,肯如是乎!朕闻之,且喜且惧。何则?突厥衰则边境安矣,故喜。然朕或失道,它日亦将如突厥,能无惧乎!卿曹宜不惜苦谏,以辅朕之不逮也。"

颉利发兵攻突利,丁亥,突利遣使来求救。

上谋于大臣曰:"朕与突利为兄弟,有急不可不救。然颉利亦与之有盟,奈何?"

兵部尚书杜如晦曰:"戎狄无信,终当负约,今不因其乱而取之,后悔无及。夫取乱侮亡,古之道也。"
(《资治通鉴·唐纪八》)

熬过了寒冬,突厥面临更加严峻的局面。这时候,霸权国的国际体系开始出现了崩解的态势,内部裂痕也趋于明显。陆续出现了抛弃突厥,投靠李唐的形势。其中最重要的力量,就是突利。这是霸权国最核心的盟友体系构成,看似两国,实际一国,同根同源,共茊连枝。突利的倒戈,让更多人坐不住了,连杜如晦这样剖断如流的决策大师,也作出了他的最新战略判断——现在不行动,后悔就来不及了。这已经是最佳时刻。

显然,太宗还有他的考虑。这正是伟大的战略家敏锐的直觉与清醒的头脑所表现出的过人之处。杜如晦已非同寻常,太宗更在杜之上。

太宗还在等。他在等什么? 翦除羽翼。

丙申,契丹酋长帅其部落来降。

颉利遣使请以梁师都易契丹,上谓使者曰:"契丹与突厥异类,今来归附,何故索之! 师都中国之人,盗我土地,暴我百姓,突厥受而庇之,我兴兵致讨,辄来救之,彼如鱼游釜中,何患不为我有! 借使不得,亦终不以降附之民易之也。"

先是,上知突厥政乱,不能庇梁师都,以书谕之,师都不从。上遣夏州都督长史刘旻、司马刘兰成图之,旻等数遣轻骑践其禾稼,多纵反间,离其君臣,其国渐虚,降者相属。

其名将李正宝等谋执师都,事泄,来奔,由是上下益相疑。旻等知可取,上表请兵。

上遣右卫大将军柴绍、殿中少监薛万均击之,又遣旻等据朔方东城以逼之。师都引突厥兵至城下,刘兰成偃旗卧鼓不出。师都宵遁,兰成追击,破之。

突厥大发兵救师都,柴绍等未至朔方数十里,与突厥遇,奋击,大破之,遂围朔方。

突厥不敢救,城中食尽。

壬寅,师都从父弟洛仁杀师都,以城降,以其地为夏州。(《资治通鉴·唐纪八》)

明知山有虎,偏向虎山行,是勇士之为。然而,兵者,国之大事,不可不慎之又慎。太宗选择了一套更加稳健的战略路线,先外围,后核心。这正是因为太宗看准了通盘的力量格局的变动趋势,他不认为"今不因"此乱"而取之",真的就会"后悔无及"。因为他非常确定,此乱之后,还有更乱。

于是,他等到了对手更加严重的犯错。契丹来降,颉利已经乱了阵脚,主动要求放弃梁师都,交换契丹。这是非常愚蠢的战略决策,一举失两端。契丹已经倒戈,梁师都也被颉利推出了保护伞。可谓自翦羽翼,自毁长城,自寻死路。这就是太宗胸有成竹等待的机会,对手一定会再犯错,而且是大错。

正是因为太宗与颉利和突利两代人之间都有着极其深厚的渊源和复杂的关系,他对于重要战略对手的了解,可以说完全胜过所有朝中重臣与高参。我们在前文已述,颉利曾到太宗的指挥所中参与协同作战,突利则与太宗有香火之盟、通家之好。

正是这样的背景,让我们清楚了一个道理,到底谁更了解敌人?朝堂上的贤达们了解的敌军首领是文牍中的。郑元璹之辈更进一步,他了解的对手是在敌人内部的。而相比之下,太宗则又更进了一大步,他了解的对手是指挥所里的和家宴中的。

正因如此,太宗才能够作出极其稳健的战略决断。这也是他能够在五陇阪和渭水桥边两次单骑退敌的关键所在。只这一点,李唐朝中便无人能及。经过复杂深刻的路线斗争之后,李唐出现了一位熟悉外部事务的最高统治者。这对于带领那个时代的李唐应对突厥霸权挑战,融入和改造国际体系,具有极端重要的历史性意义。

直到贞观二年四月,连决策家杜如晦都认为时机成熟之时,太宗依然没有表态。他还在等他熟悉的老对手乱作为。或者我们还可以想见,太宗有他自己的情报系统,至少突利有可能会将突厥最高层、最真实的情况反馈给太宗。

更重要的是,太宗戎马半生,军机转瞬即逝,把握战略时机、作战略决断的能力,早已在军旅生涯十数年的生死存亡的危急关头反复练就。

实践,是最增长才干的阵地。

（贞观二年九月）,己未,突厥寇边。

朝臣或请修古长城,发民乘堡障。

上曰:"突厥灾异相仍,颉利不惧而修德,暴虐滋甚,骨肉相攻,亡在朝夕。朕方为公扫清沙漠,安用劳民远修障塞乎!"（《资治通鉴·唐纪九》）

秋高马肥,突厥又至。朝中有人提出了修长城。这件事反映出了太宗战略谋划的高度机密性。在杜如晦表态之后,太宗甚至没有发言。于是朝中对于抗突战略发生了疑虑,究竟圣上是不是放弃了进攻战略? 这么好的时机居然按兵不动,我们提醒他一下,要不要修长城。

太宗嗤之以鼻,不得不说了这样一段话,以安人心,以定方略。我已经做好了扫清沙漠的准备,你们就不要拿是不是修长城这种事情来试探我了。今天我们就可以公开地明确下来,荡平北境,就是国策,不必疑虑,不必焦急,敬请期待。

除了动兵,太宗仍然在积极作为,以成本极低的方式。

（十二月）,西突厥统叶护可汗为其伯父所杀,伯父自立,是为莫贺咄侯屈利俟毗可汗。

国人不服,弩矢毕部推泥孰莫贺设为可汗,泥孰不可。统叶护之子咥力特勒避莫贺咄之祸,亡在康

居,泥孰迎而立之,是为乙毗钵罗肆叶护可汗,与莫贺
咄相攻,连兵不息,俱遣使来请婚。

上不许,曰:"汝国方乱,君臣未定,何得言婚!"且
谕以各守部分,勿复相攻。

于是西域诸国及敕勒先役属西突厥者皆叛之。
(《资治通鉴·唐纪九》)

这年冬天,在外部复杂因素的影响下,西突厥也乱了起来。
太宗明确表态,我们不持立场,不介入。站稳阵脚,冷静观察,
西部的国际体系也随着西突厥的内乱而崩塌。迎来这个局面,
太宗没有费吹灰之力,靠的是稳和等。实际上,太宗对这些形
势一直稳操胜券,因为西突厥之中,太宗也早有经营。

咄陆可汗泥孰者,亦称大渡可汗。父莫贺设,本
隶统叶护。武德中,尝至京师。时太宗居藩,务加怀
辑,与之结盟为兄弟。(《旧唐书·突厥列传》)

我们观察到,太宗在武德年间,也就是所谓的"居藩"之时,
并不只是带兵杀伐而已。他"务加怀辑",有计划、有布局地在
突厥内部安插了各种线索,与当时还不在关键岗位上的一些突
厥贵族子弟结为兄弟。这一方面为太宗赢得处理对突关系主
导权发挥了重要作用,以至于高祖下定决心要杀太宗之时,只
有突厥入寇的警报能够救太宗;另一方面也为太宗日后雪耻千

古,积累了大量的暗线资源。而更重要的是,太宗也因此获得了成为"天可汗"不二人选的独特历史优势。

西面如此,北面也如此吗? 不是的,具体问题具体分析。除了动兵,太宗动用了最廉价的手段,扶植对方阵营的颠覆力量。这个势力找得非常准——薛延陀。就在他壮大之时,太宗主动作为,派遣游击将军送去册封和鼓纛,提供政治合法性,以及其他一应帮助。薛延陀,感恩戴德。太宗,举重若轻。

> 突厥北边诸姓多叛颉利可汗归薛延陀,共推其俟斤夷男为可汗,夷男不敢当。
>
> 上方图颉利,遣游击将军乔师望间道继册书拜夷男为真珠毗伽可汗,赐以鼓纛。
>
> 夷男大喜,遣使入贡,建牙于大漠之郁督军山下,东至靺鞨,西至西突厥,南接沙碛,北至俱伦水。回纥、拔野古、阿跌、同罗、仆骨、霫诸部落皆属焉。(《资治通鉴·唐纪九》)

薛延陀在郁都军山下建立的政权,迅速瓦解了突厥的同盟体系。当年处罗费尽心力,甚至用生命来拥立的杨政道政权,与此效果相比,完全不可同日而语。这就是我们前面所说的,同样的谋略、同样的决策,必须审时度势。时机不同,效果迥异。

夫立策决胜之术，其要有三：一曰形，二曰势，三曰情。

形者，言其大体得失之数也；

势者，言其临时之宜、进退之机也；

情者，言其心志可否之实也。

故策同事等而功殊者，三术不同也。

故曰：权不可豫设，变不可先图。与时迁移，应物变化，设策之机也。（《资治通鉴·汉纪二》）

太宗的精准决策，让战略成本降到最低，而收益却出乎所料。正是在这种战略竞争的精算中，优势得以不断积累。正因为精算如此到位，让这种积累非常平稳，以至于大多数人把它与气候的变动趋势之间巧合的关系错认为了因果关系。悠悠千古，任人评说。

阵营一乱，羽翼一散，对手就坐不住了。这时候，我们明显感觉到态势正在发生质的变化。

（贞观三年八月）丙子，薛延陀毗伽可汗遣其弟统特勒入贡。上赐以宝刀及宝鞭，谓曰："卿所部有大罪者斩之，小罪者鞭之。"夷男甚喜。

突厥颉利可汗大惧，始遣使称臣，请尚公主，修婿礼。

十二月戊辰，突利可汗入朝，上谓侍臣曰："往者

太上皇以百姓之故，称臣于突厥，朕常痛心。今单于稽颡，庶几可雪前耻。”(《资治通鉴·唐纪九》)

对手，求饶了。不战而屈人之兵，上之上者也，太宗做到了，不费吹灰之力。高明之处，远胜于此前在每一个好的时间节点认为不容错过的名臣重宰。这时候，太宗长出了一口气，雪耻，已经基本完成。

如果想拆掉一座大厦，并不是直接上去叮叮咣咣，而是先除掉附庸，再蚕食基础，直到摇摇欲坠之时，出手只轻轻一推。从这时候开始，霸权体系，就像即将倾覆的大厦，砖石瓦片开始扑扑簌簌地往下掉落，已经完全无法阻挡。

(十二月)，壬午，靺鞨遣使入贡。庚寅，突厥郁射设帅所部来降。

闰月丁未，东谢酋长谢元深、南谢酋长谢强来朝。诸谢皆南蛮别种，在黔州之西。

乙丑，牂柯酋长谢能羽及充州蛮入贡，诏以牂柯为牂州；党项酋长细封步赖来降，以其地为轨州，各以其酋长为刺史。

步赖既为唐所礼，余部相继来降，以其地为崌、奉、岩、远四州。(《资治通鉴·唐纪九》)

这一年就要过完了，寻常来说，目标已经实现了。然而，太宗的战略目标,还没有达到。

复仇是小孩子玩的,灭国也不在话下,关键是要摧枯拉朽地解决问题,并且平地起高楼地恢复统治,以及实现国际体系平稳顺畅的转换与过渡。

张公谨六条与李靖天赐机缘

代州都督张公谨上言突厥可取之状,以为:

"颉利纵欲逞暴,诛忠良,昵奸佞,一也。

薛延陀等诸部皆叛,二也。

突利、拓设、欲谷设皆得罪,无所自容,三也。

塞北霜早,粮粮乏绝,四也。

颉利疏其族类,亲委诸胡,胡人反覆,大军一临,必生内变,五也。

华人入北,其众甚多,比闻所在啸聚,保据山险,大军出塞,自然响应,六也。"

上以颉利可汗既请和亲,复援梁师都,丁亥,命兵部尚书李靖为行军总管讨之,以张公谨为副。(《资治通鉴·唐纪九》)

太宗的亲信,北线的总指挥张公谨,发来了前线的决战判断。这位张公谨,就是玄武门之变时,把太宗要占卜的器具扔了一地的那位耿直哥。过命之交,太宗是信任他的。让他到前线去,除了整军备战,自然要带来靠谱的情报。

张公谨给出了六条。我们看得到,这几条都指向了一个信心,我们已经完全瓦解了敌人的内部。总攻不会是强攻。不论是突厥人的内应,还是"入北华人"的据点,我们都已经安排妥当,只等圣上的一声令下了。

张公谨的信号,发挥了关键作用。这才是推动太宗作出最后决策的那个信号。太宗等的,就是这句话。我要的是万无一失,易如反掌,不费吹灰之力。

这里面,其实还有一件事值得讲一讲。历史没有讲的,反而是我们值得思考的。我们都知道李靖因此一战封神。然而我们似乎还没有考虑过,太宗才是李唐建国时最杰出的武将。论平定四方,灭国隳城,谁能够比得过太宗呢? 然而,太宗在这个已经准备得足够充分,对手已经求饶,简直唾手可得的重大战略契机上,没有任何迹象提出要亲征突厥。

这是很有意思的现象。我们在历史中没有看到任何这样的讨论。我想,如果太宗提出来,应该没有人能拒绝。即使拒绝了,也不会没有史官记下来。显然太宗没有提。

于是,太宗迅速作出战略安排,建立了对突作战的总指挥部,开始实施战前准备。

（武德九年九月）,丁未,引诸卫骑兵统将等习射
于显德殿庭,谓将军已下曰:"自古突厥与中国更有盛
衰。若轩辕善用五兵,即能北逐猃狁;周宣驱驰方、

召,亦能制胜太原。至汉、晋之君,逮于隋代,不使兵士素习干戈,突厥来侵,莫能抗御,致遗中国生民涂炭于寇手。我今不使汝等穿池筑苑,造诸淫费,农民恣令逸乐,兵士唯习弓马,庶使汝斗战,亦望汝前无横敌。"

于是每日引数百人于殿前教射,帝亲自临试,射中者随赏弓刀、布帛。

朝臣多有谏者,曰:"先王制法,有以兵刃至御所者刑之,所以防萌杜渐,备不虞也。今引禅卒之人,弯弧纵矢于轩陛之侧,陛下亲在其间,正恐祸出非意,非所以为社稷计也。"

上不纳。

自是后,士卒皆为精锐。(《旧唐书·太宗本纪》)

为了剿灭突厥,太宗完全没有听从任何谏言,坚决违反"先王制法",在自己的宫廷中开展对突作战的演练。这和他在贞观初这几年积极表现出纳谏的态度简直是背道而驰。你可以劝我不筑楼台,说我亲近小人,我都可以听。只有这件事,灭突准备,我不会听你们的,即使不合先王制法,即使我面临杀身风险,我都不会听从关于这件事的谏言,必须在我的宫廷中,引领起灭突备战的强大风气。

这种战略决心和举措带来的效果肯定是突出的,练兵备战的风气迅速形成,灭突雪耻的士气不断高涨,从这以后,士卒的作战能力大幅提高,精兵劲旅就此造就。

我们有必要对太宗的作战风格进行进一步的深入了解。

　　及高祖之守太原,太宗时年十八。

　　有高阳贼帅魏刀儿,自号历山飞。来攻太原,高祖击之,深入贼阵。

　　太宗以轻骑突围而进,射之,所向皆披靡,拔高祖于万众之中。

　　适会步兵至,高祖与太宗又奋击,大破之。(《旧唐书·太宗本纪》)

十八岁的太宗,力拔高祖于万众之中,所向披靡,可谓于万军之中如入无人之境。如果这一段还显得文学修饰的色彩太强的话,那么还有一段颇具故事性的。

　　秦王世民追及寻相于吕州,大破之,乘胜逐北,一昼夜行二百余里,战数十合。

　　至高壁岭,总管刘弘基执辔谏曰:“大王破贼,逐北至此,功亦足矣。深入不已,不爱身乎!且士卒饥疲,宜留壁于此,俟兵粮毕集,然后复进,未晚也。”

　　世民曰:“金刚计穷而走,众心离沮;功难成而易败,机难得而易失,必乘此势取之。若更淹留,使之计立备成,不可复攻矣。吾竭忠殉国,岂顾身乎!”

遂策马而进，将士不敢复言饥。追及金刚于雀鼠谷，一日八战，皆破之，俘斩数万人。

夜，宿于雀鼠谷西原，世民不食二日，不解甲三日矣，军中止有一羊，世民与将士分而食之。丙辰，陕州总管于筠自金刚所逃来。

世民引兵趣介休，金刚尚有众二万，戊午，出西门，背城布陈，南北七里。世民遣总管李世勣等与战，小却，为贼所乘。

世民帅精骑击之，出其陈后，金刚大败，斩首三千级。金刚轻骑走，世民追之数十里，至张难堡。

浩州行军总管樊伯通、张德政据堡自守，世民免胄示之，堡中喜噪且泣。

左右告以王不食，献浊酒、脱粟饭。（《资治通鉴·唐纪四》）

这一段，如果出现在太宗亲征突厥，我们一点都不会惊奇。世民追击刘武周的残余势力，乘胜而进，一昼夜前进了二百余里。太宗的亲信大将刘弘基实在是看不下去了，生怕出了差错，毕竟秦王世民年少气盛，如果中了埋伏出了意外，得不偿失。于是他生生拉住马缰绳劝导戎衣少年郎，追到这个地步，功绩已经足够卓著，不需要，也不能够再前进了。然而世民是怎么回答的呢？机不可失，时不再来，看准了机会，就必须不顾一切把握住。

一昼夜不休息,第二天忍饥挨饿继续前进,一天再打八场战斗,夜宿野外。随军就只找到了一只羊,太宗与将士们分而食之。这个场景,实在太有画面感。更有画面感的,我们似曾相识,像"十三壮士归玉门"的感人故事一样,主角来到了城下。在被突厥围困的一处李唐据点,弹尽粮绝,已经绝望之时。城下来人,蓬头垢面,血污满身,解下铠甲,堡中的将士才认出了,那人居然是秦王!既惊喜于峰回路转得救,更感动于秦王如此风尘披挂而来,于是喜极而泣。这时候,才听说秦王已经前前后后两日不食,三日不解甲。

风尘三尺剑,社稷一戎衣。就是这样一个世民,在稳稳拿准了摧垮突厥的通盘谋划之时,他没有亲自去,而是把建不世之功于北境的机会让给了李靖。

唐俭的秘密使命

(贞观三年十一月)庚申,以并州都督李世勣为通汉道行军总管,兵部尚书李靖为定襄道行军总管,华州刺史柴绍为金河道行军总管,灵州大都督薛万彻为畅武道行军总管,众合十余万,皆受李勣节度,分道出击突厥。

(贞观四年)正月,李靖帅骁骑三千自马邑进屯恶阳岭,夜,袭定襄,破之。突厥颉利可汗不意靖猝至,大惊曰:"唐不倾国而来,靖何敢孤军至此!"其众一日数惊,乃徙牙于碛口。

靖复遣谍离其心腹,颉利所亲康苏密以隋萧后及炀帝之孙政道来降。

乙亥,至京师。

李世勣出云中,与突厥战于白道,大破之。

二月己亥,上幸骊山温汤。(《资治通鉴·唐纪九》)

欲将轻骑逐,大雪满弓刀。寒冬正是击寇时,但颉利依然被太宗的战略欺骗所蒙蔽。颉利满心认为,他的称臣、求降、请婚、执婿礼已经被接受,因此正在坐等好事。毫无疑问,这就是太宗通盘谋划中的一环,杰出的战略欺骗。

这种成功的战略欺骗让颉利怎么也没想到,太宗以雷霆万钧之势,要一击荡平北境。李靖,三千奇兵,就拿下了定襄。在前期精密筹备的内应之下,俘获杨政道政治集团,当月就被送往京师。这一轮突厥与李唐的政治博弈从武德三年(620年)处罗拥立杨政道,到贞观四年(630年)李靖遣送隋炀帝的萧皇后和杨政道到长安,画上了圆满的句号。太宗在这场政权颠覆斗争中,最终获得了完胜。

突利入朝,太宗已经雪耻。杨政道解送到京,太宗已经全胜。于是,他离开长安,到骊山温汤去了。这是何等的气魄。所谓指挥若定,气定神闲,无出其右矣。

这场胜利,实在来得太快,几乎不费吹灰之力。而达到这样的战略成就,根源就在于长期的战略准备、稳健的战略隐忍与精准的时机把握。

我们看到，摧垮突厥这一战，几乎是完全按照剧本在演。在读史之余，不得不感叹于贞观初年对于这场战争的长期精准谋划。

> 甲辰，李靖破突厥颉利可汗于阴山。
>
> 先是，颉利既败，窜于铁山，余众尚数万。遣执失思力入见，谢罪，请举国内附，身自入朝。
>
> 上遣鸿胪卿唐俭等慰抚之，又诏李靖将兵迎颉利。
>
> 颉利外为卑辞，内实犹豫，欲俟草青马肥，亡入漠北。
>
> 靖引兵与李世勣会白道，相与谋曰："颉利虽败，其众犹盛，若走度碛北，保依九姓，道阻且远，追之难及。今诏使至彼，虏必自宽，若选精骑一万，赍二十日粮往袭之，不战可擒矣。"
>
> 以其谋告张公谨，公谨曰："诏书已许其降，使者在彼，奈何击之！"
>
> 靖曰："此韩信所以破齐也。唐俭辈何足惜！"
>
> （《资治通鉴·唐纪九》）

我们看到，通盘还是太宗在谋划。颉利再次派遣了执失思力觐见。这时候，我们从执失家的墓志中，还能够得到更多的信息。

> 遣与李靖计会,内外应接,因擒颉利可汗。(《执
> 失善光墓志铭》)

执失的后人毫不避讳,在摧垮突厥霸权的过程中,执失思力就是李唐的内应,直接配合李靖的作战行动。

太宗派出了他的亲信,曾经的天策府长史唐俭,前去突厥阵中稳住敌人。同时,又下诏给了李靖。可谓软硬两手,都在太宗掌握。

唐俭这个人选,显然是有深刻考虑的。曾经在起兵之初,唐俭在被刘武周俘获后,在狱中得知屯兵蒲州的李唐阵营高层、工部尚书独孤怀恩谋反之事。在高祖坐船就要过河到达蒲州的千钧一发之际,唐俭紧急派遣刘世让冒死报信,救下高祖一命。可以说,唐俭对于李唐是有救上命于危难、扶社稷于狂澜的大恩的。

> 俭闻之,惧怀恩为逆,乃密令亲信刘世让以怀恩
> 之谋奏闻。适遇王行本以蒲州归降,高祖将入其城,
> 浮舟至中流,世让谒见。高祖读奏,大惊曰:"岂非天
> 命也!"回身而归,分捕反者按验之,怀恩自缢,余党
> 伏诛。
> 俄而太宗击破武周部将宋金刚,追至太原,武周

318

惧而北走,俭乃封其府库,收兵甲,以待太宗。

高祖嘉俭身没虏庭,心存朝阙,复旧官,仍为并州道安抚大使,以便宜从事,并赐独孤怀恩田宅赀财等。

使还,拜礼部尚书,授天策府长史,兼检校黄门侍郎,封莒国公,与功臣等元勋恕一死,仍除遂州都督,食绵州实封六百户,图形凌烟阁。(《旧唐书·唐俭列传》)

让这样的国家元勋亲赴敌营,连封疆大吏张公谨都产生了疑问。这样重量级的人物都在突厥营中,怎么可以进攻?突厥,必然也是这么想的。而太宗非常清楚,他们都会这么想。这就是战略欺骗的筹码,一定要把天平压住。

史书为我们留下了明确的线索,李靖在唐俭出使的同时,也拿到了太宗的手诏。其中故事,我们可以想象,但史官依然不能明言。

(贞观四年),驰传往诱使归款,颉利许之,兵懈弛,李靖因袭破之,俭脱身还。(《新唐书·唐俭列传》)

太宗谓俭曰:"卿观颉利可图否?"对曰:"衔国威恩,亦可望获。"

遂令俭驰传至虏庭,示之威信。

颉利部落欢然定归款之计,因而兵众弛懈。

> 李靖率轻骑掩袭破之,颉利北走,俭脱身而还。
>
> 岁余,授民部尚书。(《旧唐书·唐俭列传》)

显然,对于唐俭出使的目的,太宗是给过明确交代的。两个人对于如何说服颉利,让突厥放松戒备,进行过精心的推演。太宗问唐俭,你觉得这次可以拿下颉利吗?"可图否",可不是能不能招降突厥,而是擒贼要擒王,一举剿灭突厥之意。

唐俭的回复是,我带着国家的威与恩同往,无惧生死,这次也很有希望能够一举抓获颉利。这段话,已经足够让人明白。

《旧唐书》通过李靖与李世勣的对话,把这个布局的战略用意描述得更加清楚。

> 勣时与定襄道大总管李靖军会,相与议曰:"颉利虽败,人众尚多,若走渡碛,保于九姓,道遥阻深,追则难及。今诏使唐俭至彼,其必弛备,我等随后袭之,此不战而平贼矣。"
>
> 靖扼腕喜曰:"公之此言,乃韩信灭田横之策也!"
> (《旧唐书·李勣列传》)

一旦决战,务求全胜。宜将剩勇追穷寇,不可沽名学霸王。要想一战拿下如此多的人马,完全依靠武力是不行的,前方的军事将领也完全明白这个道理。因此,唐俭才是赢下全局的棋眼。

或许,这还不够高瞻远瞩,还不够通盘周密。太宗还留有后手。可能我们看到的结果只是预案之一。太宗特意为唐俭配了粟特胡商出身的将军安修仁当副手。而安修仁,正是曾经在武德初年卧底在河西走廊地带称帝的李轨内部,成功实现制胜一击的关键人物。他的侄儿,就是太宗在史书中隐去的安元寿,那位在渭水便桥边陪同太宗与颉利密会的粟特人。

历史,就记载了这么多,我们无法探知更多。但我们隐约看到,迷雾之后,还有更加复杂的脉络。

就是在这样的通盘谋划之下,李靖带诏讨贼,与李世勣进行了一场神乎其技的战场布局。

> 遂勒兵夜发,世勣继之,军至阴山,遇突厥千余帐,俘以随军。
>
> 颉利见使者,大喜,意自安。
>
> 靖使武邑苏定方帅二百骑为前锋,乘雾而行,去牙帐七里,虏乃觉之。
>
> 颉利乘千里马先走,靖军至,虏众遂溃。
>
> 唐俭脱身得归。
>
> 靖斩首万余级,俘男女十余万,获杂畜数十万,杀隋义成公主,擒其子叠罗施。
>
> 颉利帅万余人欲度碛,李世勣军于碛口,颉利至,不得度,其大酋长皆帅众降,世勣虏五万余口而还。
>
> 斥地自阴山北至大漠,露布以闻。

丙午，上还宫。

甲寅，以克突厥赦天下。（《资治通鉴·唐纪九》）

太宗的长线隐蔽布局

玄龄事陛下最久，小心谨慎，奇谋秘计，皆所预闻，竟无一言漏泄，非有大故，愿勿弃之。（《旧唐书·长孙皇后列传》）

绝大多数秘密行动，直到这些亲历者故去，都不会被人所知。而他们，可能真正勾勒着历史演进的关键脉络。不只是郑元璹、安元寿，我们在这场历史性的重大时刻，观察到了更多。

在李靖破袭定襄后，颉利的宠臣康苏密也是一位来自西域康国的粟特人，迅速响应，作为内应带着隋炀帝的萧皇后和杨政道投降唐军。《新唐书》记载，护送萧皇后入朝的，还有在渭水危机中扮演了重要角色的执失思力。他"护送隋萧后入朝，授左领军将军"。毫无疑问，康苏密和执失思力的存在让我们更加明确，在这个"傀儡"政权的最高层，李唐一直都在做工作。

靖复遣谍离其心腹，颉利所亲康苏密以隋萧后及炀帝之孙政道来降。

乙亥，至京师。

先是，有降胡言"中国人或潜通书启于萧后者"。

至是,中书舍人杨文瓘请鞠之。

上曰:"天下未定,突厥方强,愚民无知,或有斯事。今天下已安,既往之罪,何须问也!"(《资治通鉴·唐纪九》)

直到他们完全抵达长安,朝廷中有人提出,投降的胡人中有举报原来曾秘密与萧后串联的中国人的,是否应该处理。太宗否决了这种偏于激进的肃清式举措。当然,他给出了非常官方的解释,因为胜败未知时,有些人糊涂站错了队。太宗决定对他们示以宽仁,以收服人心。

但同时我们也可以有更进一步的理解。在上述受举报的人中,是不是也会无差别地囊括进一些太宗布局的线索。他们在决战之前,必然也会"潜通"萧后。不然怎么会出现诸如颉利所亲的康苏密之辈,能够在李靖作战计划之中召之即来,在关键时刻发挥特殊作用。

毫无疑问,这样的人是有相当数量的。以至于张公谨劝说太宗发动决战的六条中的最后一条就是"华人入北,其众甚多,比闻所在啸聚,保据山险,大军出塞,自然响应"。有相当多的华人,已经做好隐蔽工作,大军出动自然响应。

这时候,如果无差别地按照胡人俘虏所提供的是否与萧后进行过联系来拘捕和审讯国人,必然会误伤很多隐蔽在其中的秘密线索。而这些线索,并不会因为决战胜利而失去价值。他们仍将持续扮演特殊角色。就如前文所述的安元寿一样，直到去世，依然没有解密。他们的一生，都将伴随着秘密使命，而且是左右历史进程的关键使命。

傀儡政权解决后，决战进入收官阶段，最后的目标就是匪首了。

> 初，始毕可汗以启民母弟苏尼失为沙钵罗设，督部落五万家，牙直灵州西北。及颉利政乱，苏尼失所部独不携贰。突利之来奔也，颉利立之为小可汗。
>
> 及颉利败走，往依之，将奔吐谷浑。
>
> 大同道行军总管任城王道宗引兵逼之，使苏尼失执送颉利。
>
> 颉利以数骑夜走，匿于荒谷。苏尼失惧，驰追获之。
>
> 庚辰，行军副总管张宝相帅众奄至沙钵罗营，俘颉利送京师，苏尼失举众来降，漠南之地遂空。（《资治通鉴·唐纪九》）

颉利只带了几个人连夜逃走，藏匿在荒谷中，很快就被俘获了。即使再次逃走，也被追获，并押解京师。而完成这项关乎能否彻底解决突厥问题、斩草除根不留后患的关键使命的，并不是李靖的力量，而是太宗的暗线。

阿史那忠墓志并盖(拓片)(一)

阿史那忠墓志并盖(拓片)(二)

图 9　阿史那忠墓志铭

(来源:陕西省图书馆)

苏尼失突然在史书中出现，而且被记录下了特殊的关键作用。苏尼失是谁？苏尼失就是阿史那苏尼失，启民可汗同母的弟弟，也就是始毕、处罗和颉利三人的亲叔叔。

1972年发掘的阿史那忠墓志，再次为我们记载了史书中未曾留下的线索。

> 武德之日，元王结款太宗，公时则绮襦，早蒙谒见。及贞观云始，塞北乖离，公诱执颉利可汗而以归国，蒙加宠命，授左屯卫将军。（《阿史那忠墓志铭》）

阿史那忠就是阿史那苏尼失的儿子，作为唐代著名将领，死后陪葬昭陵。阿史那忠的墓志记载了武德起事之时，他的父亲就已经"结款太宗"，埋下了线索。尽管那时候他还幼小，却已经见过太宗。

这一次建立关系，当是在隋大业十三年（617年）前后。到贞观四年（630年）在大漠寒风中"诱执"颉利，这条线索已经埋伏数十年之久，可见太宗长期经营的心血。当我们回头看的时候，也许会赞叹太宗当年的悉心经营是如此的有远见、有谋略。实际上大部分这样的观点也多是"溢美之词"。因为大部分线索的建立，在当时并不知道未来将会发挥什么价值。试想如果没有先前路线决胜的胜利，这些远埋在敌国的线索，可能再也不会被唤醒。

　　然而隐蔽布局就是这样，长期经营、布下闲棋冷子，在关键时刻，自然会发生特殊的化学反应。在当年，苏尼失也许只是与太宗有所接触，达成约定。但时光荏苒、时局变换，更可能的情况是，天下已成归心之势，一些原本不一定彻底归服的线索这时候也会争相归附。

　　正如苏尼失这种十余年前相识，此时又见到颉利狼狈失势，于是在王道宗的大军威势之下，执送颉利，却又让他数骑遁走。最后因为种种原因，因为"惧"，才又"驰追获之"。当然，在后世大局已定的政治气氛中，这种当年"结款"，决胜时"缚敌"的故事，必然要被正面讴歌。其中的原委，我们已能大致勾勒。

　　与此有所不同的是，另外一个线索，更值得我们思考。这就是颉利最坚定的追随者阿史那思摩。

　　　颉利之亡也，诸部落酋长皆弃颉利来降，独思摩随之，竟与颉利俱擒，上嘉其忠，拜右武候大将军，寻以为北开州都督，使统颉利旧众。（《资治通鉴·唐纪九》）

　　颉利的坚定追随者，一直追随到和他一起被擒。被擒以后，阿史那思摩迅速被委任为突厥旧部的新首领。如果我们放过那些史书中的对白、心理描摹和各种铺垫，只看前后事实，我们似乎就更能理解了。

　　阿史那思摩在随后十数年中，一直是李唐处理突厥问题的最高委任人。这样的情节，我们难道还不明白他的身份吗？到底是亲随，还是看守，相信我们一眼就能看透。

阿史那思摩在突厥的资格非常老，他是颉利可汗的"从叔"，甚至做过可汗。隋开皇十九年（599年），启民可汗逃奔隋朝，漠北各部拥戴阿史那思摩为东突厥可汗。启民可汗回到东突厥后，阿史那思摩又去掉可汗的称号。

虽然阿史那思摩在始毕、处罗两朝都很受最高统帅的重视，但由于长相更像是胡人，一直不被信任，从来没能任"设"的官职，去地方做带兵的大员。前文介绍过，"子弟曰特勒"，阿史那思摩以启民的兄弟和始毕、处罗和颉利"从叔"的身份，一直担任一个"闲散王爷"的职务。不过他长期处理与李唐集团的关系，也因此扮演了更加复杂的角色。

> 思摩，颉利族人也，父曰咄六设。始，启民奔隋，碛北诸部奉思摩为可汗，启民归国，乃去可汗号。性开敏，善占对，始毕、处罗皆爱之。（《新唐书·突厥列传》）

> 始毕、处罗以其貌似胡人，不类突厥，疑非阿史那族类，故历处罗、颉利世，常为夹毕特勒，终不得典兵为设。武德初，数来朝贡，高祖封为和顺郡王。（《旧唐书·突厥列传》）

我们前文在五陇阪之战时介绍过，那时候阿史那思摩就陪同突利来与世民会盟。可以说,至少从武德七年(624 年)起,阿史那思摩就与李世民建立起密切的关系。

> 世民又遣说突利以利害,突利悦,听命。颉利欲战,突利不可,乃遣突利与其夹毕特勒阿史那思摩来见世民,请和亲,世民许之。思摩,颉利之从叔也。
>
> (《资治通鉴·唐纪七》)

如果向前看还不足以证明思摩与李世民之间的特殊关系的话,那么向后看,就会有更多的启示。

阿史那思摩不只在陪同颉利被俘后,迅速开释封官,而且太宗委任他为统帅漠北旧部的新领袖。仅此就足见太宗的深谋远虑,以及阿史那思摩的独特之处。

征服一个地区往往只是开始,统治一个地区才是最困难的事。今天的世界让我们对这个道理越发理解。而开展战后统治最重要的就是选好一位新的领袖,他既要能符合政治要求,还必须足以服众,形成足够的向心力和凝聚力。

在这样的关键时刻,另一个太宗隐蔽布局下的关键人物——执失思力,率先扮演了这样的角色。

> 会颉利败,太宗令思力谕降浑、斛萨部落。(《新唐书·执失思力列传》)

派出执失思力劝降其他部落，足以证明在此前的各种危机事态中，执失思力所扮演的角色更主要的是太宗的暗线。

与此相似，但又比执失思力埋藏得更深，处在更重要的地位，也更被太宗所信任的，就是阿史那思摩。阿史那思摩不仅符合这两个标准，更重要的是在政治要求这一条，受到太宗异乎寻常的信任。

为什么这么说呢？因为除阿史那思摩之外，更合适的人选应该是突利可汗。

史书为我们铺垫了那么多突利可汗身世的尊贵，他是始毕可汗的儿子，早就有接班的安排；突利可汗与太宗的"香火之盟"，以及在消灭突厥过程中多次发挥的重要作用；作为颉利之外，他是突厥最重要的领导人。

然而太宗并没有选择他去统领旧部。虽然有"香火之盟"，而且在诸多重大历史事件中发挥关键作用，但突利并没有获得像太宗对阿史那思摩那样的信赖。仅此，我们就对太宗的布局有了更进一步的认识。也许暗线本身，就有不同的类别与性质。在重大决策中，太宗有更周密的风险评估和更高的安全出发点。

摧垮突厥后，太宗亲自对突利说：

> 太宗敕曰："而祖启民破亡，隋则复之，弃德不报，而父始毕反为隋敌。尔今穷来归我，所以不立尔为可汗，鉴前败也。我欲中国安，尔宗族不亡，故授尔都

督,毋相侵掠,长为我北籓。"

突利顿首听命。(《新唐书·突厥列传》)

贞观四年(630年)五月,太宗任命突利为顺州都督。贞观五年(631年),突利入朝,途中行至并州时病逝,时年29岁。唐太宗为之举哀,诏令岑文本刻写碑文。

相比起来,阿史那思摩的安排以及未来发展,足以让我们确认,他是比突利更让太宗信任的突厥领袖。不仅赐姓李,而且根据形势发展,还封他为可汗,在定襄建立牙帐复国。

十五年,帝以李思摩为可汗,始渡河,牙于漠南。(《新唐书·回鹘列传》)

思摩遂轻骑入朝,寻授右武卫将军,从征辽东,为流矢所中;太宗亲为吮血,其见顾遇如此。未几,卒于京师。赠兵部尚书、夏州都督,陪葬昭陵,立坟以象白道山,诏为立碑于化州。(《旧唐书·突厥列传》)

在太宗征辽过程中,思摩中箭,太宗亲自为他吮血。最终思摩获得了陪葬昭陵的待遇。凡此种种,足见二人长期以来建立的特殊关系。而史书却只以太宗嘉许他对颉利的忠贞不二,来解释这些特殊际遇。显然,这只是一种伏笔。

1992年,阿史那思摩的墓志铭出土。墓志内容基本与史书记载相符,但我们还是发现了一些特殊之处。

王以可汗之孙，授波斯特勒，俄迁俱陆可汗，统薛延陁、回纥、暴骨、同罗等部。

后为启民所破，拘于隋室，炀帝亲释其缚，赐物五百段，仍放还蕃。

始毕可汗用公为伽苾特勒。始毕没，颉利可汗立，改授罗失特勒。于是军谋密令，并出于公。去来塞下，屡为边患。

武德七年，因使入朝，蒙授和顺王，赐物万段。

皇上君临宇县，八宏有截。龙漠肃清，龟林底定。公明晓去就，理鉴安危。每劝单于，启颡魏阙。

贞观三年，匈奴尽灭，公因而入朝。主上嘉其迺诚，赐姓李氏，封怀化郡王、右武卫大将军。寻授夏州都督。

十三年，改授乙弥泥孰可汗，率部落归于黄河之北。

十八年，其种部携离，稍自归于河南胜州等界，公归罪于洛阳宫。

从驾东行，在道蒙授右卫将军，仍领蕃兵度辽。攻白崖城，为流矢所中，主上亲观传药，恩越等夷。凯旋至并州，又授翰海道行军总管。

廿年，蒙授右武卫大将军，检校屯营事。

以贞观廿一年岁次丁未三月丁亥朔十六日壬寅，遘疾卒于居德里第，春秋六十有五。即以其年四月丁

巳朔廿八日甲申窆于昭陵。(《李思摩墓志铭》)

墓志铭虽然旨在夸耀故人丰功伟绩,难免有过誉之辞。但如思摩一般的墓志铭,必然是经过官方授权认可。于是我们看到,在始毕、处罗和颉利三朝,思摩都是突厥高层决策的核心人物,所谓"军谋密令,并出于公"。从史实来看,这样的说法并不夸张。而且这句话后面跟着"屡为边患"。这说明说前一句并不是过誉的夸辞,而是官方的中肯评价。从历史关键时刻,颉利高度依赖思摩的事实也可以证明思摩确实在突厥享有相当高的信任与威望。

更重要的是,关于武德七年(624)之事,墓志铭作了非常隐晦的处理。墓志只讲到,这一年思摩出使,不仅封王,而且赐物。而对于为何如此,却说了一段文学话语。

"皇上君临宇县,八宏有截。龙漠肃清,龟林底定。公明晓去就,理鉴安危。每劝单于,启颡魏阙。"(《李思摩墓志铭》)

毫无疑问,这就是五陇阪之战时,思摩陪同突利造访世民之时,达成协议的内容。我们来仔细看看这段话的大意。那时候当今的圣上亲自来到了五陇阪,对决定历史走向发挥了关键作用。在太宗的引导下,思摩这时明确了政治立场,对"去"还是"就"作了明确的判断,对"安"还是"危"有了清晰的认识。从此以后,思摩经常劝颉利,应该归顺唐朝。

这段话说得极其隐晦,但毫无疑问的是,这样的隐晦表述恰恰证明了思摩正是在这个时候,成为太宗安插在颉利身边最重要的暗桩。而且,他的政治立场非常明确,受到太宗的高度信任。在此基础上,他集中针对颉利,开展了或明或暗的隐蔽工作。

经过我们的梳理,前前后后的所有线索都说明,在灭突过程中,思摩定然扮演了更重要的角色,也必然是太宗长期设计安排的关键角色。而这也必然只是太宗灭突安排中的隐秘环节之一,而绝非全部。

在过去 100 多年的华夏大地上,这样的故事,实际上也有不少。而且,可能比这还要夸张。因为我们都知道,阿史那思摩并不是突厥倒戈的最高层。

在他们之上,还有更早暴露的,那就是突利可汗。贞观三年(629 年),在太宗下决心出征之前,突利抵达了长安。我们应该可以这样考虑,作为突厥的最高决策者之一,在抵达了长安后,必然带了更多的、更准确的、更一手的内部信息,这对于太宗下定战略决心,必然起到关键作用。

甚至在制订作战方案以及通盘布局时,突利都不可能不参与其中。因为他虽然是颉利的侄子,却也是太宗"香火之盟""通家之好"的兄弟。

十二月戊辰,突利可汗入朝,上谓侍臣曰:"往者太上皇以百姓之故,称臣于突厥,朕常痛心。今单于稽颡,庶几可雪前耻。"(《资治通鉴·唐纪九》)

正因为突利来了,战略决心下了,重大战略行动的方案也拟定了,太宗才说了上面一段话。这段话,他憋在心里很久了。从前我们受辱,到今天这一刻,我们基本上已经确定,太宗终于雪耻了。

正是这些在史书纸背后面的关键人物和他们带进坟墓的秘密行动,真正建立起了历史演进的大线索。而留给今天的我们,只剩下按图索骥式的想象了。也许,历史就合当那样巧合。我们把前面所述的太宗的隐蔽布局做个简单总结。

颉利怎么可能不败呢?他的"副总统"已经倒戈,参与谋划剿灭他的方案制定。他的"幕僚长"坚定追随在他身边执行抓捕他的任务。他安排在傀儡政权中的"首相",在战争开始后,带着傀儡"皇帝"和"太后"直接投奔对手而去。而这位"太后"也早就与对方暗通款曲,做好了安排。他最信任的,多次派往敌营、肩负攸关性命重大使命的"特使"们,也都是对手的人。这里面,可能只有他的妻子义成公主,没有被渗透。真可谓千疮百孔,这才是众叛亲离。

真正的决战,从来都不是决战。这样一场战争,真的是金戈铁马的战争吗?那只是为喜欢荡气回肠情节的看客所准备的故事而已。真正的胜利,早在帷幄之中,李靖发兵之前,一切就已经水落石出了。

这就是战略谋划,永远都是有绝对胜算才行动。任何的盲动都是重大战略决策所完全不能允许的。太宗,用他彪炳史册的伟绩,把这个史书背后的道理教给了他的后人们。

于是,太宗幸骊山温汤。并且在剿灭突厥的整个过程中,一直在骊山温汤,坐待捷报。直到不世之功完结,太宗马上还宫,昭告天下,毕其功于一役。

四夷君长诣阙请上为天可汗。

上曰:"我为大唐天子,又下行可汗事乎?"

群臣及四夷皆称万岁。

是后以玺书赐西北君长,皆称天可汗。(《资治通鉴·唐纪九》)

表 2 太宗的隐蔽布局

人物	身份	布局时间	主要方式	后续策略
突利	小可汗	武德初年	香火之盟	公开
阿史那思摩	夹毕特勒 颉利从叔	五陇阪之战	授和顺王 赐物万段	半公开
执失思力	颉利心腹	武德初年	祖孙"并亲从"	不公开
阿史那苏尼失	启民母弟 小可汗	武德初年	结款太宗	不公开
康苏密	颉利亲信 （胡人）	未知	未知	不公开
安元寿	太宗亲随 （胡人）	未知	未知	不公开
郑元璹	李唐使臣	一	秘密行动	不公开

自此称天可汗的李世民，留下了他最著名的一首诗，恰写照了初唐崛起的历史荣耀。

雪耻酬百王，除凶报千古。

昔乘匹马去，今驱万乘来。

历史的荣耀

太宗逝世 108 年之后，在安史之乱叛军占领长安的世事剧变之下，一位经历过开元盛世的荣光、却在此刻饱受离乱之苦的诗人路过太宗昭陵祭拜。那样强烈的时代落差夹杂着际遇离愁，更加烘托出这位诗人对于太宗建立的不朽功勋的钦慕，以及对贞观时代的无限怀念。于是他写下了这样的诗句。

草昧英雄起，讴歌历数归。风尘三尺剑，社稷一戎衣。

翼亮贞文德，丕承戢武威。圣图天广大，宗祀日光辉。

这就是杜甫有名的《重经昭陵》。

隋末之际，"草而不齐、昧而不明"，那样一个离乱之世，有幸出现了这样一位英雄。他在军机倥偬的风尘中，如汉高祖刘邦一样，以三尺剑取天下。一身戎衣，鼎定天下社稷。

他那样伟大的功勋被代代纪念、让世人传颂、为历史讴歌。他以文德治理国家的伟大成就光照千古。他以武威振铄天下的不朽功勋让先圣帝王的伟业得以传承。

不只杜甫在当时的时代反差下有这样的感慨。今天的我们回顾历史，对于初唐之际摧垮突厥霸权、实现唐帝国的崛起依然倍感荣耀。

然而，初唐的崛起以及摧垮突厥远远不止于我们通常认为的当时的初唐消除了北方威胁那么简单。这种逆转更加深刻，是数百年民族危亡飘摇、人民受辱悲怆，经过不懈努力，艰难困苦、玉汝于成，最终实现了摧垮旧霸权、崩解旧体制、清除旧势力，建立起了以唐帝国为中心，符合华夏国际观和那个时代国家利益需要的国际体系。

放在大历史中，同时拓展到整个欧亚大陆上来看，这一次突厥所统治的国际体系的崩解是自汉朝覆亡以来，中原崛起的最终成功。

在这个过程中，整个中原经历了残酷的"华夏陆沉"的数百年黑暗时代。用今天的话说，"国家蒙辱、人民蒙难、文明蒙尘，中华民族遭受了前所未有的劫难。从那时起，实现中华民族伟大复兴，就成为中国人民和中华民族最伟大的梦想。"

从东晋灭亡、"五胡乱华"开始，就是在那样的支离破碎、积贫积弱、乱世动荡的百年耻辱过去，经历了隋王朝短暂统一不过40年，天下再度进入乱世，人口削减七成。而后初唐却一举崛起，迅速摧垮霸权体系。

可以说，初生的唐帝国没有任何资本经略天下。然而从太原起兵开始，初唐的勃兴只用了短短 15 年，就让中华民族走在了世界舞台的中央，成为了当时时代的最强国。这次崛起，是那个经历数百年民族和国家低谷后的成功复兴。

"五胡乱华"始于公元 304 年，氐族领袖李雄占领成都自称"成都王"，建立成汉政权。匈奴贵族刘渊起兵于山西离石，建立汉赵政权。直到公元 439 年，北魏灭后凉结束。在这 130 余年的时间里，游牧民族在中原地区陆续建立了数十个强弱不等、大小各异的国家，其中存在时间较长和具有重大影响力的合称"五胡十六国"。

入主中原的胡族中，羯、丁零、铁弗、卢水胡、鲜卑、九大石胡等部落主体是金发碧眼的白种人，史书记载其中尤以羯族（古伊朗的白种人）、鲜卑族（唐人描述为黄发碧眼）最为凶残。

这种混乱的时代，又经历了近 200 年。直到公元 589 年，由贵族杨坚建立的隋朝灭陈统一天下。而很快又出现了隋炀帝时期的天下大乱。这一晃，就来到了武德三年（620 年）前后。

"五胡乱华"近 300 年。其间中国大部遍经流离战乱，胡人肆虐、"屠城掠地千里"，史称"永嘉之乱""中原陆沉"。乱世的一大表征，就是人口的锐减。到隋初时，中国人口大约仅剩下三成。

国无宁日之时，最苦是百姓。上述冷冰冰的数字，实际上是骇人的惨剧。在史书之外、贵族之下，平民百姓之于乱世，只有在命运的洪波里自生自灭。人口锐减五成以上,也就是每一个家庭,平均都有一半以上的人离开。活下来何其不易,也就是"九死一生"了。

生于乱世,何其悲情。更不必提所谓"十室九空""赤野千里""饿殍遍地",这样的悲剧不胜枚举。所谓"白骨露于野,千里无鸡鸣"。最极端的情况,就不能不提"人相食"或者"易子相食"的人间惨剧了。其间,人相食的记载不绝于史书,各种突破想象的乱世骇人惨状轮番上演。比如将汉人称为"双脚羊",取用如牲畜。

初唐摧垮突厥霸权,崩解其国际体系,是在 300 年华夏倾覆、受辱于外族的历史大背景下出现的。可以说,这种复兴,是对 300 年来积贫积弱、任人宰割的重大拨正。

更直白地说,初唐崛起的历史,是华夏民族历史上第一次,也是历史上最成功的一次在较长周期衰落以后,实现的民族复兴。

然而这种霸权的摧垮与崩解是极其突然的。隋大业十一年(615 年)隋炀帝北巡雁门,被突厥 20 万铁骑围困。短短 15 年之后,唐贞观四年(630 年),突厥土崩瓦解。在这 15 年中,突厥建立了强大的国际体系,在中原王朝的周边培植了大量的傀儡政权,甚至建立了具有相当政权合法性的"伪政权"来搞颠覆和渗透。

可以说,这与今天的局势相去不远,甚至不必明言。

然而,这正是令人拍案称奇的地方。初唐对突厥的霸权进行了有计划的崩解。这种霸权更迭是主动为之,而且其势之猛、其成之巨、其隳之迅都让我们今天读来啧啧惊叹。

于是,这种历史中的珍贵经验更值得今天的我们,站在新的朝阳下,以一种"古今与共"的使命与"苟利国家"的担当,认真品读。

当我们站在中华民族伟大复兴战略全局和世界百年未有之大变局来看待历史时,我们也进一步拥有了新的视野、新的阅读工具和新的解读体验。

大唐的勃兴,给了我们这样一种宝贵的历史经验。

The Golden Age of Tang Dynasty

余论

历史的隐秘之意与战略史观

如果要看前途，一定要看历史。①

—— 毛泽东

① 《毛泽东文集》第八卷. 人民出版社 1996 年版，第 383 页。

在古代,史官常随侍皇帝左右,负责记录皇帝的言行与政务得失。但史官所见所闻总是历史的一个侧面,而所载所写的可能就被篡改了。众所周知,今天看到的初唐史籍,都是审改过的。

审改的人,就是太宗。

> (贞观十六年)夏,四月壬子,上谓谏议大夫褚遂良曰:"卿犹知起居注,所书可得观乎?"对曰:"史官书人君言动,备记善恶,庶几人君不敢为非,未闻自取而观之也!"
>
> 上曰:"朕有不善,卿亦记之邪?"对曰:"臣职当载笔,不敢不记。"黄门侍郎刘洎曰:"借使遂良不记,天下亦皆记之。"上曰:"诚然。"(《资治通鉴·唐纪十二》)

这一年太宗专门找来褚遂良要看他负责编纂的《起居注》,

345

也就是官方的帝王史书。褚遂良拒绝得非常直接,因为这是历代以来的基本规范。他说史官记录人君的言行善恶,就是为了防范人君胡作非为。为了确保这种监督机制发挥作用,历代以来都确保史官记录的独立性。

太宗却不依不饶。明知答案,却故意问道:我有不善,你们也记录在案吗?褚遂良更是针锋相对:我的职责就是记录你的言行,不论善恶对错,我都不敢不记录在案。

一看两人针尖对麦芒地僵持住,再说下去就破局了,旁边的聪明人黄门侍郎刘洎赶快给两人找了个共同的台阶:即使褚遂良不如实记录,天下人也会记下来啊。

这样,太宗才不得不作罢。然而,他并没有放弃。一年后,他再一次找来监修国史的房玄龄。

> (贞观十七年七月),初,上谓监修国史房玄龄曰:
> "前世史官所记,皆不令人主见之,何也?"对曰:"史官
> 不虚美,不隐恶,若人主见之必怒,故不敢献也。"
>
> 上曰:"朕之为心,异于前世。帝王欲自观国史,
> 知前日之恶,为后来之戒,公可撰次以闻。"(《资治通
> 鉴·唐纪十三》)

太宗还是找了上次一样的由头:自古以来官史都不让帝王审阅吗?房玄龄也是个直白人:是的,史官说的话一定会惹帝王发怒,因为他们不虚夸美言、不粉饰过错。

这一次，太宗推心置腹说：我和前人不同，我看看你们写的史书，就是为了纠正自己的过错。包括这件事你都可以记录下来，让后人知道。

众人必然拗不过如此坚持的太宗，于是专门对原始记录进行删节，做了一个"圣览"版本呈报太宗。太宗直接找到"玄武门之变"这一段历史，看了以后很不满意。要求不要粉饰、不要怕避讳，要堂堂正正地正面记录这件事。

这段故事，是非常惹人津津乐道的。究竟太宗有没有粉饰历史，并不是我们要讨论的话题。然而无论如何，我们都能发现，太宗并不是第一个干涉史官记录的人。因为至少从司马迁开始，史官就受到最高当权者的干涉。而且，"玄武门之变"并不是历次政权非正常更迭中被记录得最隐晦的。因为我们还见到了更加复杂和晦暗的情况，例如宋太祖赵匡胤之死的"烛影斧声"谜案。即使这样，这些重大事件也被包装上了太多的宫斗和悬疑色彩，其中的大冲突、主线索都被隐藏在了历史的云烟之中。

一个帝王允许史官记录下他曾经审阅并修改过《实录》，仅这一点，我们很难说他真的有意要隐瞒太多。如果那样，他完全有能力隐瞒更多。朱子奢的建议，就是这样的意思。

谏议大夫朱子奢上言："陛下圣德在躬，举无过事，史官所述，义归尽善。陛下独览《起居》，于事无失，若以此法传示子孙，窃恐曾、玄之后或非上智，饰

非护短,史官必不免刑诛。如此,则莫不希风顺旨,全
身远害,悠悠千载,何所信乎! 所以前代不观,盖为
此也。"

上不从。(《资治通鉴·唐纪十三》)

显然,太宗满不在乎。这种情节,恰恰被记录在了史书中,
这也正是值得我们进行再思考的关键所在。

当然,从读史的角度来说,唐太宗的修改不一定使唐史更
加失真。因为自玄武门之变至唐高祖去世之间,史官的记载很
可能是经过粉饰的。高祖死后,太宗反复执意对史书进行了审
阅,尤其是对其中的粉饰讳言,提出了新的要求。

玄龄乃与给事中许敬宗等删为《高祖》《今上实
录》。癸巳,书成,上之。

上见书六月四日事,语多微隐,谓玄龄曰:"昔周
公诛管、蔡以安周,季友鸩叔牙以存鲁。朕之所为,亦
类是耳,史官何讳焉!"即命削去浮词,直书其事。
(《资治通鉴·唐纪十三》)

无论如何,这不是我们要研究的核心命题。但这个问题给
了我们一个重要的启示,那就是要努力读透史书背后的大线
索、大逻辑和大战略。既不能不信史,也不要迷信它,而是要辩
证地用今天的眼光去更加深刻地研究它。这种研究不是考据,

而是基于更加先进的科学方法,发掘历史演进规律对于今天的新意义和更长久的价值。

更重要的是,政治的运行,永远都在史书之外。那些核心秘密,永远都不会被写在史书之中。因为能听说秘密的史官、能写下秘密的史官和能读到秘密的读者,都不足以探涉这些真正决定历史的秘密。这是一个悖论。能记录下来的秘密,绝对不是秘密。

我们都知道"房谋杜断"。房玄龄与杜如晦的组合可能是中国历史上最出色的治理和决策搭档,称得上"顶配"了。而房玄龄用他的生命,告诉我们如何更好看待这种历史中的秘密。我们再来仔细读一下长孙皇后的临别嘱托。

> 玄龄事陛下最久,小心谨慎,奇谋秘计,皆所预闻,竟无一言泄露,非有大故,愿勿弃之。(《旧唐书·长孙皇后列传》)

这是文德皇后长孙氏在临死时对太宗的托付之言,也是一开国忠臣之肺腑之言。这段肺腑之言,就是要保护好房玄龄,因为保守秘密很难,更难的是保守秘密一生,做一生的无名英雄。

房玄龄显然是这样的人,他的保密意识很强,经过了很多年,当时核心圈的一些"奇谋秘计"都没有流传出来。因为能够保守核心机密这么多年,足以说明绝对忠诚,足以说明绝无二心,足以说明值得信赖。以至于文德皇后在临死之时念兹在兹、苦苦哀求的事就是,只要不是有什么实在过不去的大变故,千万不要遗弃他啊。

这段话给我们的另一个启示就是,真正的机密,永远不会解密。而真正左右历史走向的,恰恰是那些无法记录、不会解密的"奇谋秘计"。更直白地说,那些决定历史关键转折的核心举措,绝大多数都不被记载。

不只史书的信息存在偏颇,我们信以为真的历史还很有可能是极其片面,甚至让人上当受骗的。如果我们站在国际视野下,这种偏离,就变得更加突出。

当我们不只从党争、宫斗的角度去看历史,而是站在国际视野中去观察中国与世界的时候,历史变得大不同。在国际交往、互动和博弈中,这些史实往往只被一方所记载。时过境迁、历史湮灭,要想相互印证,就变得更加困难了。

不过反过来说,历史的印证反而给了我们一种反方向的启示——国际互动之中,我们完全依赖一方的史料,就变得十分偏颇。

我们仅举一个例子,就足以说明完备的中国历史文献所记录的史实与"外族"如何认识这些史实有多么巨大的不同。这个天壤之别的反差,恰恰刻在了同一块石头的不同切面上。汉字这一面,还是唐玄宗李隆基所手书。另一面则是突厥的可汗所写。这个反差足够扎实。

唐玄宗开元二十年(732年),征战一生的突厥族英雄,突厥毗伽可汗之弟,阙特勤于 47 岁去世。唐玄宗派人吊祭并立阙特勤碑。碑的一面为唐玄宗亲自撰写的中文铭文,另三面为突厥文铭文,以毗伽可汗(716—734 年在位)口吻所述的祭文和突厥征战的历史。1889 年,俄罗斯考古学家在外蒙古鄂尔浑河旧河道发现了这块阙特勤碑。

这块碑文与我们的史书完全契合,但却给了我们惊骇的体验。

> 阙特勤死,(玄宗,作者注)诏金吾将军张去逸、都官郎中吕向赍玺书入蕃吊祭,并为立碑,上自为碑文,仍立祠庙,刻石为像,四壁画其战阵之状。(《旧唐书·突厥列传》)

唐玄宗所题碑文诉说了东突厥和唐朝的友好,以及毗伽可汗与唐玄宗的养父子的关系。真是"尔无我虞,我无尔诈"的那种天下一家的融洽。

> 修边贡,爰逮朕躬,结为父子,使寇虐不作,弓矢载橐,尔无我虞,我无尔诈。……且特勤,可汗之弟也,可汗,犹朕之子也。父子之义,既在敦崇;兄弟之亲,得无连类。俱为子爱,再感深情。是用故制作丰碑,发挥遐徼,使千古之下,休光日新。(《唐突厥阙特勤碑》)

然而，就在石碑的另外几面，毗伽可汗在突厥碑文中除了缅怀阙特勤、记载其功绩外，还讲述了突厥征战立国的历史和对突厥国民的训诫。尤其是，阙特勤碑的突厥铭文以毗伽可汗的口吻叙说了突厥复国的征战和对唐朝与周边国家的另一种认识。特别训诫突厥子民，一定要牢记唐朝是最大的敌人。

> 在阙特勤十六岁时（公元 700 年），为了我叔可汗（默啜可汗，691—716 年在位）的国家，他完成了征伐六胡州（今陕北）的功业。阙特勤在那里歼灭了汉人五万人的军队。
>
> 当他二十一岁（公元 705 年），汉人将一百多枝箭射中他的甲胄与战袍，但是他未让一箭射中脸部或头部。我们在那里歼灭了这支汉族军队。
>
> 我母可敦、我的诸庶母、我的姐姐们、我的媳妇们、我的公主们，这么许多人都有可能活着的沦为奴仆，遭杀的弃尸营地和大道，假若没有阙特勤的话，你们都会被杀害，我弟阙特勤弃世而去了，我悲痛至极。
>
> （《唐突厥阙特勤碑》）

很显然，唐玄宗被骗了。或许中国的史官也都并不了解，这块石碑在玄宗亲撰的碑文刻上后，又刻上了这些幽怨泣血的异族悲歌。

今天我们试图通过读唐史来理解当时的国际体系、权力格局和剧变根源，就面临了这样一种非常突出的"单向偏差"的问题。这种反差提醒今天的我们，当我们翻开卷帙浩繁的中国史籍，尤其是在考察中国与世界关系之时，其中值得我们深入思考和解读的还很多。

于是，上述这些事实都要求我们，"师古而不泥古""读史而不泥史"。如果我们看待历史能够跳出史书，从逻辑出发，就会获得不一样的观感，形成更加深刻的认识。

更简单地说，也就是降低对细节的依赖，而是在史书中把握大趋势、突出重要节点，就有可能排除修饰和失真，尽可能地厘清战略脉络。

如果这种考虑是客观可行的，姑且可以作为本书的一种方法论，提供一种体现更强现实关怀、更具有"从历史看前途"价值的战略史观。

参考文献

资治通鉴. 岳麓书社,1990.

隋书. 中华书局,2000.

旧唐书. 中华书局,2000.

新唐书. 中华书局,2011.

通典. 中华书局,1988.

唐会要. 上海古籍出版社,1991.

册府元龟. 中华书局,2010.

贞观政要. 中国社会科学出版社,2007.

唐代墓志汇编. 上海古籍出版社,1992.

陈寅恪. 唐代政治史述论稿. 商务印书馆,1956.

陈寅恪. 寒柳堂集. 上海古籍出版社,2020.

汪篯. 唐王朝的崛起与兴盛. 北京出版社,2018.

吕思勉. 隋唐五代史. 上海古籍出版社,1984.

李树桐. 唐史考辨. 台北中华书局,2015.

马海舰,郭瑞. 唐太宗昭陵石刻瑰宝. 三秦出版社,2007.

牛致功. 隋唐史论集. 社会科学文献出版社,2020.

陈飞. 唐太宗. 中州古籍出版社,2004.

毛泽东选集. 人民出版社，1991.

毛泽东文集. 人民出版社，1996.

(英)E. H. 卡尔. 历史是什么?. 商务印书馆，2017.

陈寅恪. 论唐高祖称臣于突厥事. 岭南学报，1950(2)：1－11.

唐突厥阙特勤碑. 河北第一博物院半月刊，1933(42)：1.

牛致功.《安元寿墓志铭》中的几个问题. 史学月刊，1999(3)：37－40.

牛致功. 关于唐与突厥在渭水便桥议和罢兵的问题——读《执失善光墓志铭》. 中国史研究，2001(3)：55－62.

杜文玉. 从唐初官制看李世民夺位的基本条件. 唐史论丛，1998：181－197.

雷艳红. 陈寅恪"关陇集团"说评析. 厦门大学学报(哲学社会科学版)，2002(001)：72－79.

雷艳红. 武德年间的唐突关系与玄武门之变的爆发. 中国边疆史地研究，2004(3)：9.

张萌. 试探唐前期突厥入寇季节之原因. 陕西社会科学论丛，2011(6)：48－49.

沈文凡，孙立娇. 李靖神化的初步演变及其原因. 西华大学学报(哲学社会科学版)，2015(5)：5.

陈寒. 陈寅恪"突厥旗色尚白"推论考辨——兼论隋末李渊起兵易帜事件中政治合法性的多元构建. 福建师范大学学报(哲学社会科学版)，2018(6)：50－62,170.

万晓. 朝贡的名实与朝贡之外的东亚——分类框架、案例举隅与研究建议. 国际政治科学,2017(3):63-104.

万晓. 权力转移下崛起国对小国政策探因——以隋唐时期的吐谷浑与高句丽为例. 当代亚太,2020(3):30-68,166-167.